民間尋瓷記事

李臣 著

耿寶昌題

學苑出版社

图书在版编目（CIP）数据

民间寻瓷记事/李臣著.–2版.–北京：学苑出版社，2013.12

ISBN 978-7-5077-4384-5

Ⅰ.①民… Ⅱ.①李… Ⅲ.①瓷器（考古）–收藏–中国–通俗读物 Ⅳ.①G894-49

中国版本图书馆CIP数据核字（2013）第233304号

责任编辑：刘小灿
封面设计：罗　飞
出版发行：学苑出版社
社　　址：北京市丰台区南方庄2号院1号楼
邮政编码：100079
网　　址：www.book001.com
电子信箱：xueyuan@public.bta.net.cn
销售电话：010-67675512、67678944、67601101（邮购）
经　　销：新华书店
印 刷 厂：三河德利印刷有限公司
开本尺寸：850×1168　1/32
印　　张：14.75
字　　数：280千字
印　　数：0001~4000册
版　　次：2004年3月第1版
印　　次：2013年12月2版第1次印刷
定　　价：48.00元

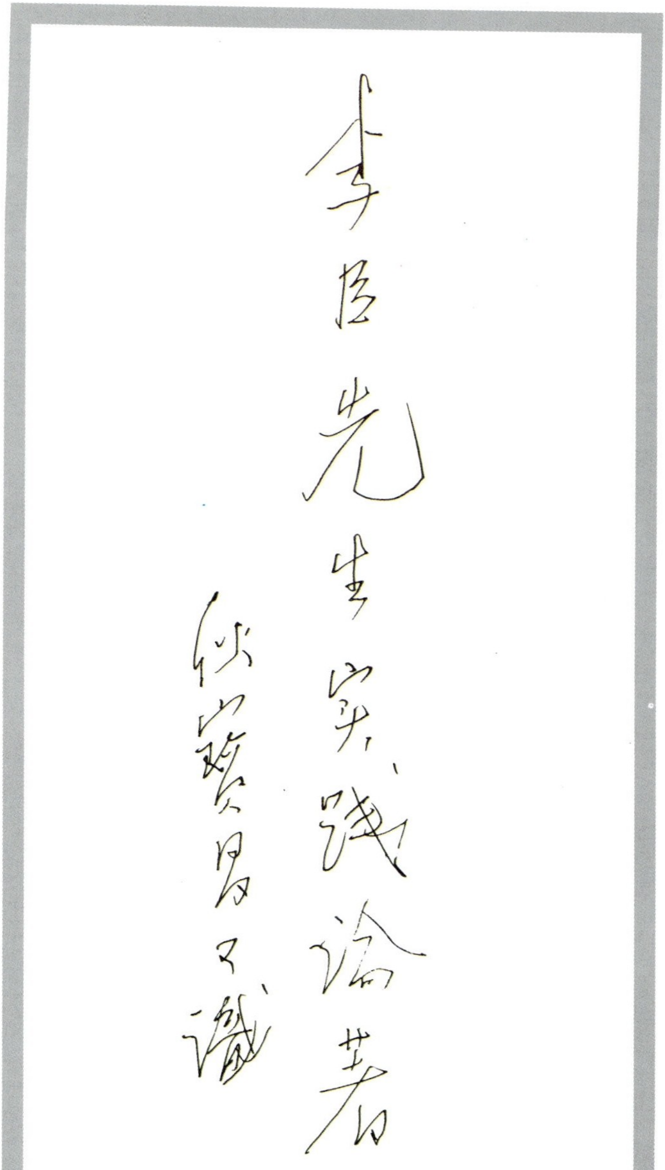

耿宝昌先生的题词

作者李臣先生与夫人付桂梅近照

李　臣　1941年生于黑龙江省鸡西市，大学文化，中共党员，1965年从解放军空军技术学院分配到北京工作，退休前曾在航天系统某单位任处长。李先生年轻时开始喜欢瓷器收藏与研究，可谓自学成材，经耿宝昌等名家指点，更趋熟谙。出版的著作有：《明末清初瓷笔筒辨伪识真》、《明末清初民窑瓷识真》、《民间寻瓷记事》、《瓷道》等。

中央电视台、北京电视台为李先生的古瓷收藏与研究做过多次专题采访与节目播出。在《文物天地》、《中国商报》、《光明日报》、《北京晚报》等多家报纸与刊物上发表过古瓷收藏与研究的相关文章。

作者与耿宝昌老师在一起

史树青 老师在家中接见作者

彩图1

明末青花五彩花卉罐　高：20.6厘米

彩图2

明早期青花人物三足炉　口径：28.5厘米

彩图2–1

明宣德青花松竹梅三足炉　高：35.5厘米

彩图3

康熙青花山水人物束腰大笔筒　口径：21厘米

彩图4

雍正斗彩尊　高：17厘米

彩图5

康熙青花五彩人物盖罐　高：35.5厘米

彩图6

宣德青花蛐蛐罐　口径：12厘米

彩图7

乾隆潭柘寺供盘

直径：23.5厘米

彩图8

雍正窑变釉双象耳尊　高：31.5厘米

彩图9
崇祯青花花鸟围棋罐　口径：10厘米

彩图10

康熙青花人物鸡腿盖罐　高：18.5厘米

彩图11

康熙五彩“萧何月下追韩信”笔筒　高：13.6厘米

彩图12

万历梅花洗　高：7.2厘米

彩图13

成化青花花卉三足炉　口径：13.5厘米

彩图15

万历青花三足炉　高：15.8厘米

彩图16

雍正仿哥釉笔筒

高：18厘米

彩图17

光绪五彩棒槌瓶

高：30.5厘米

彩图18

乾隆青花缠枝莲

大碗　口径：25.2厘米

彩图19

乾隆青花缠枝莲纹案缸　口径：23厘米

彩图20-1

明末清初德化白釉兽耳香炉

彩图17

光绪五彩棒槌瓶

高：30.5厘米

彩图18

乾隆青花缠枝莲

大碗　口径：25.2厘米

彩图22
乾隆釉里红兽耳四方瓶　高：26.8厘米

彩图20–2

康熙青花人物故事粥罐　口径：17.3厘米

彩图21

永乐青花缠枝莲纹大盘　直径：38厘米

彩图15

万历青花三足炉　高：15.8厘米

彩图16

雍正仿哥釉笔筒

高：18厘米

彩图14

崇祯青花人物莲子罐　高：20.5厘米

彩图23
　　犀角雕花虫草杯　高：12.5厘米

彩图24
　　正德青花大罐　高：28.2厘米

彩图25

万历青花松梅扁洗　口径：23.2厘米

彩图26

青花花鸟小花觚（高仿）

高：18厘米

彩图27

乾隆官窑青花壮罐盖　直径：29.5厘米

彩图28

雍正斗彩碗　口径：15厘米

彩图29

乾隆粉彩花卉大筒瓶　高：44.5厘米

彩图30

顺治青花人物将军罐　高：32厘米

彩图31

万历青花雕塑兽头出戟尊　高：22厘米

彩图32
明中期青花缠枝花卉罐　高：18厘米

彩图33
清·冬青釉盘螭鱼篓尊　高：16.5厘米

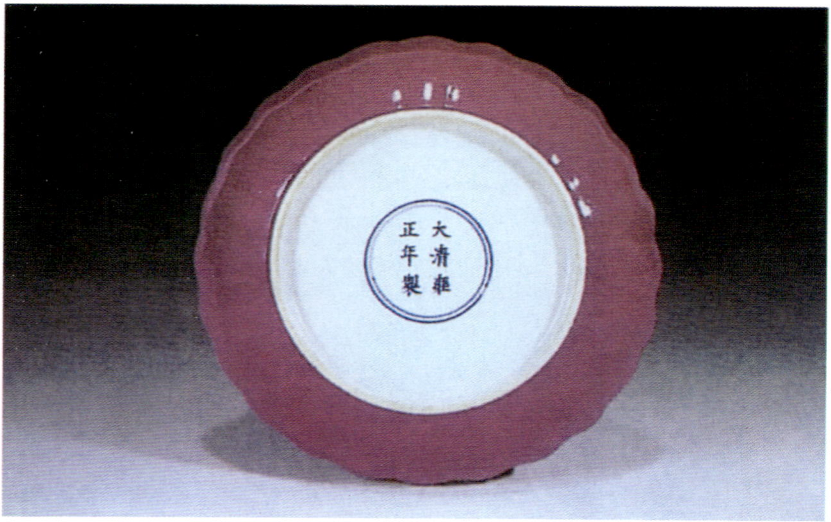

彩图34

清・胭脂红釉菊瓣盘　直径：16厘米

背面

彩图35
　　清同治黄地蓝料彩万寿花口大花盆　长：49厘米

彩图36
　　清同治青花釉里红牡丹纹竹节耳大瓶　高：49厘米

彩图37

清·黄地粉彩莲花直颈瓶　高：16.5厘米

彩图38

康熙青花聊斋故事大笔筒　口径：18厘米

彩图39

乾隆青花壮罐　高：29厘米

彩图40
万历黄釉
兽头兽足炉

彩图41
崇祯青花人物莲子罐　高：15.5厘米

彩图42
崇祯青花人物大筒瓶　高：43.5厘米

彩图43

康熙五彩花鸟笔筒　高：12.5厘米

彩图44

顺治青花五彩仙女祝寿罐　高：35厘米

彩图45

康熙八骏图大笔筒　口径：18.6厘米

彩图46

顺治青花五彩人物筒瓶　高：24.3厘米

彩图47

康熙青花人物案缸　口径：22厘米

彩图48

康熙五彩人物笔筒　高：13.8厘米

彩图49

康熙青花留白花卉莲子罐　高：30.5厘米

彩图50

康熙青花花鸟筒花觚

高：25厘米

彩图51

乾隆豆青釉青花加紫四方瓶　高：36.5厘米

彩图52
康熙青花人物大笔筒　口径：18.8厘米

彩图53

康熙青花五彩人物将军罐　高：43厘米

彩图54

明弘治青花人物三足扁炉　口径：16.3厘米

彩图55

崇祯青花人物莲子罐

高：17.4厘米

彩图56
崇祯青花三马人物莲子罐　高：15厘米

彩图57

乾隆青花绣墩　高：45.5厘米

彩图58

康熙青花花卉盖罐　高：23厘米

彩图59

光绪仿康熙五彩棒槌瓶　高：45厘米

彩图60

乾隆青花螭耳盘口瓶　高：36厘米

彩图61
万历青花松鼠葡萄瓜楞罐　高：17厘米

彩图62
万历青花松竹梅瓜楞罐　高：16厘米

彩图63

康熙青花冰梅博古案缸　高：17厘米

彩图64

万历青花人物筒香炉　高：22厘米

彩图65
嘉靖青花花卉六方盖罐　高：21厘米

彩图66
成弘青花人物梅瓶
高：24.4厘米

彩图67
正德五彩龙纹小罐
高：11.3厘米

彩图68
顺治青花花鸟筒花觚
高：38.5厘米

彩图69

雍正青花釉里红盘口瓶　高：38.3厘米

彩图70
　　万历青花人物筒
炉　高：14厘米

彩图71
　　雍正天青釉螭耳瓶
高：38.5厘米

彩图72

康熙青花仰钟高足杯

高：11.3厘米

彩图73

雍正青花魁星笔筒

高：14.5厘米

彩图74

康熙青花人物香炉　口径：22厘米

彩图75

顺治青花龙纹筒炉

口径：23.5厘米

彩图76

康熙青花人物凤尾尊　高：44.5厘米

彩图77

康熙五彩狮纹梅瓶　高：17.2厘米

彩图78

康熙青花鱼纹案缸　口径：21厘米

彩图79

万历青花人物灯笼罐　高：11.5厘米

彩图80

康熙青花披肩留白大口尊　高：18.3厘米

彩图81

天启五彩狮穿牡丹罐　高：15.3厘米

彩图82

万历青花人物围棋罐　高：10厘米

彩图83
康熙青花凤穿花将军罐
高：43.5厘米

彩图84
乾隆祭蓝六方瓶　高：40厘米

彩图85

清中期五彩狮纹卷缸　口径：26厘米

彩图86

明空白期祭蓝大缸

高：36.5厘米

彩图87

康熙青花花鸟小筒瓶

高：22厘米

彩图88

民国粉彩鹤鹿同春粥罐

高：17厘米

彩图89

康熙五彩龙纹炉　口径：20.3厘米

康熙五彩龙纹炉（另一面）

彩图90
　　雍正仿哥釉双象耳撇口尊
高：39厘米

彩图91
　　康熙青花山水人物大
笔筒　口径：19.8厘米

彩图92
万历五彩人物故事罐　高：23厘米

彩图93
雍正青花人物碗　口径：21.3厘米

彩图94

崇祯青花人物大笔筒　口径：18厘米

彩图95

明末五彩婴戏罐

高：17厘米

彩图96
康熙青花人物将军
盖罐　高：36厘米

彩图97
乾隆祭蓝釉犠耳尊
高：28厘米

彩图98

康熙青花缠枝花卉罐　高：28.5厘米

彩图99

乾隆窑变釉三足炉　口径：22.8厘米

彩图100
康熙青花山水人物粥罐　高：18.2厘米

彩图101
雍正青花花果粥罐　高：17.5厘米

彩图102
康熙青花五彩人物梅瓶　高：19厘米

彩图103

康熙青花锦地博古大笔筒　口径：18.5厘米

彩图104

2001年潘家园旧货市场地摊一角

序

杨静荣

人生有时候会为某一种东西痴迷，会让你苦苦地去寻求；某些东西又会在不经意间出现在你的身边，使你的眼前为之一亮，相信吧，这绝不是偶然。

收藏是一种缘，是收藏者与藏品之间的一个说不清道不明的缘。

李臣先生是航天系统的一名正处级干部，收藏是他退居二线后才正式开始的，时间虽短，但在民窑瓷器研究与收藏上异军突起，后来居上。如果说收藏瓷器与李先生是一种缘，但并非得来全不费工夫，个中的辛苦，我们在领略本书带给我们丰厚知识的同时，一定也会看到这丰厚背后李臣先生那辛勤钻研与奔波的身影。

据我所知，李臣先生爱瓷，研究瓷器，他每淘换到一件古瓷，都会成为心爱之物，他对瓷器如同母亲对自己在外面淘气得像泥猴一样的孩子，把它们带回家，然后小心地给它们清洗，有缺损的地方精心修补。对新搞到的瓷器，李先生还喜欢给他人看，请他人评说。在李先生的眼里没有年龄大小、职位高低，只有眼力，只要有一点眼力的人，李先生就视他为师，因此，李先生在古瓷行里人缘很好。朋友们只要看见对李先生收藏路子的东西，都要打电话告诉他，行里发生了什么趣闻轶事也愿意找他聊聊，与他分享其中的乐苦。本书中的105个古瓷收藏故事，就是李先生在收藏古瓷的同时收集起来编著成书的。这也是李先生为什么在并不很长的时间里眼力飞涨，收藏颇丰，既能藏瓷又能写书的缘由。

作为收藏家，李臣先生对修复古瓷的耐心和精心也超过了一般人。他进行的修复不是商业行为，而是为了完好地恢复、保留古瓷的原貌。李臣先生的收藏已具有了一定规模，最大程度地保护了这些历经时代变迁、饱受风雨、任凭流落的古瓷器，给了它们一个安静无忧的栖身之处。的确，收藏的意义不仅仅是拥有，而是保护，让它不再流落，不再受伤害。

古瓷分为官窑瓷和民窑瓷，而其中又有青花、五彩、斗彩、粉彩、单色釉、老窑瓷等之分。李臣先生的瓷器收藏和本书所讲述的收藏故事，多以明末清初民窑瓷器及其故事为主。这一时期的民窑瓷生产可以说达到了中国瓷器史上的高峰。明末以崇祯时期为代表的瓷器，有一批较为精致的瓷器，且传不多，如此书中所展示的莲子罐、笔筒、围棋罐一类的文化用品瓷和室内陈设瓷等。这些民窑瓷器在当今古瓷收藏界是备受青睐和赏识的明末清初瓷器中的重要品种。这个时期的民窑瓷釉面细腻，胎质洁白，绘画清丽，挥洒自如，内蕴清雅高洁。我国瓷器生产到了康熙时期进入了一个高度发展的新时期，人们把这个时期号称我国瓷业生产的黄金时代。《陶雅》中说：“世界之瓷，以吾华为最；吾华之瓷，以康熙为最”。康熙瓷不论从工艺、数量上都达到了中国制瓷历史的高峰。康熙制瓷业，对前朝有继承、有创新，造型多样，品种丰富，大器浑厚雄伟，小器娇小玲珑，雍荣华贵，而又无不体现着时代的特征和历史的兴衰。

无心栽柳柳成荫。李臣先生收藏的明末清初瓷器，不料想已成为近年来大众收藏的热门品种。他把他所收藏的这些瓷器的鉴别知识及其相关的故事无所保留地介绍给大家，想必对广大收藏爱好者有着重要的启示作用和指导作用。所以，李臣先生写成此书应是做了又一件善事。

（杨静荣先生是故宫博物院古陶瓷鉴定专家）

作者的话

我的大半辈子都给了军工事业，工作之余又始终酷爱古瓷与古瓷收藏。

1995年退居二线后，没有了工作上的烦心事，时间也更充裕了，全部业余时间几乎都用在我的古瓷收藏与古瓷研究上。从那时起我的这项业余爱好才被推向了波峯。

我不仅收集古瓷藏品，还收集古瓷集藏故事。我书中的百余个故事，都是以现实生活为背景，以真人真事为蓝本写成的。

我书中主要写了北京潘家园旧货市场地摊这块一亩三分地和其他古玩市场在近十年的时间中，我所见到的古瓷旧货交易与藏界发生的故事，还有我的藏友们讲述给我的他们自身的故事。

比如书中李东的故事，就是我认识的亮马藏品市场里的一个店老板，后来我们成了好朋友。书中介绍了一些他在几十年的玩瓷与经营古瓷生涯中的亲身经历。

800元卖掉宣德大缸，为一对红木椅险些被抓等六个故事都是他的亲身经历。还有张述卖“漏”的明嘉靖青花五彩花觚，老太太的明洪武“残盆”……。文中写的那些地摊“瓷托”、地摊偷儿，都是笔者亲眼所见或亲身经历，是这么多年，这个领域里，这块舞台上诸多事件的冰山一角。

中国收藏史有数千年，著名的古玩一条街琉璃厂，有几朝几代的发展史。潘家园是从我们这一代人开始形成的，今后它很有可能像琉璃厂一样延续发展下去，再经过多少代，乃至几百年以后，有人研究20世纪末至21世纪初的今天，研究潘家园的初始阶段的人文故事和它的发展史时，我的这些文字，可能会成为那时史学家、学者、文人的参考资料、事实佐证和历史素材了。

我认为集藏本身，应该包括有形与无形的。藏品是看得见摸得着的有形体，故事却是无形的。故事的集藏，一是民间传述，二是写成文字。文章本身不仅能供当今和后人赏阅，更重要的是一段文字化、故事化的史实记录。

我在书中重视故事情节的真实、朴实和人情味，有些敏感的话题和故事情节都尽量回避或从简，不是笔者怕麻烦，而是怕惹麻烦。文中的人名都是用的化名，事件的地点，个别也有改动。

此书成稿后，一位演艺界朋友看过，认为故事生动，情节诱人，反映了古瓷集藏现实生活的一个真实侧面，有其专业性，又有文学性和时代感。建议我在有可能的情况下，改编成电视连续剧，把这些故事搬上银幕。我对我的朋友说，我还看不到这一步，感到我的这位朋友对我的这本书评价过高，我没有这方面的素养和能力。我大半辈子都是从事军工的，大学学的是火箭与导弹，为军工航天干到退休，写作是转行，是我的业余爱好，这本书也是在朋友的敦促与鼓励下完成的，是第一本，但可能不会是最后一本。写电视剧本，我还很陌生，不知道该怎么下笔。我希望能找到合作伙伴把这本书进行改编。

我写书跟长跑名将王军霞演电视剧是一个心态。当然我这一介草民不能跟体育名将相提并论，只是说同样的心态。我写这本书，没想到能获得成功和得到出版社和社会的认可。

我搞古瓷收藏，属工薪阶层的业余集藏，不能一味追求高尖完整器。对于那些价格很高的官窑器、民窑精品，我们这个层面上的人买不起，古玩行里叫“拿不动”，但又酷爱不舍，渴望得到。因此也不放弃高品位伤残器的收集。有伤有残的瓷器，也还是那个时代的真品、精品，不失其本来的自身特有的高雅和时代特征，俗话说叫“原汁原味”。我现在手中的藏品，有一部分就是有毛病的带伤带残的器物，不是有纹，就是有锔或有缺损。但我从心底里喜欢它们，把它们与完整器一样当成掌中宝。最近曾有故宫博物院的专家、中央电视台的记者到我家看过我的藏品，包括其中的伤残器，觉得我的这些瓷器有品位，有规模，不多见。我听了这些评语很感欣慰，感到是一个工薪族收藏爱好者的成功。

我喜欢明末清初这个历史阶段的青花和彩瓷，特别重点收集这个时段的笔筒、莲子罐和一些立件。我感到这个时期的瓷器无论从品种、器型、绘画等制瓷工艺水平上说都是历朝历代无法比拟的，是古瓷生产的最佳时期，其大器浑厚雄伟，小器娇小玲珑。青花瓷发展到康熙朝已是青翠明快，釉面纯净无瑕庇，画笔流畅、娴熟，结构严谨，风格苍秀隽逸，明快豪宕。画片上的故事情景交融，有聚有散，景物烘托人物，别具特色。我多收集画意好、器型美的人物、风景或动物画面的器物。

在书中，对我收集到的和我藏友藏品中的这类器物做了择类介绍。共有105件实物彩图刊出。

我这个人不论搞什么事，特别是我喜欢的事情，都会有过份的执着和不遗余力的投入，而且还有上了年纪人的那种勤奋。为了搞到我喜欢的古瓷藏品，夏天顶烈日，冬天冒严寒，废寝忘食是常事。从1995年到现在，每个周六，不论冬夏都是披星戴月，早上三点钟起床，四点半赶到距我家二十多公里外的劲松小区南侧的潘家园旧货市场。一度还曾每个周二周三早晨五点赶到劲松两个能摆摊卖旧货的旅馆。我的藏品能有规模，上档次，得到专家的赞许，就是这样来的，可以无愧地说来之不易。

在我初学乍练，刚刚步入古瓷收藏行列的那个时期，很多朋友给了我帮助，使我少走不少弯路，很少买过瞎活儿或上当受骗。借此机会感谢那些帮助过我的老师、师傅和同行们。也感谢帮助我提供故事资料完成此书的朋友们。特别是梁为民先生利用业余时间，为这本书拍摄了百余幅彩照，在此亦表示感谢。同时也感谢出版社孟社长亲自过问此书，责任编辑刘小灿先生精心修改文稿，使此书能得以顺利出版。特别是更要感谢故宫博物院著名古陶瓷鉴定专家、国家文物鉴定委员会常委耿宝昌老师为此书题写书名，并感谢故宫博物院古陶瓷鉴定专家杨静荣老师为本书作序。

目 录

地摊市场故事篇

彩图目录

地摊市场故事篇

宣德青花罐的身价

现在农村几乎家家有电视，可是在上世纪七八十年代，谁家有电视呀！由于消息闭塞，没有几个人知道古玩市场和古玩市场行情的。

1981年，怀来县的三个农民带着自家挖房基时挖出来的六个小罐，想到城里找个地方卖了，换点零花钱。

三个农民坐车到北京城里，找了几个地方卖，人家都不要，说东西没什么价值。最后他们来到一个古玩市场，走进了古玉黄的古玩店。

虽然黄老板是经营玉为主，但对瓷器也能说出个一二三来。他的店里也还摆着几件明代瓷器真品，如明末青花五彩罐（彩图1），明早期的青花人物三足炉（彩图2）。

当三位农民拿出六个小罐，说是要卖，古玉黄没有上手就一口回绝了，说不要。农民觉得天已快黑了，如果再卖不出去，就只好白跑一天，还得把东西带回去。只好央求黄老板，说给个路费钱就可以了，黄老板这才上手拿起来其中的一个罐仔细看了看。他能说上来这罐是明代的，由于所画青花晕散又浓黑，纹饰与釉面有些混淆不清，不怎么招人喜欢。就说一个给10块钱，六个60块钱怎么样。

三个农民说，那我们连路费都不够，能不能再加点。就这样古玉黄给加到每个罐20元，6个共120元打发三个农民走了。

黄老板买下这几个罐，也是出于同情和无奈。留下后，他也当成了一个包袱放在了货架上极不显眼的地方。心想开店嘛，说不定能遇上买主，遇上买主，就能赚钱。

就这样两个月过去了，这小罐连问都没人问上一句或看它一眼。一天，北京市某区文物商店的副经理赵某来这个市场闲逛，当他转到古玉黄的店里时，已是下午5点多，快到下班关店门的时候了。

凭赵经理的职业嗅觉，一眼就看到了这六个小罐，他认得明早期永宣苏料器物，一看这小罐青花的晕散劲，上边又有黑褐斑凹陷下去，心想碰到了好东西。

但赵毕竟年青，当时就有些激动的表情，从他的话语和神态中，使黄老板意识到这位文物商店的经理能如此这般神情对待这几个小罐，这小罐一定不是平凡之物。

黄老板心里有数了，当赵经理问价时黄老板也绕了个弯子说："你是行家，你先报个价。"

因为都是熟人，赵经理也没推辞，就报出800元一个。古玉黄一听，心想你报8百，这东西就能值8千，黄老板要价5千一个。

赵经理一听，感到有点高，说："我没有钱，不是我买，是为我们文物商店买的，价太高，我做不了主，得请示我们一把手。"

赵经理主动提出3千块钱一个，如果行，他说他就打电话请示，若是不同意，就明天再说了。黄老板心里想，别说3千就是1千，也卖给你。

古玉黄怕夜长梦多，当时表示同意3千一个，让赵经理该请示谁就请示。

就这样，古玉黄把以20元一个买来的六个小罐，以3千元一个卖给了赵经理的文物商店。六个共卖了1万8千元。

在那个年代，谁有这么多钱呐，全国的万元户也是榜上有名的，古玉黄得意的很。但他不敢让邻店的其他人知道。这一笔大买卖就是在他的这间不足20平方米的小店里，人不知鬼不觉地完成了。

时间很快，又有五年过去了。古玉黄一次偶然的机会到了赵经理的文物商店，又看到了他的那几个一度使他感到是包袱也很烦心的小罐，这时只剩下了两只，摆在文物商店的货位里，标签写的是：宣德青花罐 80000 元/只；古玉黄看到这，还特意用手揉了揉眼睛，提醒自己，别看错了，是8万一个，还是8千一个。当他确认是8万一个的时候，他有点惊呆了，心想："我卖漏了！卖漏了！漏大了！"

当时赵经理已不在这个文物商店工作，由于工作业绩突出，两年前调到上级机关当处长去了。黄老板这一肚子想说的话，在这也无处可说，因为这里的人，他一个也不认识。

古玉黄只好若有所思地离开了这个文物商店。

三个农民在古玉黄的古玩店里

——旧书摊与康熙笔筒——

潘家园旧货市场在2003年10月以前分两大块，一块是卖瓷器和杂项工艺品；一块是它西边卖旧书的散地摊。

卖瓷器工艺品这一块分四个区，二区是以古旧瓷器为主。玩瓷器的逛摊人，从早四点半市场大门一开就跑到二区这一片和东头的散摊转。古籍善本旧书刊的收藏爱好者们自然不来光顾东区，只在西边的旧书摊前走前走后，选自己喜欢的书。

过去有一句话叫“隔行如隔山”。玩瓷器的一般不懂古旧书刊的乐趣所在，玩古籍善本旧书刊的一般不去涉及瓷器。

摆摊的这些旧物都是从民间收上来的，有时收书也捎带一二件瓷器，收瓷器杂项也带几本旧书。

收藏家王先生是个有心人，在瓷器收藏界小有名气，时常在报刊上发表文章。王先生每每转完二区的瓷器摊，还必到西边的书摊走上两圈。走上两圈并不是为了买书，他不收藏书，是想看看书摊里夹没夹带他所要的瓷器。

2003年6月间，北京闹“非典”刚过的一个周六早晨，王先生按往常的习惯来到了旧书刊摊前，是转完瓷摊又来转书摊，转了大半圈也没发现什么。过去是周周转，月月转，几乎都转不到什么东西。

这天他的心情跟往常一样，就是想，转转就走人。嘿！就在他要离开时，眼前一亮，在他脚下一堆书的夹缝里，看见一个青花山水人物束腰大笔筒（彩图3），被旧书挤压着，仅露出一角。随着王先生的眼前一亮，心里又是一振，从他专业的直觉，感到这件东西该是康熙时期的。

王先生停住脚，迅速拿起这件青花笔筒，仔细再一看，东西很完整，画的是携琴访友山水人物故事，青花发色极好，泥秋背圈足十分规整，底落“大清康熙年制”六字楷书款。

按王先生的专业水平，一眼就能断定这只笔筒是康熙官窑无疑。王先生如获至宝，但仍面不改色，若无其事。随意向摊主问了一句：“这笔筒卖多少钱。”摊主正在手忙脚乱地应对摊前七八个买书的人，就顺口答了王先生一句：“那东西你看着给吧。”这一来弄的王先生倒不知所措。真不知道该给多少，就又紧盯了一句：“还是你卖家说个价吧”。

摊主无心地顺口说了句：“给三十，四十都行。”这时王先生有点惊呆了，心想卖家真没把它当个玩艺，按包袱甩，按垃圾品卖的呀！”

“那就给你40块钱吧”“行”，摊主应了句。

按一般惯例，买主都按卖家开出的最低价给，多数时候还向下压压价，可这次王先生却按高价给的。

王先生交了40块钱，就成了笔筒的主人了，可把王先生乐坏了。他还没忘了问问这件笔筒的来历。“你是从哪儿收上来的?”王先生问摊主，摊主这才转过头来认真地看了王先生一眼。心想，这么件不值钱的新东西，还值得你问这些。还要问问我从哪里收上来的。但摊主看到王先生那股诚恳劲和书生气，也如实地告诉王先生，说是从门头沟一个户里收书时花3块钱捎代买上来的。

王先生再没什么可说可问的了，拿着笔筒，又返回了东头的二区。这里瓷器行家专家云集，王先生刚一露面，就被几个瓷友包围而不能脱身，都想伸手拿过来看看王先生手中的笔筒。

此时，这件笔筒再不是刚刚还在旧书摊上被冷落的情形，成了行家专家们眼中的宝物和热门话题。这件笔筒是康熙官窑，已没有人怀疑，凡是看过王先生的这件笔筒的人都给予认可。有争议的是：有的说值15万，有的说值25万，有的说能值40万，总之没人说只值30元、40元啦。

这时已有古瓷经营者想从王先生手中高价买去这只笔筒，可王先生是收藏家，当一个收藏家得到自己喜欢的藏品时，是不会轻易出手的。

从王先生在书摊上买到这件笔筒后，有些瓷友们也开始光顾西区的旧书摊了，希望像王先生这样的好事，今后还会有。

——说说老太太的明洪武“残盆”——

至今，每当小杨说起他当年买老太太的洪武“残盆”的情景时还激动不已。

那还是1976年，当时没几个人收购古瓷器，小杨就已在农闲时走村串户了。他家是河北怀来的，那里有些老东西传下来，是当时与北京朝廷有些关联。据说慈禧太后给他们这里封过什么“城”的称号，这里的房子都是古香古色的多，还有著名的庙宇在这里。

有一天小杨到他住的邻村收东西，他的几声叫喊“收旧瓷器、木器家具啦”，引得一个老太太走出门来问：“我有一个破盆，你要吗?”小杨一边答应一边随老太太进了她家的院，老太太在她院的角落里拿来一个画有青花龙纹的“盆”。他一眼看上去，就知道这东西有点年份，够明代，露胎处有火石红，釉面肥厚，呈青灰色，胎体厚重，这是洪武时期瓷器的基本特点。他看它是只炉，下边的三个足已经掉了，口径也大，所以老太太把它叫盆。

小杨那时对瓷器懂得还不很多，古玩市场还没有形成气候，没有很多的流通。但小杨心里清楚，这件东西好卖，只要便宜买下来，一定能赚钱。

他试探性地问老太太，你打算卖多少钱，老太太很实在，说她不知道该卖多少钱。小杨接过老太太的话说："我给你五块钱行不行？"老太太虽然嘴上说不知道该卖多少钱，心里还是满有数的，对小杨给5块钱有些不满，说怎么也得给10块钱。小杨说："8块吧！""给不到10块钱，我不卖了。"老太太有点动真格的了。拿起"盆"往屋里走。

小杨一看，劲头不对，赶紧说："10块就10块，我给你！""10块也不卖了！"老太太还真有点拧劲，正赶这时，老太太的邻居一个老大爷走过来，手里拿着几个盘子，过来想问问小杨要不要。见老太太与小杨发生争执。老汉想从中说和说和，就大声吆喝了老太太一句说："孩子他婶，你就卖给他得了，破成那个样还有什么用处了，再打碎了就一分钱也没人要了。"

听人劝吃饱饭，老太太挺识时务，停住了脚步，对小杨说："那就10块钱卖给你，拿走！"

小杨接过老太太手中的"盆"，付了10元钱。又谢过这位老大爷的劝说。小杨接着说："大爷，你这几个盘子我也要了。"并问了价。老大爷也没多要，七八个清代中期的八寸盘，总共才要30块钱。

小杨赶紧包好这些瓷器，特别是老太太卖给他的那个"破盆"，用事先准备好的破布包了一层又一层，捆到自行车的后货架子上，离开了这个村庄。

两个月后，这个没有了三个足的香炉，被河北三河县的一个古玩商从小杨手中买走。小杨说他当时是实实在在地赚了一笔，是以3800元的价钱卖给他的。当时小杨感到很满足了。

小杨说，现在想起来，可后悔极了，据说三河县的那位古董商，两年后卖了7万多元。

我听了小杨的话，劝他说，你也别后悔，当时你卖时，就是那个价，如果按现在的市场价，这件东西可以卖上几十万，可能还不止，因为那是件明早期苏料青花香炉，而且个头颇大，仅缺三个足，炉体没有一点毛病。

小杨听了我的话觉得有几分道理，也就不再多说了。确实，古玩这东西，是随行就市，一时一个价。

捡来一件雍正斗彩尊

那还是1999年初的一个早晨，北京潘家园旧货市场地摊前，借助手电光，我一眼就看到了一件造型秀美而少见的尊（彩图4），弯腰拿起一看，嗬！斗彩！凭着自己有限的眼力，初步判定应是件老东西。

“多少钱?”我问卖主。卖主抬头看了看说：“150元”，“口沿有冲，给你80元得了！”我按地摊上还价习惯拦腰给了一刀。卖主不干，说你诚心想要就给100元吧。就这样成交了。对于我们工薪阶层的收藏爱好者，用这样的价格买到这等品位的器物是很难想象的。照实说，几年来我还没有摸过这样高路份的斗彩器，只是在展览会上、图片上看过，颇有可望不可及的滋味儿。

刚刚涉足这个行当，多看、多问、多拜人为师是我的宗旨。我拿着这件斗彩尊，在潘家园旧货市场拥挤的人流里寻找到几个在我眼里应该是师傅、老师的行里人，他们看到这件斗彩，都惊叹地说是件少见的佳品，几年来在潘家园市场上都没见过。但他们又都说从圈足上看，岁数不大，也就是清末民初的样子，要真是雍正乾隆时的斗彩，可就大发了，也到不了这里，早送到拍卖会上去了。

几个行里人这样说，也确实是因为大家对这样的斗彩器物见的少，所以把年份说得短一点，似乎更有把握，这是行里人的习惯心情，但我不死心，怀着尽快得出结论的心情在地摊前又找到了家住广安门有20多年“行龄”的段师傅，人们称他“神段”。经过他好一阵端详后，段师傅肯定地说，这是雍正斗彩，并说我捡了一个“漏”。我告诉他说已有几个人看过，都说可能是晚清民国的。段师傅又从器型、胎釉、花色、画法等几个方面补充了他的看法。这使我的情绪又兴奋了起来。

于是我又拨通了故宫博物院耿宝昌老师办公室的电话，耿老在百忙中于6月18日上午在故宫博物院接待了我。当他接过我手中的斗彩尊认真辨认的时候，我心里一下子又没了底，耿老会给我这件17公分高的尊下个什么结论呢？我焦急地等待着他开口。耿老终于说话了，耿老说：“这是雍正时候的。”耿老是同行众所周知的权威，他的答复使我高兴异常，心里呯呯地跳。但我还是想问个为什么：“为什么说这件东西就是雍正的。”耿老对我的发问没有正面回答。他风趣地做了个比喻：“你是搞航天的，美国火箭、俄罗斯火箭、中国火箭不是一眼就能分辨出来吗？因为它的造型、工艺过程不一样，各有其特点。瓷器也一样，不同时期的瓷器反映不同时期的生产力、工艺水平和人们的审美观点。要想钻得深，回去多翻翻书。”耿老说罢答着把东西交还给我。

有人听说我得到一件被耿老确认为雍正斗彩的瓷器，

主动上门出高价要求购买，我当然舍不得卖，但这使我又想起了当初第一个告诉我说这件瓷器是雍正斗彩的“神段”师傅，说我捡了一个“漏”，此时，我真的感到这是一个不大不小的漏。捡漏的欣悦，是无法形容的！

就是为了争口气

在古玩市场，有时一件小事就能引出一幕耐人寻味的故事。

这不，一天，开店的张老板跟往常一样，生意清淡时爱串行、侃山、聊天。当他一脚跨进相临不远的赵老板开的“望月楼”店面时，一眼就看上了店老板赵东刚从东北某地以8千元买来的一个康熙青花五彩人物盖罐（彩图5），虽然口沿有两道小冲，但就其造型的端庄大度，整体雄浑磅礴，图中众仕女妩媚多姿，画工细腻，精勾细勒，极尽景物人物相衬之妙，真令观赏者回肠荡气。

行里人往往都是对自己看好的东西就想把它弄到手，买过来。张老板也不例外。由于人熟，他开门见山地问，这盖罐多少钱卖。赵老板看他真的要买，而实则自己刚刚买到家，还没玩一番，虽不想卖，但开店赚钱是天经地义的事，也就开了价，要出8万的高价。

古玩这东西，不论是买还是卖。当时的心气占了要价的很大一块份量。赵东8千元买来的盖罐，值不值8万，是要坐下来对它研究一番才能评说。

盖罐底落“大清康熙年制”青花款，外罩双蓝圈。从款识字体看，应属官窑器没问题。发色、画工都说得上一流。

此件器物应属康熙早期作品，青花发色较黑紫，五彩中的红彩仍延用明末留下来的红彩料，浓重似枣皮红，侧视彩面，有五光十色的彩晕。人物、花鸟、树木的轮廓线均用黑彩，且在黑彩上涂以玻璃白亮釉。人物面部仅用轮廓线勾出，不填彩。一看就是康熙时期的典型器物。

按当时的市场中同样的盖罐，香港某拍卖公司曾拍出120多万港币的价格。今天这件虽有毛病，要价八万确实不高。

张老板对赵东的开价，心里有些不满，觉得赵东有些不够哥们儿。一个有毛病的盖罐，不就是个盖罐吗。此时他并没有看出是官窑，心想最多2~3万元就不得了啦。

张老板把盖罐拿起来看看，又放下，实在有些扫兴地离去。

就在这时，张老板不知是从哪里来的灵感，突然想到，这盖罐不会是官窑吧？若是官窑，价值8万何止，不如再返回去看看。

但张老板的又一次返回，也提醒了赵东，心想他干嘛又回来了，是不是我方才开价要少了，再说一个官窑五彩盖罐何止8万哪！

就在张老板再一次问价，想敲定一下时，赵老板灵机一动说，刚才8万你没要，现在再开价就是10万了。

张老板这时不仅仅是刚才走时心有不满了，而是有些怒气了，嘴上大声说："刚才不是说好了8万吗?！你这人怎么说话不算数呀！"

赵老板也振振有词地说："刚才8万你不要，如果现在10万你不要，一会再来，可就15万了啊。"

在古玩行里，赵老板这样开价其实也在理。古玩这东西价格没有定死的标准，是随行就市，或说是随时而定，在不同的气氛里，价格可能骤起骤落。

不蒸馒头争（蒸）口气。我不要了，你能怎么着！张老板转身走了，回自己店里去了。刚坐下，他的夫人拿着午餐走进来，看到自己老公生气的神态，想问个究竟。夫人比他眼力好，经营古玩时间比他长多了。张老板是两年前下岗后才到夫人的店里来"上班"的。

听自己老公对刚才见到康熙盖罐的描述，觉得这盖罐绝非一般器物，是能卖大价钱的物件，不该错过机会。

夫妻二人没顾上吃饭，把中餐放到一边，来到了赵东店里。

赵东看到张老板夫妻二人都来了，特别是张夫人，赵东很了解这女人的厉害，其眼力和市场经验在这个楼里也是数得上的。

张夫人看过盖罐后，没犹豫，很干脆地说："盖罐10万，我们要了。"

赵东也没加犹豫地说："10万不卖，想买，15万。"

张夫人有点火了，不是说好了吗，10万是你亲口说的呀！赵东不回避说10万是他说的，"那时说10万，张老板说不要，走了。现在再要，就要重新谈价了，重新开价就是10万。”赵东还外加了一句话：“我这样不是不讲道理吧？”

面对赵老板的15万，张夫人也实在是气得够呛，并且也着实感到15万买下来，赚钱的把握不大。

就在这时，另一位店老板曹环进来了。曹环是这里，也是京城数得着的高手，他家祖上从清同治年间就开始搞古玩，这是有据可查的，是京城琉璃厂有名的古瓷字画经营大户和鉴定专家。到了孙辈曹环这里，更是父业子承，从十六岁高中毕业就涉猎古玩行业，到现在已有十多年了，而且他的悟性特别好。

曹环进屋跟张夫人出屋，正好走了个碰面。因为各有各的心思，谁也没理谁。

曹环进屋的第一眼，也是这件盖罐，有句颜语叫“行家一上手就知有没有”小曹拿眼一瞅，手一提这盖罐，再翻过来看了一眼底款，心中叫绝，这是一件难得的官窑器呀！他多余的话没说，直接问价，得到赵东老板的回答是：“少15万不卖，别还价。”

曹环可不是一般人，谁都知道，在市场上，他看到好东西，拿起来是决不会放下的。今天曹环也是如此，由于对方表明不能还价，就很干脆地说：“东西我要了，我马上打电话，让夫人送钱来。”

就这样，前后不过三分钟，曹环把一件康熙官窑青花五彩盖罐，以15万元的价格给买走了。

后边的事情就不讲自明了。曹环没过半月，把这盖罐以35万元的价格卖给了一个广东客商。

对这盖罐的一买一卖，曹环虽然挣了大钱，心里确很平静、平和。而留下很多遗憾和思考的确是另两家店老板。赵东老板觉得自己15万卖少了，挺遗憾；张老板觉得自己最先看到了这件东西，却没买下来，又生一肚子气，感到遗憾也恼火。

咳！古玩这东西，随机的事情太多，要靠自己多年的经验积累和正确的判断果断出击，就是歌词里的那一句：该出手时就出手啊！

五十万元的蛐蛐罐

2001年某拍卖公司的秋拍会上，拍出了一件宣德蛐蛐罐（彩图6），以50万元被一位外地收藏家买走（加佣金总共55万元）。

这样一件珍奇的拍品，是怎么走上拍坛的呢？确实很少有人知道。笔者的一个了解内情的朋友把事情的始末告诉给我，这里献上，与玩者共赏。

据说，这件难得的宣德蛐蛐罐，最早是一位河北农民送到某古玩店，该店老板以几千元的价格买下后，略加清洗整理，去除污垢和冲洗印迹中的污物（因为农民送来时污浊不堪）之后，该店老板又以十几万元的价格卖给了眼力更好、经营魄力更大一些的另一店老板。该店老板又以30万元的价格卖给了一个“艺高人胆大”的年青收藏新秀小赵。小赵赏玩了一段时间后，就又把这样一件奇珍之物送给了某拍卖公司上拍。

预展时，参观展览的人们都争先一饱眼福，认为无力买到这样一件宝贝，看一看也是三生有幸。据有关资料记载，现存世而被发现的宣德蛐蛐罐完整器仅有四件，这件虽然缺盖，罐体完整，也算稀有之物了。

这次拍卖会的一年以后，这位卖蛐蛐罐的农民又来北京送瓷器，我和一个朋友正好碰上他，谈起了上次他送来的蛐蛐罐的事。这位农民说，这件蛐蛐罐是他从临村一个老太太手里买来的。当他说起这件事时，他谈得津津有味，还很是带有点离奇的故事情节。他说那是一个中午，他走了一上午，满村满大街喊了大半天，什么没收到，正情绪不高，也感到又累又饿的时候，他走到一家院外，从门缝看到院里门旁一个花猫正在吃食。猫他没注意，猫吃食的猫食碗他倒注意了，这个碗就是这只直桶式的蛐蛐罐，虽然脏得不行，但还是能看出它是件老瓷，年份挺早，能到明代。

这位农民说，当时他就停住了脚步，推开了这家院子的大门。这时一位约70岁的老太太走了过来，问："你有事吗?"老农说："大娘这猫食碗卖吗?"问得老太太有点不解。心想，这么个破碗你要它干啥。

猫见有人来，吓跑了。来者拿起这剩有半碗猫食的碗，仔细一看，还真是明代的东西。

老太太看他真想要这破碗，也就不再顾虑地说，能给多少钱哪?

老农心想，按往常收东西的给价标准，像这样一个猫食碗，能给2~3块钱吧！便顺口说："给你3块钱，行吗?"老太太说："行是行，可我喂猫就没有用的了。""那我再加1块钱，你去买个碗来，做猫食碗吧。"老农这样说，而老太太还在迟疑。

老农看时间已到中午，肚子也饿得不行，着急赶快走，就又给老太太加了1块钱，5块钱买下了这个“破碗”。这猫食碗就是后来出现在拍卖会上，拍出50万元高价的明宣德蛐蛐罐。

这件蛐蛐罐从外形上看，是件园腹坐盖式桶罐，内壁满挂釉。器底刷有很薄的一层釉，且有些凹凸不平，露有火石红，罐外纹饰满绘明代早期流行的缠枝瓜果纹。用进口的苏麻离青料绘制，彩色蓝中泛紫，幽菁可爱。沉稳的苏料铁锈斑深入胎骨。纹饰寓意，“五谷丰登，子孙延绵，江山长久。”充分体现了皇帝与臣民们对丰年的期盼，期盼日富年丰。

明·沈德符《万历野获编》中记载：”今宣窑蟋蟀罐最珍重，其价不减宣和盆也。”民国徐珂缉《清稗类抄·鉴赏》王丹思说：“（宣德）宫中□养蟋蟀之具，精细绝伦，故后人得宣窑蟋蟀盆者，视若奇珍。”

真似假与假似真

在古旧瓷器行里，有这样的说法："宁买真似假，不买假似真"。但也有人说："宁买假似真，不买真似假。"在我看来，这两句话，都有它各自的道理，只不过是适用不同的人群而已。对于那些以收藏为目的的人们，宁要真似假，不要假似真。而对于那些以盈利为目的的经营者来说，他们不会要真似假的东西，因为假似真能卖上价，而真似假到手后就难以脱手，卖不上价，弄不好还要赔本赚吆喝。

近日，我在北京潘家园旧货市场买到一件窑变双象耳尊（彩图8），是一件真似假的绝好样品。

由于市场上窑变这类器物甚少，特别是乾隆以前的更少，人们就很难一下子说准它的年代。我买到的这件双耳尊釉光一级，品相极佳。当我从一个天津人手里拿过这件东西时，他怕我说是新活，忙解释说："这东西保证老，怎么也到光绪。"由于我的眼力有限，一时还真难断准它的年代，但我能断定它不是新活。但我想就是光绪的，如果价位合适也该买下。我心里这样合计着。经过与卖家一番讨价还价之后，由这位天津人开出的300元砍到100元成交。

这时，几位与我很熟的朋友走过来，看我拎着这样一个釉光耀眼的紫色大尊，便带几分玩笑地说："老李也玩起新活了，花几大毛买的呀?"此时，我深深地感受到了"真似假"的存在。

回到家后，我操起电话接通了古陶瓷鉴赏家杨老师家的电话，电话里与杨老师探讨了一番后，还是迫不及待地把他请到我家里来看实物。在这位大师级的陶瓷专家眼里，这是一件很开门的雍正窑变釉器物。他说："明看成化，清看雍正。只有雍正时期的窑变釉才有这样好的釉面。"随着年代的久远，釉面上已有了细微的开片和十分耀眼夺目的深深的蛤蜊光晕。再看底足显露出的胎质很白净，在窑变釉器物里，到了嘉道时的胎质里就掺有些杂质，呈黄中带黑斑点。杨老师又说："雍正的圈足里边的釉面是青白釉，有人叫它虾青或蟹青釉，且带有开片纹，是明显的乾雍时期的特点。"最后谈到器型，他说这种器型只有乾隆以前有，要么就是民国仿，而从胎釉的特点看，这件尊是雍正的应是毫无疑问的了。

在杨老师的指点下，我又一次翻开了耿宝昌老先生著的《明清瓷器鉴定》一书的"雍正篇"。耿老是这样叙述的："窑变釉是雍正时创烧的仿宋代钧釉品种，从造型到釉色各方面都精美绝伦，达到了历史上的最高水平，器口部内里釉面有明显的时代特征，即均属润洁的月白色……"

经过这番与名家深入探讨，我的眼力又长了一节，提高了一步。这也是我们每个收藏爱好者的渴求。我们追求的不是金钱，而是知识的价位。这也是“宁买真似假，不买假似真”的道理。

潭柘寺供盘在民间

从北京某拍卖公司2003年春季拍卖目录上看到一块清乾隆本朝的“潭柘寺”供盘（彩图7），使我联想起了三年前在潘家园旧货市场地摊上，一位年青瓷器爱好者从一个农民手里把一块同样的“潭柘寺”供盘买走的情形。

由于乾隆朝历史年代久远，这块盘又是“潭柘寺”专用供盘，实属稀少，它比一般的其他同朝代的官窑盘要少得多。

当我看到目录上的这块盘子时，心想不会就是我在潘家园看见被一位年青人买走的那块“潭柘寺”供盘吧。

这个拍卖会预展时，我特意去了，也特别注意了这块盘子，特地让工作人员把这块盘子拿来给我看。一看，果不其然，被我猜中了，就是同一块盘子。因为这块盘子从中间被打成了两半，又锔上。由于年代久远，锔子几乎烂掉了。这次上拍是经过认真清理，去掉了锔子后，用胶粘起来，修理得干干净净，不缺肉，只有破碎的裂痕，外观依然很漂亮。

这块盘子从乾隆朝到现在已有二百多年，它走过了嘉庆、道光、咸丰、同治、光绪，宣统七朝，又走过了民国和新中国成立后的五十多年的岁月。

它是怎么走过来的呢？没人知晓。可我目睹了它三年前在潘家园地摊上被人买卖的那一刻。今天它又亮相在拍卖会上，它的这两个历史片断，该是它漫长的二百年历史长河中的一瞬间。

我在想它当年在潭柘寺的供桌上是怎样地朝夕与佛祖相伴，又是在哪一朝哪一代人把它从供桌上请下来，流散到民间的。又是哪一代，什么原因让它破碎成两半，是地震？是人为的不小心，还是什么原因？又是谁把它破碎的身躯锔到一起保存下来，随着岁月沧桑走到今天的呢?!

还是说一下潘家园我看到的那一幕，那位年轻人从农民手中购买这块盘子的情景吧。

那大约是一个秋天的周六早晨，我去地摊很早，天色已亮，在现在潘家园市场还没改扩建之前，是大棚子的东侧，紧挨着棚子的一片空地上，一个农民有些旧物放在地上卖，几件瓷器中，就这块盘子还比较像样。当我看到它时，盘子已在这位年轻人手上，正在和卖主讨论价格。由于农民摊主要价2000元。在当时地摊上，一块破了的盘子，这个价就不算低了，因此很长时间双方谈不下来，僵持能有半个小时。

这位年轻瓷器购买人一定也是行家，看出这块盘子青白色的釉面，釉面肥腴而坚韧，光润匀净。滚圆的泥鳅背圈足的露胎处可见瓷质精细洁白，器型规整，青花有点晕散，蓝色纯正。

这位年轻人看好了这块盘子，拿上盘子一直不撒手，旁边围观的人中，不泛感到没能拿到这块盘子而着急的人，我也是其中的一个。非常希望这位年青人尽快做个决断，如果要，就尽快交钱，不要尽快放下，别人好谈。我和有的人，看到这种情形，由于等不急，就走开了。当我再回来时，盘子已成交，被这位年轻人买走。

我也很遗憾没能早发现买到这块盘子，出于好奇，就跟这位农民多聊了几句，我问农民是哪的人，他说是家住潭柘寺西边的大柳村，经常到户里收些旧货古玩杂项到潘家园来卖。这件盘子是从一个农户老太太手里收来的。这老太太说他家还有几件大瓶都是老的，现在不卖，看这块盘子破，又锔又裂，为了换几个钱，就卖了。

农民摊主说，那老太太也懂着呢，这块盘子少800元不卖。

对这块盘子，上边说的这些可能就是能搜寻到的它的一点仅存的历史资料。我非常希望今后能有人再找回它的更多的历史回放，为它续篇。

退休金与围棋罐

玩瓷的人们有句口头语："好的值十万，破的一顿饭。"我喜欢瓷器，特别是年份好、品相佳、上档次的清三代以前的青花或彩瓷（实际青花也是彩瓷的一种，人们习惯把青花单独说）。由于收藏热的兴起，瓷器完整器越来越少，因此现在一些收藏者玩家也开始注意档次高的残器。

2001年一段时间里我盯上了琉璃厂的一个崇祯青花花鸟围棋罐（彩图9）。这个罐破了，但青花发色好，幽青可爱，器型好，娇小玲珑，有盖，这类器物保存到现在，有原配盖的，实在不多见。围棋罐也是藏瓷界，藏家们心中的热门，是备受推崇的一个品种器型。

我每到这个市场，总要到这个店里，总要多看上这个罐几眼，还时不时地让店主拿出来跟店主讨论上一番。

几个月过去了，这一天我又转到这个店里，时间长了，说话也随便了，一进店门，我就跟女老板说，今天刚领了退休金都给你，你把那个围棋罐给我怎么样？由于过去跟店老板闲聊时说过我每个月的退休金是多少，我这么一说，店老板就知道我想花多少钱买她的这只围棋罐了。

这次店老板格外爽快，在我看来，可能是她在别的生意上赚了钱这里就无所谓了，一句话同意把围棋罐2千块钱卖给我。

就这样，我以一个月的退休金买回了这个围棋罐。

拿回家的第二天，我对这罐的高度兴奋还没消，家住广安门的段师傅（号称神段）来到我家，看过我的这个罐后，也跟我一块叫好，并使他联想起他几年前碰到的另两只完整的崇祯人物围棋罐。

他跟我讲了这两只罐的故事。

几年前，收藏还没有现在这么热，瓷器的价格也没有像现在炒得这么高，瓷器完整器，好东西，也是多见不怪，谁都不肯出高价。

那时，在西城区一个玩家高先生手里有两只崇祯人物围棋罐，器件完整都是原配盖，谁看了谁说好。

半年过去了，也没卖出去，因为谁都没给到卖主的3万元要价，有的给1.5万，有的给2万，最高的给到2.6万六，但卖主要3万元，少一分都不卖。

好东西总有人惦着，段师傅说，有一天他正在这对围棋罐主人高先生家里聊天，一个年青人走了过来。因为都是行里人，见面有些面熟，但没打过交道，知道这个年青人在行里有点名气，是行里年青人中的后起之秀,经常是身手不凡，曾经做过几宗大买卖，挣了些钱。

今天这位年青人是有备而来，进屋直奔这对围棋罐，问价后，得到卖家的回答仍然是少3万不卖。年青人没还价，交上3万元，小心翼翼地装走了这对围棋罐。

段师傅说他目睹了当时的这一切，因此今天看到了我的这只残围棋罐，就想起了当年的那对完整的围棋罐。

当段师傅说到这，我心想，这故事一定还没讲完，就问了一句，那后来这年青人的一对围棋罐卖了吗？卖了多少钱？

段师傅说：“卖了，是我几年后在一个私人博物馆里看到了这对围棋罐。听说那位年青人当时3万元拿上这对围棋罐后直接送到了下一个买家处，以10万元的价格卖给了这位现在开有博物馆的北京知名的大收藏家。”

段师傅说，现在这对围棋罐的价值应该在50~60万元，甚至还不止。

可见，收藏不仅要有眼力、实力、魄力，还要有对事物未来走向的预见能力。

偶得康熙鸡腿罐

1998年冬的一天，我正在北京西郊的北方旧货市场一个朋友的店里看瓷器，玩家郭先生走进来，拿出两件尺寸都在18公分上下高度的盖罐给我看，我一看其中的一个是新活儿，一个是件开门的康熙青花五彩人物鸡腿盖罐（彩图10），器物完整，除有局部脱彩外再设一点毛病，这正对我的收藏路子，我喜欢五彩器，喜欢清三代的东西。

搞古瓷收藏，每当见到自己喜欢的东西，不吃不喝也得设法买下它，我当即问价，郭先生开价并不高，开出900元，最后让到850元，我欣然买下。

时隔几天后，一个朋友到我家看到这件东西，他吃惊地说，这件东西怎么在你这里？几天前还在玉泉路花鸟市场的一个店里摆着呢，有几个人看了都说是光绪的，谁都没买。

我这一听倒知道了这只盖罐的一段身世了。可对于我这位朋友称它是光绪时期的，我怎么也不会同意。

我拿起盖罐，让这位朋友仔细看，谈了我说它是康熙时期的几点理由。从泥鳅背圈足露胎处可看到胎质缜密似玉，修胎规整，再侧视彩器釉面呈现历经几百年岁月而产生的五光十色的“蛤蜊光”光晕。红彩是标准的康熙中晚期使用的矾红彩，从器型上看也是康熙时期特有的。

清末光绪时期是有大量仿康熙五彩器，直至民国，有的仿品非常到位，足能以假乱真。但无论如何乱真也不可能完全不露出其时代工艺特征。光绪时期无法做出年代久远的康熙朝300多年形成的自然旧光泽。

康熙五彩器的胎体胎质坚硬细密，器型端庄，重量适度。而光绪仿品胎体胎质无坚硬感，不是显轻就是太厚重。

康熙五彩器的釉面细润纯净，胎釉结合紧密，而光绪仿品釉面缺少旧光泽，多有浮光存在，胎釉疏松。而足的旋削，光绪仿品无法达到康熙器物底足的原样，往往不是过于规整就是过于粗率。

我的这位朋友听了我的这番话，再对照实物，认同了我的看法。

这时古玩市场上小有名气的神段师傅也敲门进来了，看我们在谈论这件鸡腿罐，他把东西略看一眼，就直接了当地说：“这罐没争议，是典型的康熙时期的东西。能卖到3千元以上。”

听了神段的这番话，在座的那位朋友有些惋惜地说：“上次在店里，我们都没看透，要是看出是康熙时期的，谁都会把它买下的。”

是啊！古玩这东西，没眼力是会买漏卖漏，也会买砸卖亏的。

牛二精心策划的骗局

有句俗话“心不正，则路必歪”牛二看有的人靠古玩发了财，他也想一试，可没倒腾几把，不是买贵了，就是买新了，不仅没赚到钱，还把手里仅有的几千块钱都赔进去了。

牛二心想：“我是心比天高，命比纸薄呀，但我决不服输，我要创造奇迹，赚大钱。”

经过牛二的精心策划，先是找两个帮手，物色下家买主，最后是编故事为自己手中的假活儿新活儿编出一套离奇的故事，让买家深信不疑，做骗人的买卖。

牛二把从潘家园地摊上买来的几件高仿品，经过酸洗、打磨，使高仿品更有了一番老货模样。把货再交给事先找的两个帮手（山东某地人）带回山东，这是经过精心策划的第一步。

第二步是找买家。他很快就选定了目标。他选定了一个家具厂的厂长吴老板。这位老板兄弟四人，都是做家具的，由温州来北京，十几年的工夫，由小到大，四兄弟除固定资产外，存款已有千余万元。

他们的家具厂就在潘家园旧货市场东不远的小武基桥

附近，吴老板周六周日也常去逛潘家园地摊和古玩城，想买些老瓷器，包装一下自己和自己的企业。

一次偶然的机会，吴老板跟牛二在潘家园地摊上认识了，两人各有所需，一拍即合。牛二的灵牙利齿，让吴老板深信牛二是玩瓷高手，能为他搞到瓷器精品。

目标选定了，牛二开始实施他精心策划的第三步。让帮手把事先带回山东的仿品瓷拿回来。牛二跟山东两位帮手约定好坐哪次车从山东过来，然后通知吴老板跟他一块去北京站接站。

吴老板亲自开上自己的大奔车到车站接山东来人，来人满口山东话，纯山东口音，心想这还能有假吗。

吴老板把牛二和山东来客及随身带来的瓷器，用车接到了他的府上。

牛二为了让吴老板没有一点疑虑，还拿了几本北京某拍卖公司大拍的拍卖目录，其图中就有与他这次准备卖给吴老板的“同治青花人物贯耳瓶”外形一样的图案。

吴老板对牛二拿来的这件贯耳瓶左看右看，上下打量了几遍。其实他一点也不懂，能看出什么呢？最后吴老板确信这件贯耳瓶是真品。

吴老板并没注意到，为了给这件瓶做旧，是经过酸洗和打磨过的，为了有划痕，上边还有砂纸拉过的印迹。砂纸拉出来的划痕跟自然划痕明显不同。同治到现在已有百余年，真品瓷器釉面上的浮光也不存在了，有一种自然的陈旧感，并不是这件贯耳瓶用酸洗过的污浊感。再者同治贯耳瓶重量适中，而吴老板手中的这件瓶重量过重，明显是现代用电炉烧制的，胎土淘炼过精，比重过大，造成分量过重，俗话说这东西死沉死沉的。

牛二为了不露一点做假的斧凿痕迹，还编造出这件瓶是这位山东客商从当地一个清朝山东巡府后人手里买来的，而且这后人手里还有五六件更好的瓷器精品要卖。牛二说这次做好准备，下次再从那家巡府后人手上搞两件给吴老板。

故事编到如此娓娓动听的份上，吴老板还能说什么呢。

钱在吴老板这里是无关紧要的，只要东西好，东西是真的，要多少钱他都能给。

就这样，第一笔交易，这件同治贯耳瓶以2.5万元成交。

第二次，第三次，牛二都是如法炮制，把一件件新活、做了旧的高仿品卖给了吴老板。牛二三次八件总共得货款76万元。

吴老板的家具店，有一天来了位山西平遥人杨业务员到他厂里买办公家具。山西平遥是古玩之乡，杨业务员也是古瓷的业余玩家。在吴老板的办公室里，看到摆放在角落里的光绪粉彩赏瓶，同治青花人物贯耳瓶，由于爱好瓷器，他自然感兴趣，当他到这两件瓶跟前看过后，说是两件新品，两件高仿做了旧的瓷器。

吴老板先是不信，还做些争辩。但在行家面前，吴老板的争辨是站不住脚的，最后还是相信了杨业务员的话，意识到他的这两件瓷器可能是高仿品。

不仅这两件，其他五六件，吴老板也让杨业务员看了，结论一样都是新仿品作旧。这七八件东西，让杨业务员一估价，也就值3千块钱左右。而吴老板是花76万元钱从牛二手里买来的。

吴老板心想，这个牛二害得我太惨了，我要找他算账。

吴老板找到牛二，牛二先是一阵抵赖、争辨，死活不承认这几件瓷器是造假的新活。吴老板要求退货，牛二不肯。这时吴老板使出了最后一招，说：“你不退货，我就去公安局报案”。并说这跟马路上用假金元宝、假金佛骗钱有什么区别。警告牛二说：“你就等着坐牢吧！”

如此这般，牛二害怕了，只好同意退货。牛二肯求吴老板能宽限他两年，钱已被他花掉了一半。他用这笔钱在京东的燕郊买了一处三居室，又购置了一辆神龙富康车。加上分给那山东的两个帮手几万元，手里只剩下30多万块钱了。这30万元都退给了吴老板，其余的打了张欠条。吴老板让牛二把几件瓷器新活通通拿走了。

这事牛二本该进“局子”的，可由于吴老板的宽容，没报案，算做私了。

在现实生活中，这类事情每年都有发生，但大多以私了完事，真正诉诸法律的不多。2002年曾在某报上登过一宗案例，也是用新瓷当老瓷骗钱，骗了一位大款几十万元，而被送进了监狱。

高仿同治青花人物贯耳瓶

韩信走马分油

瓷器鉴赏与收藏者常有句口头禅：三件青花不如一件五彩。这并非说青花不好，而是反映了人们更酷爱五彩和五彩的高贵。

五彩器创烧于明早期，据文献记载，始于宣德年间，万历朝已达到较高水平。它以彩色浓艳，色调鲜明，在中国陶瓷史上留下了难得的一页。明末清初，到了康熙年间又有创新，达到了鼎盛，以后逐渐被粉彩取代。

由于年代久远，又因五彩烧制工艺较青花复杂，烧制量少，因此现在存世不多，想找到一件器型色彩俱佳的康熙朝以前的五彩器是挺不容易的。

我最近从一位古姓朋友那里得到一件康熙年间画有“萧何月下追韩信”的故事情节的五彩笔筒（彩图11）。不仅这种故事情节画在笔筒上十分少见，而此笔筒彩釉一级，五彩线条苍劲有力，彩色鲜亮，透视感极强。

康熙朝至今已有300多年的历史，透过这笔筒我又仿佛看到它的沧桑经历，想象的到它曾伴随多少代文人书生，停放在案头，与笔墨为伍。

这只康熙五彩笔筒，画的是萧何带领兵丁月下急驰追赶韩信的故事。四个人物画得顶天立地，栩栩如生。这个故事，历史上广为传颂，也有史书记载。

就在韩信策马扬鞭经过一河边时（笔筒上所画韩信马前的河岸与停泊的船），遇见两个壮汉从小船上下来，争吵着挡住了韩信的去路。原来两人为把10斤油分成两份，每人5斤，而手中只有一个7斤的葫芦和一个3斤的瓢两件计量器具，分不开。韩信马没停蹄告诉他们："这么、这么、这么……"就可以把油分开。两壮汉照韩信所说，三下两下，果真把油分成了两个5斤。两壮汉惊叹不已，再抬头寻找骑马之人时，人已不见了踪影。

这就是在萧何月下追韩信之外，引出来的韩信走马分油的故事。

答案：

用3斤的瓢在10斤油中舀3瓢，倒进七斤的葫芦，葫芦装满后，瓢中还剩2斤，再将葫芦中的油全部倒进10斤的容器，之后将瓢中的2斤油倒进葫芦，再用瓢从10斤容器中舀出一瓢倒进葫芦中，这样葫芦中有五斤油，10斤容器中也有5斤油。

10斤油，在仅有两件计量器具和一件容器的情况下，分成了两个5斤。（别无其他容器）

——地摊走出来的梅花洗——

某拍卖公司2003年春拍预展，有一件万历青花花卉梅花洗（彩图12），引起了几个常逛古玩地摊人的兴趣。

我的朋友萧南说，这洗子不是我们从地摊上看到，后来被一位古姓朋友买走了的吗？工作人员从展位上把它拿下来，我们仔细看过这件万历梅花洗，确实能让人体味到万历器物粗犷豪放的诱人之美。洗的口沿绘卷草纹，洗心绘花卉草虫，写意洒脱，生趣盎然，笔墨舒展，苍劲有力，整体呈梅花状，有雍容大度之气。胎体厚重，平砂底的中心部位有预留写款位置，但未写款。釉面呈青白色，具有万历器物的典型特征。

我的朋友萧南说，古先生是多少钱从地摊上买走的不清楚。这次拍卖会上，我们几个都到场了，看到第一件拍品就是它。开场竞争的气氛很浓，有几位竞买者，先后举牌，最后以1.8万元落槌，被举368号牌的朋友买走。

时间过去了一个月，又是这件万历梅花洗出现在古玩地摊前，我的朋友萧南又看到了一年前在这里卖这件梅花洗的农民朋友。农民朋友跟萧南说起了这件梅花洗。他说他是从一个农户里收上来的，当时农户还正用它凉晒红辣椒，放在正房的窗台下，他从院外经过，看到后，跟人家商量。农户主人没把它当回事，没过百元，几十块钱就卖给他了。

农民朋友又说，他去年把这块盘子（他不知道这东西叫洗子）拿到这里卖了，赚的钱正好够他女儿上大学半个学年的学费。

这位农民朋友没直说这个洗子是多少钱卖的。萧南也没告诉他洗子在拍卖会上的不寻常表现。

后来我们议论这件梅花洗时，感到一件流传在民间的藏品，它的复出、隐失或易主，往往都会演绎出一幕幕颇有情趣的故事。

——“光绪”和“顺治”之争——

号称“天下一统”的筒瓶是被瓷器收藏者和市场看好的器型，五彩也是市场上的热门，五彩筒瓶就更加受关注了。

1998年的一天，我到某古玩市场的精品厅，当我走近“义胜轩”，推开门，在诸多明清瓷器真品中，一件花鸟五彩筒瓶格外引起了我的注意。

这件瓷器，着实招人喜欢。远看它高高竖立，轮廓苍劲得体，雍容大度。近看：四面开光，画的春夏秋冬四季花鸟。一面是春：蜜蜂牡丹；一面是夏：荷花鹭鸟；一面是秋：山茶蝴蝶；一面是冬：香梅雀鸟。

店老板看我目不转睛地看着这件筒瓶，就忍不住开口说：“看好了这件筒瓶了，看好了给个价。”

我心想，你卖东西，哪有让买东西的先开价的。就顺口说了句：“你卖东西，你先开价。”

焦老板这时也没报价，却说了为什么让买货人先开价的道理。他说因为对这件瓷器有的人说是清晚期光绪的，有的人说是清早期顺治的，光绪与顺治价格可是相差甚远啊！

这时我才明白焦老板也是想考考我的眼力，看看我是给这件筒瓶定在顺治还是定在光绪。

焦老板这人很好，多数人开店是单一为了赚钱。他却不一样，他更多的是为了藏界交流，相互探讨学识。所以人们都称他为焦老师。

焦老板说，这件瓷器是一个藏友放在这，让他代卖的，货主送来时说是晚清的，能卖上8千元就行。

我问焦老板，你看这东西是什么时候的？焦老板很直率地说："我看它是光绪的。"并且还诚挚地告诫我别把它当成顺治的买。

一般开店的面对买家，都把自己的东西往好说，年份往高了拔，乾隆的说成雍正康熙的，中期的说成早期的，清代的说成明代的，这样价格自然就上去了。

可这位焦老板却不然，这使我很感动。因为这时我真地把这件筒瓶看成是清早期的了。听焦老板这么一说，我也有点拿不准了，也就没敢说买。

回家后，晚上躺在床上，反复想白天遇到的这件筒瓶。我怎么想它怎么都应该是清早期的。

因为它有清早期顺治康熙时期瓷器的特征。其中：釉面在细硬似玉的胎体上显示出有足够的硬度，仍有传统松木柴窑烧制所形成的卵青釉面，釉汁凝厚，但有些混浊现象，器口施酱黄釉。器底是平砂底，底心有些内凹，并带有釉脐，略带螺旋纹，有一层微黄的色浆在上边。胎体坚致厚重，洁白细润。四季花鸟图案的彩色以浓重的红绿彩为主，红彩似枣皮红色的"大明彩"，十分诱人。

越想这件筒瓶觉得越好，第二天我找到我的一位老师——王老，让他帮我去看看这件筒瓶，王老应允。

当我们一块跨进焦老板的店时，四处搜寻这件筒瓶也没找到，再问焦老板，方知昨天临下班时，有一店老板串行，来这里闲聊，看好了这件筒瓶，当时就付了1万元，把东西搬走了。

听到这，我感到很沮丧，但也无奈，又觉得对不起王老，让他白跑一趟。

时间一去就是两年过去了，在我又逛这座古玩市场的时候，在另外一家店里看到了这件筒瓶，标价是12万元，年代清楚地标注“顺治”。

我此时对这件筒瓶感到又熟悉，又陌生，熟悉它的身影和美丽的外表，陌生的是它的标价攀升得让人不敢想象。

但这时我也为这件筒瓶高兴，因为这时给它标注的身价才是它真实的本来面目。

为家里老人买老铜佛

老铜佛存世量还有一些，但为数不多。在新中国成立后的大跃进年代和以后的岁月里都被回收炼铜用了。

几次拍卖会上，我的朋友小栾总想买上一尊，以满足家里老人供奉的要求，还要老的，新的不要，结果在拍卖会上由于价格关系都没能如愿。

根据别人提议，小栾在一个周六去了某旧货市场的地摊，还真有铜佛卖。摊主说，这是他家祖上传下来的，8千元可请去。

小栾到过拍卖会，那里每尊这样大小的铜佛没有1万元以上是买不到的。小栾觉得这回在地摊上遇到了机会。对于铜佛真假新老，他没有能力判断，只有听摊主的，但他从铜佛的外表看，确实有个老样，不仅有油泥在上，还有绿色的点点锈斑和用过的划痕。

小栾相信了摊主，确信这铜佛是老的，经过一番讨价还价，最后以6500元买下了这件铜佛。摊主左一层右一层为小栾把铜佛包好，并一再说，这铜佛保老，如果回去发现新了，可以随时找他退货，一分不少地把钱退还。

摊主的这些话，使小栾更确信自己买到的是一尊老铜佛。按摊主的话说，这尊铜佛是清早期的。

小栾是我认识的一个朋友，他买到这样一件好东西，晚上就打电话给我，让我去看看。其实我是玩瓷器的，对铜佛我说不十分清楚，但比门外汉强点，也能说出个一二，就过去了。

我拿过小栾买来的铜佛一看，外表是有点老相，翻转铜佛的底部，往内腔里一看，就清楚了，我告诉小栾，这是一件地道的新活儿，是现在刚刚生产出来的。

小栾让我说出理由。我告诉他说，最简单的判断铜佛新老的方法就是看铜佛的内腔的铸造是圆角还是尖角，清代以前的铜佛内腔铸造都是尖角，现在铸造的都是圆角，技术术语叫铸造圆角。圆角是为了好拔模和减少内应力，增加强度。因为现在更讲科学，老佛的铸造中不懂这些，也不讲这些。

我还告诉小栾，另一个是这铜佛光有锈斑，没有因年代久远形成的包浆。再者上边的划痕也是人为作旧搞出来的，并不是因年久自然形成的。

小栾这时也并没有着急，他说摊主已保证这铜佛是老的，如果发现是新的可以找他退货。我说，小栾你再去还能找到他吗?

果不其然，当小栾第二天去那个旧货市场地摊找那个摊主的时候，找遍了整个市场，也没见到那个摊主的影子，在之后的几个星期中，小栾都去找他，结果都是一样，根本找不到了。

两个月后，小栾终于在这个市场上碰到了这位摊主，又提铜佛的事时，这摊主否认他曾卖过铜佛给小栾，不认账了。

对于这位文质彬彬的小栾，只好认倒霉了。也只好把一个新铜佛给老人供奉。也罢，老人倒想的开，改变了当初执意非要买件老铜佛供奉的想法，说新老都一样。

事情到此，也只能让我们从中吸取教训了。古玩市场很复杂，新手不要轻易下手，卖铜器跟卖瓷器一样，开始一定找上懂行的人，帮助掌眼才行。

铜　佛

希拉里·克林顿与潘家园

美国总统克林顿1998年访华，夫人希拉里和他们的女儿也到潘家园旧货市场和古玩城去了。

6月27日上午，潘家园旧货市场地摊跟往常的周六一样，十点多钟，已是人满为患。在两排摊位中间的人行过道上，人挤人，肩擦肩，不侧着身就很难走过去。

这时看到有人在维持秩序，把人流分开让出通道。“有外宾来”，大家意识到，人们都自动靠边，让出外宾通道。我也是远远地挤在人群里，看到有几个黄头发外国人模样的女士和男士走过来，两旁前后都有我们的工作人员。到了跟前，有人小声说，是美国总统夫人希拉里，旁边的年青女子是她的女儿。因为那几天克林顿希拉里是中国电视上的热点人物，借助电视，人们都熟悉她们的面孔。

此时希拉里及其随行人员、陪同人员在地摊大棚的货位通道里，走过一行又一行，她们时而蹲下拿起一只瓶子或拿起一面老式绣片织物，通过翻释不停地与摊主交谈。这时我们那些不管是摆摊的，还是逛摊的，都停下了自己手中的事，眼光不约而同地投向了这些热点人物。我也不例外，和其他人的心情一样，总想能靠近她们一点，看看她们对这里的什么东西感兴趣，想知道她们看些什么，买些什么。

在众目关注下，外宾们也时而向两旁的众多的友好面孔挥挥手，笑一笑。

这时，希拉里一行人走到卖古旧杂项的一个摊位前，摆摊的是一位上了年纪的老大爷，希拉里拿起了一只清末滕编手提长方形食盒（形似提篮）。希拉里把手中的多格食盒左右端详、上下查看一番后，通过翻译与摊主说了些什么，由于我们不能靠近，没听清。我们看着她的随行人员给摊主付了钱，收起了两只食盒离开了摊位。

这时，我与其他几个热衷于问个究竟的逛摊人，走到这位摊主老大爷跟前，才知道每只食盒要了希拉里350元，两只700元。当时也有人半开玩笑地说，你怎么不多要点，多要她也会给的。这位摊主老大爷知道说话的人是跟他开

这是希拉里在古玩城买的晚清粥罐（近似样件）

玩笑，也就漫不经心地说了句："我卖给咱们中国人也是这个价。"

其实外宾们对地摊市场的价格行情都非常了解。希拉里一行是由美国驻中国大使馆的人员陪同来的，大使馆的人平时也经常逛潘家园地摊和其他古玩市场。有的外国人对中国的古瓷器、古钱币、古玉是非常熟悉的。有的甚至高出我们一般玩家。他们中有的人对中国的古瓷研究得很深。我曾亲眼看到他们有的人出手从不拿摊上的新活、仿品，专检乾隆以前的真品拿。希拉里一行人，上午逛完潘家园地摊，下午又去了"北京古玩城"。

在那里希拉里买了晚清的冰梅粥罐、百寿青花盖罐、旧木制粮斗等器物。在古玩城三楼的"忠义堂"还留下了

这是希拉里在潘家园旧货市场地摊上买的手提食盒(样件)

一段佳话：希拉里在忠义堂购完物品后，店老板程先生送给希拉里一个青花印盒和高足杯两件礼品作纪念。克林顿返回华盛顿后，还寄给程老板一封亲笔签名的感谢信。

信是这样写的：

尊敬的程先生：

谢谢你赠给的印盒礼品。

在中国访问期间，我们过得非常愉快。

为此，请向接待过我们的朋友

致谢！

同时，我们全家衷心感谢

你的精心周全的安排，

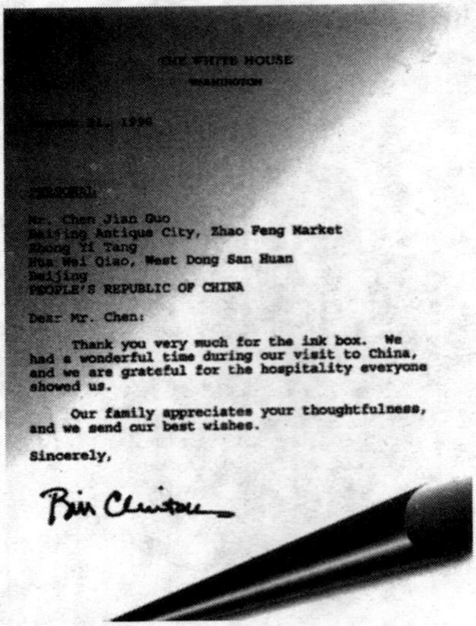

THE WHITE HOUSE

WASHINGTON

[illegible] 21, 1996

PERSONAL

Mr. Chen Jian Guo
Beijing Antique City, Zhao Feng Market
Zhong Yi Tang
Hua Wei Qiao, West Dong San Huan
Beijing
PEOPLE'S REPUBLIC OF CHINA

Dear Mr. Chen:

Thank you very much for the ink box. We had a wonderful time during our visit to China, and we are grateful for the hospitality everyone showed us.

Our family appreciates your thoughtfulness, and we send our best wishes.

Sincerely,

Bill Clinton

克林顿签名信

并向你致以最良好的祝愿。

真诚的

比尔·克林顿

Bill Clinto

当时美国的第一夫人希拉里来中国潘家园旧货市场地摊、古玩城，都被列在她的日程安排里，可见潘家园旧货市场地摊在国外的知名度了。

潘家园地摊在国内名声也很响，我常在周六周日的地摊上见到一些国内知名人士，有些政府要员也常去光顾。

潘家园工艺品市场的品牌已是中外驰名了，其将来的前景是可想而知的，有可能成为北京继琉璃厂之后的第二个文化街。

但愿大家共同珍惜这个名牌。

二百元的后面是百万

还是1996年冬季的一个周六早晨，在潘家园旧货市场地摊上，北京西郊的一个农民，把自己从农户里收上来的古旧物品、瓷器、小玉件，还有过去女人的三寸小鞋等一堆东西摆在地上摊位里卖。冷眼一看他这些东西没一件可取的，因此从早晨4点半钟市场大门拉开，他随人流车流进来，摆上货已有两个多小时了，一件东西也没卖出去。

就在这时，山东青岛开店的贺老板在他摊前停下了脚步，弯腰拿起了一个白色瓷瓶，这瓶周身粘满了黄土，还不易弄掉，显然是入过土，又出土的。口沿缺了一小块，并有一条长冲延伸到瓶的下部，接近底足，看样子是出土时碰坏的。

对于这件瓷瓶，不论谁都不会否认它是件老器，但真能看懂它的人却寥寥无几，没有几个。尽管贺老板从事古瓷买卖已有十多年了，经常跑北京，但对这种东西还是第一次见到。别说贺老板，就是那些专家学者，也只是在资料上看到过图片而已。

一般人都会把它视为清康雍的白釉梅瓶，高看它最多也不过是明嘉万时期的。

贺老板就是这样看的，认为它是清三代的东西，就顺口问农民摊主卖多少钱，得到的回答是200元，贺老板还价150元，农民摊主更干脆，少200元不卖。就这样，贺老板一点没犹豫就放下东西，赶紧又去了别的摊位上看。

就在贺老板站在那农民摊前拿着这件白釉瓶的时候，天津开店的小白注意了这件东西，但他没做声，只是在另一个摊位前远远地注视着。

当贺老板把白釉瓶放回了原处，离开这摊位的时候，小白三步并作两步地来到了这个摊前，迅速拿起了白釉瓶。

小白是搞古玩的世家，父亲是天津城里玩瓷赏瓷高手。小白从小跟着父亲从事古瓷经营，鉴赏能力不是一般人能比得了的。

小白对类似这件白釉瓶一类稀有品种也是一看一个准。白釉瓶还在贺老板手上的时候，小白离远处就看出了这件器物可能是明早期的，等他上了手，再认真过眼时，就更肯定了自己的这一判断。

他看到手中的白釉瓶，釉质洁白，温润似玉，肥厚如脂，釉面平整晶莹，器物的棱角处微显胎骨。足的边沿釉面截削整齐。整个器物迎光透视，胎釉呈现肉红色，这是明显的永乐甜白釉器物的特征，是明中期晚期白釉瓷、清代白釉瓷不具备的特征。

小白惊喜地拿着这个白釉瓶，心想多少钱也得把它买下来，因为他已确认这是件稀世难得的明永乐甜白釉官窑梅瓶。他看到瓶的口沿到其颈部还写有“内府”二字，透过泥土隐约可见。

一问价，得到的答复仍然是少两百元不卖。小白二话没说，马上付给农民摊主两百元，拿上了这件梅瓶欣然离开了潘家园地摊市场，乘中午的火车返回了天津。

这种梅瓶，在耿宝昌老先生所著的《明清瓷器鉴定》一书第22页上就有阐述：“内府白釉梅瓶——盖上饰以青花折枝花果，肩部有青花楷书‘内府’二字，当属宫内用器。此类梅瓶极为罕见，早年仅于北京地区出土两件，约在一九三〇年左右流散到了国外，现由日本安宅博物馆收藏。”

小白以两百元买了件永乐甜白梅瓶的消息，很快在京津古玩行里传开，很多人为之惊叹，说真是件好东西，是捡了个大漏。

说漏随时都可能有，如果没有眼力或眼力不到，即或被你碰上，也会错过，拱手让给别人，让给有眼力的人。这里谈到的这件梅瓶之事，就是最好的例证。

后来听知情人说，这件梅瓶几经转手，最后被卖到一百多万元的价位。

赚摩托与赚奥迪

一件青花瓷器，第一手卖家赚摩托，第二手卖家赚夏利，第三手卖家赚奥迪。这一度成为玩瓷行里的热门话题。

事情还要从头说起，那是1997年夏天的一个晚上，店老板任先生和往常一样总要在晚饭后领上心爱的小狗去溜街，在街心公园坐一会。

今天也是狗在前边跑，他在后边追。也怪了，当狗跑到现在龙华大厦这个位置，那时还没盖楼，是脸对脸的两排铁皮棚子店铺，专卖古玩杂项工艺品的，狗就停下来不走了，朝着铁棚子汪汪地叫个不停。

任先生顺狗叫的方向望去，心想，正好也有半个月没来这市场逛逛了，顺便看看平时经常打交道的几位店主。一时也就改变了原本打算到街心公园转悠转悠的计划。

当他一脚院里一脚院外，还没选定进哪家店铺的时候，竟被“月亮轩”占阔先生店外窗下的一个青花香炉（彩图2-1）吸引住了。这个炉满身锔子污秽不堪，凭任老板对瓷器的多年玩赏经验和他平时就高人一筹的鉴赏技能，东西还没上手，仅凭直觉，就感到这件东西器型、年份都不错，该够明早期。

任老板走到跟前，搬开它周围的零乱堆放物，拿起这个炉，定眼仔细一看，任老板心中为之一惊，更是一振，被眼前的一切惊呆了，是苏麻尼青料的。因为眼前这炉上的青花既有典型的苏料晕散，又有凹下去的黑褐斑。

宣德青花器是人们求之难得，十年九不遇的稀有品种。任老板有点不敢相信自己的眼睛。但对苏料器物，还是不生疏的，曾不止一次地买过卖过，都是些小件，什么小瓶啊、小碟呀，更多的是瓷片。当初为了学习掌握苏料，任老板曾花1800元买过一个宣德苏料青花碗底。此时这么大一个苏料宣德青花炉摆在眼前，是想都不敢想，又怎能不为之一惊又一振呢！

定定神，任老板才意识到得赶快与货主人谈价钱，走买卖程序，把它买到手，才是最迫切的事。他心里估计，这炉的价钱不会太贵，因为主人能把它这样随便丢放在窗外，也是没拿它当回事。当然，扔在窗外，也许是因为它太破太脏的缘故，即便如此，如果看透它是苏料的，也不会这样对待它。

任老板此时已忘记了自己心爱的黑褐色的小沙皮狗了，任凭它跑吧，狗已不见了综影。而狗也有它的所求，当初在马路上停下来一个劲地叫，倒不是它发现了主人求之不得的宣德青花炉，或有动物过人的本能的灵感，而是这院里往常它来时，有一只同类异性灰白色的小沙皮狗，它是因为这个才停下来叫个不停的。

主人此时手拿着青花宣德炉，而它早已钻进那个异性同类的地界里去了，在戏嬉叫闹，也根本不想主人在干什么，主人忘了它，它也忘了主人。

任老板在占阔店外，拿着这个炉，端详来端详去，足有三分多钟的工夫了，店内占老板不在店里，只有占夫人在，也足足看了任老板三分钟没做声。还是任老板心急，先喊了一嗓子："屋里有人吗？这炉卖吗？"

这时屋里老板夫人不能不搭腔了，推开门，一脚跨出来，顺口说了句："你要吗？"任老板觉得这话答的有点怪，心里嘀咕："不要我问它干嘛"嘴上却又不能这么说。抬眼看了老板娘一眼说："我要，先报个价吧。""唉呀！我还说不好，我家先生到前排屋王老板那打牌去了，我去叫他。"谁知老板娘喊声一出，半截身子从二十米外的一个屋里探出来，手里还拿着牌，一看是任老板，平时都认识，本来不想放下手中的牌，可双方都已相互照了面，只好扔下手中的牌，走了过来。

两人几句寒暄过后，话题就转到这件炉上来了。占老板话带点疑问和试探的口气说："小任，这炉你要它干嘛？这件东西是我一个老乡在一个礼拜前放到我这的，让我帮他卖，我看挺脏就放到了外边窗台下。"任老板急不可耐，话直捣主题问："要多少钱？"占先生心想，反正你也不会要，想顺口高开一把，把他要走。本来他的老乡放在这时，让他返回3千块钱就行了。按一般常规，在潘家园市场，这些开店的，货到手再出手，都是按进价打一个滚就差不多了。按这个尺度，占老板开价6千到8千就足可以了。可此时，占老板一时脑热，竟打了几个滚，多翻了两个根头，开口向任老板开出1.2万元的价码。

占老板此时心还在牌桌上，牌桌上是四缺一，几个朋友一定埋怨他的。占老板心想他这高价一开，任老板一定放下东西走人，自己将尽快回到牌桌上去。

听到占老板的报价，任先生心里不知有多高兴了，但他并没有流露在脸上，按常规买家总是要挑点毛病，叫褒贬是买主嘛！做买卖就是个心理战，卖方想方设法稳住买方,买方也想方设法把卖方的高开高要的气势压下去。买家能以最低的价格把货买到手,卖家确保自己卖上好价钱。

任老板急于拿到东西，占老板急于回到牌桌上去,双方都急。还是任老板先开口了："得得，你是买家，只好听你的，一万二就一万二。"任老板放下手中的炉，把随身带的六千块钱递到占老板手里，随口说："那6千，一会儿送过来。"

占老板没想到任老板这么痛快，能花一万二把这么个破炉买走。

就这样老板娘急忙拿出报纸，塑料布打好包。任老板头也没回提上破炉赶紧往家走，走出一段路后，才想起与他同来的小沙皮狗。

任老板买到一个宣德苏料青花三足炉，消息很快传开，这个市场很多人都知道了。炉在任先生手里，经过整理、清洗，可算旧貌换新颜了。摆在他店的厨窗里，谁都想去看上一眼，也有几个人想把它买下来。雨先生就是其中的一个。雨先生和大家一样都觉得这东西弥足珍贵，就是破得厉害了一点，价格高了一点。任老板开价18万元，确实要价不菲。对于有些人已感到这是个天价。只有雨先生心里有数，他认为18万元还远没有到顶，远不是这件青花炉的最高价，剩余空间还很大，他从资料上看到过香港苏富比拍卖行九十年代曾拍过一个类似的炉，拍到800多万元港币。

现在行里人常给破损有伤的器物定价都是采用破损件是好件价格的十分之一定价的惯例。当然有时也考虑破损的程度而有所区别。

雨先生心里估算着，按这个算法，任先生手里的这个炉，价格应在几十万以上。按任先生开的这个价格，把它拿过来，是一定能赚钱的。经过与任先生的几个回合交峰。任先生把价格让到12万元上，雨先生接受了这个价格，买去了这只难得一见的苏料宣德青花三足炉。

故事到这还没完，雨先生拿到炉后，他心里清楚，如果就这样出手，价格会大打折扣，卖不上价。于是雨先生按过去的老做法，先把炉身上的锔子取下来，再把分成几大块几小块的炉瓷片放到“84”消毒液里浸泡，然后再放到浓盐酸里去掉金属锈斑，清洗干净后，把每块瓷片按原样精心复位。再用“502胶”填缝粘好。这时的宣德青花炉，可是真的露出了它的弥足珍贵、异彩纷呈的庐山真面目了。让人看了真是美不胜收啊！

雨先生是开店的，赚钱是天经地义的事，货早出手早赚钱。于是雨先生照样也把这只炉摆到了自己拒台上。

此时的三足炉，可与放在占老板店铺窗下时不一样了，若比喻成人，可谓判若两人哪！

天外有天，人上有人，雨先生算是古玩行里玩瓷的高手了。在雨先生摆出这只青花三足炉的第五天，店里来了一位着装素雅的客户，他一进屋就盯上了这只不寻常的炉，店主人一见来人不一般，就知道是行家。那么多的展品，他专拿这只炉。而且上下只打量了几眼，就问价。

雨先生的开价是52万元。对方第一个回合，还价就是35万，雨先生感到遇上了真买家，不能丢掉商机，该让还得让点。几个回合下来。终以42万元成交。

至于最后这个买家是何方人士，为什么能以如此高价买下这只炉，又以什么价格买出的，还是他自己收藏，都没有下文。也没有人再去寻根问底。

宣德青花三足炉

地摊上的成化炉上拍

小松1995年开始搞收藏，玩瓷器。没过多久，他在潘家园地摊上碰上了一个青花花卉三足炉（彩图13）。炉缺一只腿，从口沿到炉底有条长裂纹。

小松虽然玩瓷时间不长，书却读了不少，还进过历史博物馆办的古玩短训班，对这种形状的炉，他知道是明中期的东西。

炉放在地摊上没人注意，当小松拿起来时，有几个人同时也就围上来了。地摊摊主一看，这么多人对这炉感兴趣，这炉一定是件好东西，要价也就有些反常，开口就是2000元，1997年那时候，这样的残器，最多也不过几百元的事。

小松还价600元，几个回合下来，农民摊主降到1400元，死活不降了。因为这时摊主看到摊前几个人都眼睛盯着这个炉，品头论足，都想伸一手。

无奈，小松花了1400元买下了这个炉。当时围在周围的人都是行家，小松刚给完摊主钱，旁边就有人跟小松商量说给他加500元，能把炉让出来。小松是搞收藏的，不是赚钱为主，自然也就没同意。

这个炉有明成化弘治时期青花器物的特点：釉面洁白细润，肥厚、微闪青色，如脂似玉，光洁晶亮。青花发色有平等青料的蓝中泛青，明晰沉稳，无漂浮感。器型为平沿唇口、直腹、平底、三兽足、胎质细腻，通体除底部中心及足端露胎无釉外，皆施透明釉。青花色泽淡雅，笔画纤巧细柔，舒展流畅。

这炉虽好，价格在当时说确实有些高了，但没办法，在地摊上卖东西，就是这种购物环境，卖主要高价，如果你不要，一放手，就有人马上拿起来，甚至你没放下时，旁边就有人与买主打手示、示哑语，示意摊主，你别轻易把东西卖给别人，示意他要，并可以给高价。这类事情，在地摊上，在遇到抢手货时，多有发生，有时还发生口角或动起手来。当然，别人在谈价时，又有人在旁边向卖主示意的做法是有违行业道德的事，但现实生活中确有这样的人，这样的事存在。

小松买到这炉后，在家里对照书，约朋友一块研究，也是折腾了好一阵子。这炉在他家足足放置了三四年的时间。

2001年一个拍卖公司的收货人到他家征集拍品，业务部经理一眼就看上了这个炉，让小松拿出来上拍。

因为小松手上又有了几件比这个炉更好一些的同类型藏品，也就同意将这件成化三足炉送去上拍。

在拍卖会上，这个炉表现挺好，经过几个竞买人的几轮竞拍，最后让一个藏家以9千元买走。

瓷器现在很上价，与前几年相比，价格上涨了几倍，特别是一些热门货。如清三代的青花笔筒、五彩笔筒、连子罐、筒瓶、花觚等一些立件，价格上涨得厉害，市场上这类东西越来越少，自然价格也越来越高。

以藏养藏搞收藏

搞收藏的人当看到与自己对路的藏品时就想买，有时资金缺乏，也是常事。这就让一些收藏人不得不卖掉自己手上的一部分藏品，换取资金，好有能力购买其他的被自己看好的藏品，这叫以藏养藏。很多收藏家、收藏爱好者，特别是工薪族里搞收藏的人们，更是如此。

我的一个朋友小松，2002年就不得不把一件他收藏了几年的而又很喜欢的崇祯人物罐送去拍卖公司上拍。

这件人物罐是件似鸡腿罐的大口莲子罐（彩图14），是人物故事教子图，图案整体布局人物与景物搭配得当，器型好。其胎、釉、画法都具有典型的明末清初的时代特征。青花发色蓝中带紫，有晕散，色调纯正，深沉而又不失明快感。釉面白中闪青，光洁明亮，胎质坚细，平砂底，底足带有旋削跳刀痕，有火石红显现。上下带有简易暗刻，是明末崇祯时期的作品。

小松是三年前在古玩城以1万元的价钱在一个店里买下的，这次只好忍痛割爱把它送去上拍。

拍卖场上是随行就市，可能多卖，也可能少卖。他进价1万元，这次是以1.3万元拍出的，扣掉拍卖佣金等，小松也算赚了点，更重要的是他手里有了资金周转，就可以继续他的收藏，买别的藏品了。

这是卖漏了吗

潘家园旧货市场（即古玩、工艺品市场）早晨四点半钟保安把铁门“哗”地一拉，簇拥等候多时在门口的载货三轮车汇同手提肩扛的人流像泄洪闸门涌出的水，奔涌而进。潘家园周六、周日地摊市场的一天就这样开始了。

我这几年来都是这市场铁门一开就随人流来到了地摊前，周周都不漏。冬天从大棚灯光辉煌，到太阳高照，四个多小时都是不停地走，在摊前寻觅自己想买的古旧瓷器。

有一天，是个雨天，我走得实在太累了，又什么都没买到，便在河北固安张述的摊前停了下来。几年了，我跟张述混的挺熟，他给我让了个小板凳坐下，我们聊起了生意。我问他卖漏过吗？他说卖漏的多了。他滔滔不绝地说起了一件又一件。其中他说到卖漏的两个东西我挺感兴趣，一件是明嘉靖青花五彩大花觚；还有一件是翡翠子孙葫芦，他都说是卖漏了。

青花五彩花觚的事那是“文革”刚过时，没有几个搞古玩的，古玩市场还没有形成，张述已开始在村里镇外跑东跑西抓木器买瓷器。

一天他到了同村的一个老乡家里，在茅房的角落里看到满是泥污，斜歪在那里的一个瓷瓶，脏得让人难以辨认，只是五彩花鸟纹还露出一点，他本能地把它提了起来，问主人卖吗？屋主人顺口说，你要它干嘛！啥用也没有，想要你就拿走。

张述还是问了价：“多少钱卖？”“给包烟钱吧。”就这样张述给了他当时一盒锡尔顿的钱，五块钱拿走了这个明嘉靖五彩花鸟大花觚。

张述说他拿走回家后，好一顿清洗，觚内半截都是硬了的泥土，又怕弄漏了瓶壁，又要把僵硬了的泥土抠掉。真是费了点工夫和力气。

虽然卖主把这东西随便扔在外边多年，但瓷器本身一点没伤，一点彩都没脱。

张述说，现在知道，瓶的底落“大明嘉靖年制”款，是件标准的嘉靖官窑器。张述说虽然当时还不太懂，但知道这下子是可以挣钱的了。他几经托人找到了当时有点名气的瓷器木器收藏家范老先生，当时只有这些人识货。

说到五彩器，我们知道嘉靖五彩是明代五彩的极盛时期的产品，色调纯正，以红绿浓艳著称。有五彩和青花五彩之分。青花多用回青料，蓝中泛紫，色泽沉稳，更衬托出彩色的斑澜艳丽的美感。其中红彩多用黄彩衬托，黄彩似密蜡；绿彩用大绿、淡绿或浅孔雀绿；色彩的对比极其强烈，而多用孔雀绿又是嘉靖五彩的一大特点。

嘉靖五彩虽然传世品数量不在少数，但这样一件完整器，又是立件大花觚，实为难得的器物。

讲到这，张述很后悔地说，当时他600元钱就把这样一件完整器给卖了，现在可是至少能卖几十万甚至上百万哪！“卖漏了！卖漏了！”张述一个劲地重复着这句话。

“这不能算卖漏了，”我纠正他的说法，“当时能卖到600元就算高价了，试想，当时有几个人能肯出这么个数买一件瓷器的。”

张述听我这么一说，回过头来好像也想通了，认为也不算卖漏了，他说：“那时，我月工资才30多元钱，600元钱我一年都挣不来，那时谁会想到今天哪。”

我们说到这，给这件事画上了一个句号，不谈了。我们的话题又转向了另一件东西，张述说，他卖漏的另一件东西是现在能卖3千万的一件子孙穿带翡翠葫芦瓶。

张述说：“那还是1983年的光景，我走街串户，在一个杨各庄村，一个老太太听我吆喝，推开家门，我远远看去她手心上托着一个绿绿的东西。因为我对翠玉有些了解，走近一看是个翠件，三个大小不同的葫芦，由一丝穿带串在一起，东西不大，十分精美。老太太不知该要多少钱，说了句“你看能给多少钱?”

张述说：“当时我心想不管给多少钱，我觉得这东西是件好东西，能挣钱，就说了句二百吧，我怕说少了老太太不卖。我当时整个家底才有480元钱，几乎拿上了一半，我当时也估计了，这东西至少能卖到上千元吧，所以就下了这么大的决心。这还怕老太太不卖，没想到老太太很痛快就同意了。

“我拿到这翠件，心里也闹腾了好几天，没吃好，没睡好。因为我是拿了我全部家当积蓄的一半买下这玩艺的，要是买砸了，不是近乎于倾家荡产吗?!”

张述又接着说：“五天以后，我拿上这翡翠件到了北京市文物商店收购部，一个年青人接待的我，看过我的东西后，也许感到事情严重，叫来了一个老者，老者仔细看后，问我要卖多少钱，我也没客气，要一万，我心里有些疑惑，但也很肯定地这样说。

“1万?!”老者带有疑问地说了一句，随后又说，我们研究研究。他拿着东西去了后屋。

过了半个小时，老者出来了，说了句向领导汇报了，领导同意8千可以收下。

就这样我把这件翠件以8千元卖给了文物商店。

张述又接着说去年他在一个资料上看到香港拍卖过一

我卖漏的两件东西

件同类的翠件，论品相，比他这个差多了，还拍出3千万港币。

“你说我是不是卖漏了，如果放到现在……”张述讲完了他的故事。

我还是给他下了个结论：“这不算卖漏了……”

张述同意了我的说法，嗯了声，说：“也是”。

王小黑与某大人物之女

我在逛地摊时，认识了一个从河北三河来的叫王小黑的摊主。这人一看就很精干，一接触就会发现他嘴巴子很厉害。做起生意来更有“两把刷子”。说卖货，谁也卖不过他，别人一天卖1千块钱的货，他能卖3千块钱的。当然这不仅靠货，更要靠他那一张铁嘴铜牙。

一天早晨，我正在他摊前看他出摊摆货，一个50岁左右的女士在他摊前停下了脚步。看了看王小黑，说：“老板，你去年卖给我的那件1300元钱的黄花梨笔筒不对呀！”王小黑抬头看了看说话人，接过话说，怎么不对？对方说：“拿回去两个月，颜色就由深黄变成浅黄，最后变成黄不黄白不白的了，黄花梨木还有变色的吗？”说的王小黑无话可答，但他的铁嘴此时是不示弱的，他说那个笔筒肯定不是他卖的，并说来人一定是记错了。

摊前的女士说：“今天我不是来跟你争个什么，也不是要退货，就是说说这个事，你们不能用假货骗人。”女士说完离开了。

在他们两人一来一往地争论中，我的目光更多的时间是盯着这位女士，我越看这人越有点眼熟。当女士走后，我问王小黑这人是谁？王小黑说是某位大人物的女儿某某。这时我想起来了，她曾到过我们单位买过民用卫星天线，就是接收前苏联卫星电视节目用的天线。所以这里我对这位女士越看越面熟。

可见收藏热的兴起不是虚夸，它的确已动员起民众的热情，上至高官、明星大腕，下至老百姓。像这种某某大人物的女儿来逛地摊，也是情理之中的事。

王小黑与某大人物之女

让你到她的住处去

骗子用金表、金佛、金砖骗走老大妈巨款的事时有发生，电视台也做过报道。

而搞收藏的人也会上当受骗，也能像老大妈一样心甘情愿地把巨款交到骗子手里，买回一件类似“金佛”、“金表”、“金砖”一样的假冒古瓷器。骗子拿到巨款后迅速远走高飞，再找时，已是人去摊空。

这样的事情在古玩市场上时有发生，每个逛地摊的人，都遇见过尾随你身后，先是问你要不要老瓷器，如果你理采她和她搭腔，就是上套的第一步，然后她接着说，她那里有什么好瓷器，让你到她住处去看。只要你答应，她就会死死地缠着你，会想方设法地把她的东西卖给你。

对于那些刚刚进入玩瓷行列里来的新手，是他们行骗的最佳选择。

碰见过几次这种情况的人，知道他们玩的是什么把戏，就不会上他们的套。第一次遇到这事，而又是新手，最易上当受骗。

下边这件事，就是个实例。

这天曹先生在某古玩市场的瓷杂摊前看东西，一个年青女子与他搭话，就是前边说的那一套程序。由于曹先生是第一次遇到这种事，又是玩瓷新手，心里总想能有机会买到好瓷器，就同意跟她去他们的住地旅馆。

这位女子带上曹先生出了市场大院门，向东，在小胡同里右拐左拐，最后转到一个设在地下室里的旅馆，推开一个房间的门，里边已有一男二女在等候。那位男士从他们的行包里掏出一个用泡沫塑料包了一层又一层的瓷器。剥到最后一层才看到是一件30余厘米高，似明嘉靖年份的青花五彩葫芦瓶。

当曹先生上手拿起这件东西仔细看时，他心中十分高兴。因为这瓶是件高仿品，无论青花发色，釉面和造型仿得都很到位，别说像曹先生这样仅有两三年玩瓷经验的新手，就是玩瓷多年的老手，也不易分辨真伪，也会把这件东西断成明嘉靖本年的器物。

曹先生已深信不疑此物是件老东西，还是件明嘉靖本年的官窑器。因为在葫芦瓶口沿上有“大明嘉靖年制”一行六字楷书款，与曹先生看过的嘉靖官窑款识一致。

这时，曹先生主动提出谈谈价钱。作假者此时心里想，事情已成了一半了，来者看好了东西，价钱自然不会低开。男士开口要价15万。双方心里都明白，15万是要价。经过几个回合讨价还价后，最后双方认可，以4万元成交。

在曹先生心里，这次可是捡了一个大漏。在骗子心里，这回可抓了条大鱼，碰上了一个大傻瓜，自己也做成了一次大买卖。一个花50元钱买来的新活，也能卖上4万元。

虽然还没拿到钱,可也有几分胜利的喜悦涌上了心头。

曹先生马上回家取来4万元现金，交到几个卖货人手里，卖货人又里三层外三层地包好葫芦瓶，交到曹先生手里。双方各有所得，各有心中的不同喜悦，又各自离去。

曹先生抱上葫芦瓶，并没回自己的家，他还是先径直去了他启蒙老师、带他走上藏瓷之路的赵先生家。这原因有二：一是让赵老师给确认一下；二是为了让赵老师看看自己用4万元买到一个现今市场上要几十万元才能买到的明嘉靖官窑器。

当曹先生敲开赵老师家门的时候，赵老师正好在家。说明来意后，曹打开包，拿出了葫芦瓶。

老师毕竟是老师，一眼就看出这葫芦瓶是件现在的仿品，花4万元实属上当受骗。

赵老师指着曹先生拿来的葫芦瓶，告诉曹先生说，首先青花颜色就不对，明嘉靖时的青花采用的是回青料，色泽浓艳泛紫，是嘉靖时典型的上等颜色。当然由于嘉靖一朝烧瓷年代长，还有颜色呈黑蓝，类同正德晚期色调有些灰暗的，还有嘉靖中期青花蓝色有些浅谈的。

赵老师说，你的这件葫芦瓶的青花和五彩，尽管仿得很近似于嘉靖早期青花色和彩色，但仔细看，仍能分辨出不同点，如过于亮润，十分漂浮，轮廓线有模糊不清及晕散现象。

嘉靖真品葫芦瓶的底足应有明显的跳刀痕和粘砂现象，露胎处有浓重的火石红，葫芦瓶中腰部接痕明显，但处理得当，因年代久远，时有脱断现象。

而这件葫芦瓶的圈足规整，底面釉面平滑，接胎处接痕过于明显很不自然。

老师为学生着急，学生自己更急。两人急忙打车去旅馆找卖货人退货。没用一刻钟的工夫，当曹先生带着老师到了先前去过的旅馆，推开几个卖货人住处的屋门时，已是人去屋空。服务台小姐说，半小时前这几个人已退房走了。

报警后，经派出所与卖货人登记住宿时留下的地址与当地公安机关联系，回答是查无此人。显然，不仅瓷器是假的，地址、人名、身份证全是假的。

曹先生惊呼上当。但为时已晚，只能是给自己今后和其他人吸取教训敲个警钟吧。

明嘉靖葫芦瓶仿品

工薪族与大款

工薪阶层搞收藏与有钱人搞收藏是两种心境，两种不同的方式，也有两种不同的结果。

有钱人靠财力，工薪族靠眼力、精力、毅力弥补不足的财力。

有钱不一定能买到价值高的真品，有眼力可能不用很多的钱买到价值不菲的真品。

眼力靠练就，靠积累，靠用心。眼力不是一日之功，靠锲而不舍对藏品的研究。

收藏是保存文化、研究历史、传承文明，不只是单纯地积攒财富。正如宋人米芾指出的，收藏者可分为“鉴赏家”与“好事者”两等。

在我看来，“鉴赏家”靠锲而不舍练就的眼力，“好事者”多为靠财力。

当今兴起收藏热以后，社会上确有各色各样的人走进收藏行列，大体可分为“鉴赏”与“好事”两类人。

我就遇见了这样一位有钱人搞收藏，他对瓷器鉴赏与收藏确实颇有兴趣，但没精力，因为他是企业的老板，有很大一摊产业，他精力必须投入到他的企业经营上去。

每当有大型拍卖会，这位大款必到，必花钱买东西。一些古玩商到此地必找他，向他推销瓷器。潘家园地摊、古玩城他也常派人去抓货。

他前前后后三年时间，瓷器已摆满了两个16平方米的房间的货架子，计算一下，已花去近千万元。

每进一件货，都是他夫人贴上标签记上账。账目上都清楚地记载了每件器物的购进价格、时间、地点。

我们在一次拍卖会上坐在一起，由于同是爱好瓷器，就认识了。一次他把我约到他家，目的是让我看看他的那些藏品。

当我走进他的藏品室，我惊呆了。惊呀的是：东西个个漂亮，但几乎个个新，当他把账册拿给我看时，除了几件从拍卖会上买到的大件瓷器是真品外，其余如前所说几乎都是赝品。

有一个清乾隆青花人物鹿头尊，高40公分，是1992年一个陕西古玩商送来的，进价20万元人民币。只要玩过几年瓷的人，一眼就能看出是近年烧制的新活儿。一摸底足还拉手，火光很足。一个粉彩天球瓶，在潘家园新瓷摊上二三百元就能买到的东西，摆在他的货架上，根据实物上的编号，我一查账册，赫然写到：乾隆粉彩九桃天球瓶，进价45万元。

乾隆年间确实生产有九桃天球瓶，其胎体均匀，轻重适度。而这件天球瓶用手一提，感到分量过重。乾隆朝的天球瓶彩色能表现出深浅不一的多色阶，绿色浅淡，绿中闪黄，画工细腻。而此件天球瓶纹饰不清，线条呆板生硬，无彩色的多色阶，彩色过艳，绿中见蓝。

由此可见，他货架上的粉彩九桃天球瓶是件赝品无疑。

接着我又看了几件，查了编号、账册。其中一对康熙官窑斗彩碗，进价8万，康熙青花釉里红团花纹摇铃尊进价32万，乾隆青花缠枝莲纹赏瓶进价12万，光绪青花竹石芭蕉玉壶春瓶10万，乾隆青花折枝花果纹六方大瓶30万等等。

凭我十多年玩瓷赏瓷能力和眼力，一眼就能看出这些新活儿是赝品，哪个行家来看都不会有争议。可在这位大款收藏家手里，都是用巨资买来的宝贝。

这种收藏，让人心疼，让人心酸，我也劝慰这位朋友，说这样的收藏不要再搞下去了，这种收藏是一种劳民伤财的事。

这位大款朋友看我对瓷器还懂得一些，能分出真假新老，就邀请我做他的瓷器收藏顾问，说每月给我多少多少工资等等。我没有答应他，因为我觉得他这种收藏，对他、对社会都毫无意义。我拒绝他的邀请也是因为我确实抽不出时间，脱不开身，我还有我的事情要做。

最近我的另一个瓷友，也约我到他家去看了看他的收藏。一进屋，也是瓷器琳琅满目，屋里屋外，几乎全是瓷器。一眼看去，件件老，件件是真品，有的还有伤有残。说到为什么伤残器也买时，主人说，光买没伤没残的，咱们这路人承受不起。主人说："我每月退休金才2000元，可哪一件瓷器，即便有伤有残的，没有几百元，人家能卖给你吗？好的没伤没残的，又有年份、有档次、有品相、品位的都得上万元，我玩的又都是乾隆以前清三代的东西。有的完整器我是可望不可及呀！"我的这位瓷友说的都是真情实话。

就这样下来，他也已把他这一辈子积攒下来的钱都投上了。光靠他的一点退休金和过去的积蓄也是不够的。他还必须以藏养藏，把一些多余的藏品送到拍卖会上委托拍卖。有时也把一些小件放到市场地摊上，让人代卖，从中赚些钱，补充买藏品所需资金。

这位穷藏友，重于对藏品的研究，还时常写些文章在

高仿品：乾隆粉彩九桃天球瓶

报刊上发表。他虽然钱不多，收藏使他生活得很充实，内容丰富。

我的这两位朋友，一个是工薪族搞收藏，一个是大款搞收藏，走的是两条不同的路，给他们带来的后果却是截然不同的。

高仿品：乾隆青花人物鹿头尊

地摊上的宣德大盘

2001年，一块两半的宣德一把莲大盘在某市场的地摊上被一位行家以1300元钱买走。到底是哪位行家买走的，谁也不知道，我也没去问过，只是听说了此事。

半年以后，在一次拍卖会上，又见到了这块大盘，底价是4万~5万，会上虽然没有成交，会下还是被一个买家以4万多元的价钱买走。

这件盘子，那位行家从地摊上发现并买到手，也算捡了一个“漏”。捡漏靠什么，靠眼力。据说那位卖盘的农民兄弟也是摆弄古瓷多年的老手，但他为什么还卖漏了呢？还是眼力没到位，特别是对一些平时少见的稀有品种，看的少研究的少，掌握同类器物的规律、特征不够，就是东西在自己手里，也认不清它。

这件大盘是宣德青花器，是用苏料绘画烧制而成的。青花鲜亮，蓝中带紫，有晕散，并且有黑褐色的结晶斑深陷其胎骨之中。这是永宣时苏料青花的特点，理论上易掌握，实践中分辨起来有难度。

在后朝嘉靖、万历乃至清代雍乾仿永宣青花器时，也都搞些人工做的黑褐色结晶斑，但这些结晶斑都没有苏料青花的结晶斑深陷胎骨之中的效果，只是浮在青花之上，用手摸就能分辨出来。

永宣器物在市场上太少，我们平时很少有见到的机会。一些玩家，为了掌握苏料的特点，经常是买些永宣青花瓷片在手上，经常看，经常摸，以便这样把苏料青花的特征吃透了，再遇见整体器物也就不会漏掉了。

苏料青花瓷片也不便宜，一块碗底，好一点的，能卖到1千多元，一块一把莲盘子上的5公分见方的瓷片也要400~500元才能买到。当然有时在成堆的卖瓷片的摊上，也能以捡漏的方式花很少的钱买到。

而此宣德大盘，如今岂止四五万！财富靠积累，知识靠积累，眼力也要靠日复一日，年复一年地积累。

宣德一把莲青花大盘

狗皮褥子与大笔筒

我一个朋友的弟弟小怀，对古玩很有兴趣，古玩书读了不少，由于接触实物的机会不多，每当遇见东西就犯懵，还走不动。买回去就犯愁，因为常常是"买瞎"了。

这一天，家里给了他1600元钱，让他去商店买一块狗皮褥子回来，睡觉时好铺上。因为他临时来京，家里屋子小摆不开那么多床，只好让他睡在地上，狗皮褥子能隔潮。

他拿上这1600元钱，根本就没去商店买狗皮褥子，而是径直去了潘家园周六旧货市场地摊。他心里想，这回兜里的钱，非买一个大件回去不可。在他心里，古玩比狗皮褥子重要。

刚一进潘家园旧货市场大门，在一排摊位前，正有两个人一买一卖，对一只镶嵌有闪耀红白光晕珍珠贝壳的红木大笔筒叫劲，买货人说就给1000元钱，多了不给。卖货人说少1500元不卖。争吵声颇高，这一吵，立刻吸引了这位兜里揣着1600元钱该去买狗皮褥子而没去的年青人小怀。实际那买货人是个"托"，这一买一卖大声叫嚷就是做给别人看，想吸引别人上钩的。

年青人小怀停住了脚步。那两人的戏演到这个份上，感到时候到了，看有人要上钩，扮演买主的那位，立即放下手中的笔筒，嘴里说着什么，迅速地走开了。

小怀自然很快从摊上拿起了红木笔筒。他看这笔筒越看越好。有前边那个“托”的表演，小怀确信这笔筒是件老东西，是乾隆朝的无疑。小怀告诉摊主说想买这笔筒。紧接着商谈价格，货主理直气壮地说：“你都看见了，刚才那人给1000元，我没卖，我跟他说少1500块钱不卖，我看你这人挺实在，又不像买卖人，可能是买回去自己用的，就少要你点，你给1300元就成。”

小怀对摊主的话深信不疑，他又很好面子，没还价，同意1300元买下。因为他听到了刚才货主对前位买货人是少1500元不卖嘛。还是少要了他200元呢。“行，给我把东西包好。”小怀拿出1300元，就这样成交了。买狗皮褥子的钱还剩下300元，一个也不能剩下。小怀又去了卖瓷器的摊上，买了一个光绪粉彩人物卷缸，缸很完整，也很漂亮。

年青人小怀把两件宝贝小心翼翼地拿回住处。我的朋友立即打电话给我，说他弟弟小怀买了两件古玩，让我过去给他看看。

新仿品：光绪粉彩卷缸

我应邀迅速前往。一进屋就看到了这两件东西摆在桌子上，一家人都在看，小怀正对有疑问的家人一个劲地说东西完整漂亮等。对这两件东西我一眼就能看出新老，但我当时没有马上表态，因为我马上说这东西新，让他们心理上承受不了，花1千多块钱买两件大瞎活，谁也心疼。在他们的一再追问下，我只是说东西很漂亮，有适用价值，并推托说我对木器不很懂，也看不太明白等等。

又是两个月过去了，在路上碰见我的这位朋友，说起这事，我告诉他，那两件东西都是新仿品，红木笔筒能值三五百元钱，小缸能值百元左右。我的朋友说："两个月前从你的表情上已看出，这两件东西可能是新的，只不过你没直说而已。"

新品红木镶嵌贝壳大笔筒

卖了还想买回来

最近行里一个李姓朋友，找我商量说有个事让我帮他出出主意。

事情是这样的，他五年前以8000元卖出的一件正德黄地绿龙盘，现在想把它再买回来，对方要价六万，他觉得有点高，让我帮他参谋个意见，看能不能往回买。

我问他干嘛还要往回买，他说这块盘太好了，并说这块盘有他亲历的一段故事，对他来说是难忘的。

那事情还是在二十年前，1982年左右，他们一家三口坐一个亲戚家的小面包车到十三陵游玩，在一段山角的拐弯处，汽车抛了锚，由于是万向轴断裂，当时没法修复，又前不着村，后不着店，那时又没有手机电话，无法与家里联系，他只好徒步下山去找电话。

老李说："他走出两里多路，遇上一户人家，家里也没有电话，可是这户人家特别好，一看就是当地的老农户，家里有几件老式红木家具和几只老式大瓷瓶。主人是一位年长的老爷爷，听我说车坏在半山腰上，立马跟我一样着急起来，并说，让我把家人孩子都叫到他那歇息一下，我看老人这样热情，心里十分感激。"

老李按老人说的又返回半山腰，把孩子和夫人领到老人这里休息，中午饭是老人给煮的稀饭和蒸的地瓜，还上了一盘雪里红咸菜。

老李说："我清楚地记得装雪里红咸菜的盘子是一个黄地绿龙盘，底有双蓝圈，并写有'正德年制'款。"

老李说："那时我还没搞古玩这一行，不懂瓷器这玩艺。但当时这块盘子给我印象很深，因为在别处从未见过这样的盘子。"

十年以后，20世纪90年代初，老李随着古玩热的兴起，他也跑起了古玩、瓷器这一行。这时他又想起了十三陵那位老人家里的瓷瓶，特别是那块盛雪里红咸菜的黄地绿龙盘。

为找这块黄盘，老李又专程去了十三陵当年汽车抛锚的那个地方，找到了这户人家，进院一问，老人已于三年前去世了，现在是他的一个外孙子住在这里。

老李说明来意，问有没有旧瓷器要卖，老人的外孙说，这几年不断有人来收这类东西，几个大瓶都在他姥爷有病住院时，为了交住院费卖掉了，还剩一对黄盘家里用，没有卖。

听到这，老李心想还有希望，他最想要的就是这块黄盘。

老李说，他当时对这位年青的屋主人讲述了当年与他外祖父的一段交往，使他们之间的距离又拉近了许多。

说的再多，老李最后还是讲明了想买他的那对黄盘的事，一时让年青人挺为难，说，这不好办，盘子不想卖，因为家里不急着用钱。年青人又说，改革开放以后，他到城里打工，每年能挣上一万多元钱，爱人在家侍弄那两亩多地，日子过的挺舒心。

年青人说一个盘子也卖不了多少钱，祖上留下的东西只有这两件了，还有个香炉，他指着供奉他外祖父牌位的一个香炉。

老李顺着他的指向看那牌位前确有一个青花三足炉。(彩图15)。老李搞瓷器收购已有三五年了，对这个炉，他一眼就看出也是明晚期的东西。因为这香炉是供奉在老人牌位前的用具，他不好提出要买的意思。

对于两块黄盘，年青主人不想卖，老李他也不好勉强，只是说了句，以后你想卖时，能先告诉他，老李把家里的电话留给了这位年青屋主人。

可能年青屋主人看出了老李对这块盘的极大兴趣和要买的决心，迟疑了一会儿说，那就卖给你一块吧。他这一发话，可把老李高兴坏了，心想总算这趟没白来。

老李说："我从老人外孙子手中接过这块黄盘，这时的我，跟十几年前见到这块黄盘不一样了，我现在有了一定的鉴别古瓷器的能力或说是眼力了，我在这块黄盘身上看到了正德时期瓷器的特点：釉面肥厚，细润，光亮十足，盘底白釉泛青，色调略深，'正德年制'四字款是正德本朝官窑器的写法一点不差，据此我断定我手中的这块黄盘是正德本朝的官窑器，绝非后朝仿制，因此我决心买下。”

商量价格时，主人开价300元，老李没还价，付给了他300元。当时300元钱不算多，也不算少，是一个国家正科级干部一个月的工资数。

老李拿到这块盘，本想自己收藏起来，后来由于他几次买货时看走眼，赔了钱，资金周转不开，想到了卖掉这块黄地绿龙盘。

放出风去，没几天，就有人找上门来。老李说他把价格抬了又抬，要出8千元的高价。一些人觉得确实有些高，望价兴叹！但没过多日，还是被人8千元买走了。

老李说，今天他想把这块黄盘买回来是因为他现在手里又有钱了，这一二年挣了20多万，有能力把它买回来。

老李说他找到当年买他盘子的那位买家，盘子仍在他手上，只是不肯卖，说卖也行，少6万元不卖。

我帮老李分析了以后，认为可以买回来。现在6万元不算贵，国内几个大拍卖公司，也曾拍卖过类似的正德黄地绿龙盘，尺寸相近的都在几十万元。

老李没有迟疑，第二天就去了那卖主家。一问，现在不是6万了，而是少10万不卖了。

这不，老李还在考虑中。

地摊遇偷儿四件事

用句东北方言“贼利害”来形容20世纪90年代有些古玩地摊里的小偷再合适不过了。

20世纪90年代末，在某些古玩地摊，那里的小偷是一帮一帮的。有几个人结伙偷的，有夫妻二人合伙偷的，有耍单帮偷的，一个市场里，足有十几帮。

常来逛地摊和常年摆摊的人都知道这些人。

这些小偷有个特点，就是多数时候偷摆摊的，很少偷逛摊的，而且是专偷初来的那些流动的外地农民摆摊的，常摊固定摊位很少偷，那是因为小偷知道这些人了解他们，心里有防范，他们不敢轻举妄动。

这里说几个我亲眼所见的事例吧。

事例一：看见了也没办法

1997年4月中的一个周六早晨，小雨淅沥，人们有的打伞，有的搭雨披摆摊，逛摊的人比往常少多了。我跟往常一样坐头班地铁，换乘汽车来到市场。场子里只有三五个摆摊的，只见有三个农民模样的人（二男一女）在一个临时摊位处的地上摆了一片，都是瓷器。因为我是专玩瓷器的，看到这一片，就走过去了，一看都是真东西，还确有几件好东西。

这时，有人拿起一只乾隆青花洗口瓶（本文插图1）问价，回答是1万元；又有人提起一个康熙青花莲子罐问价，货主回答是4千元；又有人拿起了一个乾隆五彩人物鼻烟壶问价，回答是2千元。这些我都感兴趣，但又考虑都是些大路货，价格又偏高，不想花这个大头钱。这时我看到这摊上的一个雍正粉彩花鸟大盘、虽然有纹，按2003年的市场价没有5~8千元是拿不下来的，在当时也得千元左右。我一问价，卖货的农民开价2百元，我很高兴，又经讨价还价，160元买下了这件大盘。由于尺码太大，有38公分多，瓷质非常细腻，份量重，我不能提上它去逛摊，因此只好跟卖货的农民商量先放在他的纸箱子里，等我走时再来拿，摊主很痛快地答应了。

这个摊由于货多，又都是真货，一时成了这个市场的热点。人不断地围上来，我也没肯离去，还想看看热闹。这时小偷开始下手了。小偷一共四个人，一个高个的在前边伸手拿货，在他后边有一矮个的，是接货，也是传货的，在传货人后边还有一个是运走货的，第四个人是望风或叫机动掩护，专门引开卖货人视线的。

这时，前边的高个把那件卖主报价1万元的乾隆洗口瓶提了起来，他的眼神很少看他手中的瓶，更多的是瞄向三个货主，看他们注意了没有，此时货主都在应付其他的看货人的询问，无暇顾及小偷。

提起大瓶的高个贼，左看看，右看看，当确定三个货主都没注意他的时候，就一弯腰，好似放下手中的大瓶，就在手中的瓶还没着地之前的一瞬间，从他腿的右侧递到了他身后矮个人手里，由于前边高个人身体的遮挡，矮个人手提洗口瓶一回身，交给了穿雨衣的第三个偷儿，这人手提大瓶，在雨衣的遮挡下，快速地离开了现场。在不远处他们有专门存放东西的地方。不一会儿这人把东西放在存货处，又回到了地摊现场。

就这样，那只货主报价4千元的康熙莲子罐也很快成了小偷们的囊中之物。报价2千的小小鼻烟壶对他们来说就更不在话下，较前两件更容易得手。

我一直站在货主旁边，当几个贼把第一件洗口瓶偷走的时候，我出于正义与同情，用手捅了男货主一把，并小声地告诉货主："伙计，看好你的东西"，但三个货主只顾忙于应付选货人的问价，只是"嗯"了一声，也没抬眼看一下。我当时也不知道怎样办更好。我想，我也只能尽到提醒货主的义务，你不听，我也没办法，而且我也是冒着风险这样做的，我的举动，一旦被小偷看到或听到，他们是不会放过我的，少则打我一顿，多则白刀子进去，红刀子出来。

在贼人们顺走第二件时，我又第二次提醒货主，货主依旧没听我的，只顾忙他的，我想到喊，但又一想，喊也没用，我就只好离开了此地，到别的摊位上看货去了。由于自己总是放心不下这件事，也是出于对农民摊主的同情，没过多一会儿，我又返回来了。

没等我走近，三个农民货主，不约而同地把目光投向了我。虽然仅刚才的一面之交，他们好向是见到了老朋友，老一点的男货主，急不可待地抢上来问我："你看到我们的东西，谁给拿走了吗？"我一回头，正看到那四个贼站成整齐的一排，立在离我五米远的身后。有的嘴上叨着烟在抽，一动不动地看着这里，我初次面对这种阵势，还是很冷静地告诉农民货主，我说："抓贼见脏……没抓住人家的手脖子，我能说是谁偷了你的东西吗？公安反扒，还要在人脏俱获时才能抓人呢。"

由于这些贼人偷东西时的方法特殊，不易被当场抓住，也正因为这个，这些小偷那时是明目张胆地偷，大白天偷东西像拿自己家里的东西一样随便。

插图 1 乾隆青花洗口瓶

贼人们能猖狂一时，不能猖狂长久，随着北京市的几次严打，市场加大了保安力量和对偷窃的打击力度，有的被抓，有的怕抓而有所收敛，但这种事情是永远不可能完全杜绝的。

事例二：用绳拴上也照丢

我是专玩明末清初这段过渡期瓷器的，不论是青花，还是五彩、粉彩器，都在我的收藏范围之内。一个夏天的周六早晨，已是上午九十点钟了，我和一个瓷友走到那片地上满是土还高低不平的土台前，看到一个农民装束的货主，拿了一个五彩罐。他只拿了这一件，放在他自己眼前，还用绳拴着，绳的另一端拴在旁边的一根木柱子上。

对这只五彩罐，我虽然没上手，看上去东西确实好，不冲、不裂、不脱彩，釉面细润，没一点毛病。我一块走

插图二　用绳拴上也照丢

的朋友一问价，对方说7千块钱，少了不卖。我们觉得东西虽好，价太高，离我们能接受的价差的太远，没谈就离开了。

我们逛了一会，又想起了这只漂亮的五彩罐，朋友跟我说再去看看，看货主卖了没有，如没卖，价钱也许能降下来。

当我们还没走近时，远远看去，那货主还在，罐不在了。我顺口说了句：如“东西还真卖了”，那也得去问问卖了多少钱。这是一般逛摊人的心理。走近一问，农民货主说：“哪里卖了，丢了！”“丢了！怎么会呢？我们不解地说。农民货主说：“真的丢了。”我们又问是怎么丢的，因为我们看到罐是用绳拴着的，而且货主只有这一件东西。

农民货主说：“方才来了四五个人都是年青的，说要看这罐，还说如果价格合适就买下，让我把绳子解开。他们看了好一阵子，有两人在这边跟我谈价，那边三人看货。不知什么时候东西就没了，这时候只剩下三个人了，我问这三个人，他们说不知道，并说走的那两个人跟他们不是一块的，他们也不认识那两个人。”货主的东西就这么丢了。

看来，这些贼没有偷不到手的东西，只要他们瞄上了，准跑不了。

事例三：整包被提走

雄县的老邱，多年老来北京市场摆摊，都是搞些明清瓷器。由于我常买他的东西，时间长了就熟了。

这一天，都早晨八点多了，他还没摆开他的货，我走到他摊前想问个究竟。

我看到他紧锁眉头，头摇个不停。他看我走过来，唉声叹气地说了句“丢了”，我忙问他是什么丢了。他说：“整个包都丢了。”“是整个包都丢了！”我惊奇地重复了一句。老邱说可不是，是整个包都被人提走了，他说三轮车给他卸完货，他把两个纸箱，一个一个搬过来，回头再去拿手提包，包没了。

我正和老邱说他丢包的事的时候，听见卖玉器雕塑件摊位那边，有人在大声叫喊：“放下！放下！”一个看上去中年模样的妇女，边喊边追前边一个男子。只见那个男壮汉，手上吃力地搬着一个足有三十几斤重的大玉雕件，头也不回地向前快走。

一个手拿重物向前快走，一个后边空手急追，自然，没多时，后边跑的追上了前边走的。

只见那女士揪住了前边走的男人的衣服，同时还叫着：“你放下我的东西！”男人停下来，把手上的重物丢弃在地上，不急不慌地走开了。

这时，周边的人围拢上来，问还在气喘吁吁的女士是怎么回事。女士说："这可怎么整啊！大白天，这么大个玉雕，搬起来就走啊！"

读者看到这。也许会情不自禁地想，小偷怎么就那么胆大，怎么没人管呢？唉，你还别说，当时就是那样，不是没有人管，是人力不足，管不过来。

事例四：贼遇上了对手

天刚蒙蒙亮，摊主们都在忙着摆放自己要卖的货，这时候是贼们最好下手的时候，也是最易得手的时候。

天津来这里摆摊的一个年青人，货摆了一半，发现刚摆在旁边的一个雍正仿哥釉笔筒（彩图16）没了，他马上意识到是被偷了。赶紧一回身，正瞅见还没来得及走掉的一个偷儿的同伙，常摊都认识这些人。按惯例，贼不偷常摊，今天他们不知怎么破例偷到常摊上来了，也许是因为这个哥釉笔筒，太中他们的意了的缘故。

天津摆摊人没客气，一把抓住了这个贼的脖领子，叫到："你他妈的，偷到老子头上来啦！你没看看我是谁，我坐过五年大狱放出来的，今天你他妈的不把老子的笔筒送回来，我找人打断你的腿！"

俗话说："横的怕硬的，硬的怕不要命的"，尽管这贼膀大腰粗，在这个挺瘦小的不要命的面前，也得服软，没敢反抗，嘴上直说好话，一个劲地说："别吵，别吵，好说，好说，一会儿我让我的那几个弟兄给你送回来就是了。”天津摊主松手了，贼赶紧离开。可能摊主心里有数，贼人是会把东西给送回来的。

我们又逛了一阵子，天已大亮，人渐渐地多了起来。等我又一次来到这个天津人的摊位前时，那个哥釉笔筒已回到了他的摊位上，显然是贼把东西给送回来了。

这次是贼遇上了对手了。

事例五：贼人盯上我

贼人盯上我不是要偷我的东西，是要向我销脏。偷儿们偷了东西卖掉换钱是他们的目的，偷到手不易，销出去也难。

一天，在一个瓷器摊前，我顺手拿起一位南方人摊上的明嘉靖官窑洗，这洗口磨去了一截，是件残器。尽管残，由于年头好，又是文房用具、官窑，卖家要价不低，开价8千。逛摊人不仅仅是为了卖东西才逛摊的，更是想通过多看多上手，提高自己的眼力。

我们很多人常说：“行家比专家的眼力要好。原因是专家重在理论研究，行家常在摊上店里接触实物，见得多，实物上手的机会多，而专家理论知识丰富，研究得深透，这是行家所不及的。”

我时常在摊上拿起实物看，并不是想买。比如今天这件明嘉靖官窑器，我并不想买，因为它太贵了，行里叫“拿不动”。可我这一拿、一看、一问价，却让站在旁边的那位小偷上心了。我离开这个摊位没多远，一个高个子男人向我搭话，问我方才拿起来的那件残洗子好不好。我说东西不错，很好，是一件不多见的明嘉靖官窑。他又问："你想要吗?"我说："想要，太贵，不能要。"这时高个子不加掩饰地说："你等着，我给你拿来，多少钱好说。"此刻，我才明白了这个高个子的身份，他是个偷儿。没等我回答他，这个贼已离我而去。我还不明白"买脏卖脏"同样犯法这个道理吗！我心想，赶紧走，别理他。

没过一刻钟的工夫，当我又走到那个南方人摊前，再看他的摊上，别的东西都在，就这件明嘉靖残官洗子不见了，"也许是卖了"，我心里琢磨着。到跟前一问，货主说刚才丢了。

我心想准是那贼人偷去了。为了不惹麻烦，这天我早早地就离开了市场地摊。

被退货的五彩大盘

顺治青花麒麟大盘，市面上挺多见的，青花五彩麒麟大盘就不多见了，我一直很想得到一块。人们常说，古玩这东西是可遇不可求，特别是在地摊上找货，更是如此。

我想着想着，有一天还真就让我碰上了一块这样的大盘。

那是2001年冬天，一个周六的早晨，在潘家园旧货市场两边的那片空地西北角上，一位摊主把我叫到他跟前说，他这里有件好东西，让我看看能不能要。虽然已是六点多钟，天还是很黑，借助灯光，我看到他手上的一件东西，正是我很想得到的青花五彩大盘。

我接过大盘，正在谈价钱的时候，一个浙江常来买货的人走过来，说这大盘他已交了定金了，别人不能再要了。他是理直气壮地说这话的。我此时也不理亏，东西是货主拿给我看的，还问我要不要，我们正在谈价钱。

实际上我跟这位浙江人都没有错，都有理，错就错在这位摊主身上了，因为既然浙江人已交了定金了，他就不该再拿出这件大盘让我看，再跟我谈价，再想卖给我。货主是想看谁给价高就卖给谁，这是不对的，是违反古玩行的行规的，其实其他行也不允许如此。

此时事情僵到这了，我们都是有把年纪的人了，没有吵起来，若是遇上年青人说不定要干起来。

解铃还要系铃人，麻烦是货主惹出来的，自然要货主出面调解，货主把浙江人叫到一边，嘀咕了几句，浙江人点了点头，表示认可。他俩返回我身边，货主对我说："这样吧，先可你要，我开个价，你觉得行，货就归你。"很明显，他是想开个高价，把我要跑。如果我同意他开出的高价，买下大盘，他又能从这高价中拿出一部分给交了定金的浙江人，以息事宁人。

货主开出5500元的高价，我一听直摇头，表示不行。"那你说多少可以?"货主问我。"不能超过3千。"我没留多少余量，直接亮出了我的底牌。最后以3500元成交。

后来据知情人讲，货主从我付的货款中拿出200元给了这位交了定金的浙江人算了事。

故事到此还没完。我这个人每当买到一件可心的东西时，都会让一些我认为是有点水平的人看，听听他们是怎么说，从中可以使自己学到些东西，提高眼力，博览众长，拓宽自己。

我买回这件青花五彩大盘后，先后请了五位专家或行家到家里看过。其中有三个人是肯定的意见，说是顺治时期的东西，但绘画有点粗。另一种意见是：顺治的东西没问题，五彩有点问题，可能是后挂彩，但彩不是现在挂上去的。

我的意见倾向于前者。

因为顺治朝是明清交替，战事尚未全息，瓷器生产也处在低潮。因战乱破坏的瓷业生产还没恢复，瓷器质量受到严重影响。这件大盘也是那个时候的作品，因此胎釉粗糙，青花发色蓝中显灰，彩釉下垂随意。但这个时期仍然用明末留下的“大明彩”彩料，如红色仍然是枣皮红色，黄、绿彩虽然较淡，都也还很鲜亮。釉面为青白色，器物外部釉色似卵青色，盘类底部的近足处呈较淡的亮青色。这个时期的器物，釉面较为混浊，口沿施酱黄釉，这是顺治时期瓷器的重要特征。这些特征在这个大盘上都有表现。

在我看来，这件大盘是顺治时期的作品，是不该有疑问的。

思前想后也还觉得东西虽然对，但太粗糙，还是决定把它卖掉。我把某拍卖公司瓷器部经理叫到家里，他看了这件大盘后认为东西没问题是顺治本年的东西，就是粗了些，同意上拍，当时就签了合同，底价3500元，让我近日把东西送去公司签收。

正当这时，玩家乔女士来到我家，一眼看上了这件青花五彩大盘，说她的一个朋友托她买这类器物，是否可以让给她。我有些为难，因为昨天刚跟某拍卖公司签了上拍合同，倒是还没送货，可以毁约。

但这两方都是我的朋友，推掉哪一方都不好。我想还是谁在跟前就先满足谁吧，于是答应了乔女士的要求，同意把大盘先给她，只有事后再向拍卖公司道歉，说句好话也就完事。那家公司是个大公司，根本不在乎这么一件小玩艺，因此后来我说这事时，公司瓷器部经理也就没说什么。

我和乔女士都是各加200元出手的，到了乔女士朋友的手里，自然也就是3900元了，不管说哪头，都很合理。

乔的这位朋友到乔女士家取货时还带了位掌眼的行家，这是乔女士当时电话上对我说的。

乔的朋友高高兴兴地把大盘买走了。一个月以后，这位朋友不知是听了何人的意见，说这大盘不对，向乔提出退货。乔不好驳这位朋友的面子，就给他退了。乔女士这人很好，照一般人，照常理，货买走一个月，当时提货时还带了位掌眼人看好了，怎么还能退货呢?

每当我见到乔女士，想到这事时，也感到挺别扭，因为都是行里的朋友，于是，我答应乔女士，有机会帮她把这大盘再卖掉或送去上拍。

假冒伪劣商品的泛滥，使许多真品也蒙上了“不确定性”的阴影，这真是无可奈何的事情。

各具心态的掌眼人

在古玩行里买东西，一些不懂古玩的人或初学者，都要找人掌掌眼。

小刚是我的朋友，他在谈到找掌眼人时说，他在这个问题上是深有感悟。说他在刚刚进入玩古瓷这一行时，开始不懂，当看好一件东西时，也是总要找懂眼的人去给看看，掌掌眼。

他说，一次他看好一件乾隆青花大碗（彩图18），看东西挺好是本朝的东西，还有花押款。青花是蓝中带紫，判断既使不够雍正，也不会低于乾隆。由于尺寸大，口径在一尺上下，画的又是缠枝花卉，价格较贵，在5000元以上，他怕买错了，就找来一位掌眼人。小刚说跟他熟，其实也不算熟，只是经常见面，见面说话点头。小刚找来的这位掌眼人一听这事很高兴也很热情，爽快地答应了小刚。

掌眼人到摊前拿起碗左看右看，放下再拿起来。最后对小刚说了句：这东西靠不住。小刚一听这话，心想花几千块钱，还靠不住，不能买，就说算了。两人都离开这个摊位，各自干自己的事去了。

过了一会儿，小刚又转到这个摊前，想再看看这只青花缠枝花卉碗，抬眼望时，碗不在了。小刚心想一定让别人买去了。一问摊主，摊主告诉小刚说，就是他找来掌眼的那位先生把青花碗买走了。

小刚说：“当时我心里感到有点别扭，按说我没买，人家买了也没什么不对，但他不该说东西不对，靠不住，真是让我挺不理解，从此我不再找这人。”

还有一次，一个“好心人”主动提出帮助小刚掌眼，说想办法帮他买些便宜货。小刚心想，这是好事嘛，很兴高。

小刚便跟上他，在古玩摊里转悠，转了几个摊后，他把小刚带到一个常摊上，看了一件又一件，最后拿起一个乾隆小案缸（彩图19），上边画的缠枝花卉，青花发色蓝中带紫，不论从画法还是从器型上看都能看出乾隆时期作品的特征，小刚能看出，掌眼人也给予肯定。只是缸有条小纹，口沿有爆釉，小刚花600元买下了这小案缸。

接着又到另一摊位上，同样花1500元买下了一件康熙人物粥罐（彩图20-2），花600元买下了另一件明末清初德化白釉兽耳香炉（彩图20-1），帮小刚买完东西，掌眼人又去忙别的事情去了。

对这三件东西小刚还算满意，还时不时拿给朋友看。对其中的康熙人物粥罐，一个朋友说怎么这么眼熟，好像过去在哪见过。最后这位朋友想起来了，是在王某家里见过。他一说这个王某，小刚这才恍然大悟，王某就是给他掌眼、带他买东西的那位掌眼人。

小刚说，他那天遇到的两种掌眼人，都各有特点，他们都各有自己的目的。

第三种掌眼人，也被小刚遇上了。

一天，小刚在一个摊前发现了一个五彩龙纹棒槌瓶（彩图17），由于当时天黑，在大棚子里也看不太清楚这东西到底是清早期的，还是清晚期的，他拿不准。正在这时，古玩城的小林走过来，看小刚拿这个五彩棒槌瓶，主动过来帮小刚看，小林说这瓶画得很细，有康熙风格，但从釉面和露胎处的胎质看，应属清晚期光绪时期的，并告诉小刚：如果价格合适可以买。

由于平时在跟小林的接触中，小刚对他就有一种信任感。感到他对这件瓶判断的都对，就听了他的话，把这件棒槌瓶买下了。

事后，小刚又见到小林，再次谈起这件棒槌瓶时，小林说，那件棒槌瓶他也看好了，当时如果小刚若是不要，他也会花钱买下的。

小林说时很随意，可小刚听了却很有一番感慨。小刚心想，这要是换上前边讲的那两位掌眼人，当时一定不会说真话，会说这东西如何靠不住，不能买。当你放下走后，他再返回来把它买走。

小林这种掌眼人和前两种掌眼人是截然不同的，一件小事不仅仅反映出一个人的处事方法，也反映出一个人的人品和做人的宗旨。

宣德小罐与逛摊人

潘家园旧货市场从广西大厦对面搬到现在这个位置不久，大棚还没翻盖改造前的一个初冬的早晨，天刚蒙蒙亮，京东三河的一个农民，把摊摆在大棚西边与工程隔墙的小夹道里。

他的东西，一看都是老的，是从农村收上来的，又脏又破，只有行家，才能注意他摊位上的货，看热闹的行外人连看一眼都不看。

这位京东三河老农摊位上，有件清乾隆釉里红花卉双兽耳四方瓶（彩图22），格外引人注意，内行人走近都要拿起来仔细看上一番，因为纯釉里红器件太少，青花釉里红还能时常见到。这件纯釉里红方瓶由于卖主要价高，上手的人都是想买，拿不动。

这个摊位上还有另一件瓷器是一个10多厘米高的长形青花小罐，由口到颈部缺了一块，还有几道长冲，放在摊上，不太引人注意，也有几个热心的瓷器爱好者拿起来看看，问问价又放下，不仅是因为它破损严重，而卖主要价也高，要价三千，少两千不卖。

这时在亮马开店的方姓夫妻俩来到这个摊前，一眼就看到了这只青花小罐，两人拿起小罐仔细地看了又看，他们特别注意到了底足，足内双蓝圈里边有“大明宣德年制”青花款。

后来听这两位讲起这事时说，他们看了这件东西，觉得用料尽管不是苏料，但从器型，纹饰画法，款识上看，是件宣德本年的官窑器。经过与摊主讨价还价，他们还是以1700元买下了这只青花小罐。

一件宣德青花官窑器，有多少人能认识它呢？这也难怪，这种东西存世量太少，人们见的机会也少，当真的遇到时，就难以认得，只有眼力练到一定程度的人才能慧眼识珠。

据有关资料介绍：宣德青花有三种色料，有苏麻尼青料、国产料及两种料的合二而一的混合料。

苏料，黑蓝或深蓝，有晕散，有黑褐色结晶斑深陷于胎骨之中。国产料发色清淡，蓝色不稳定，时有流散走釉，常使纹饰模糊不清。混合料发色明快，有浓淡相间，浓处黑蓝或深蓝，淡处灰暗，造成浅淡与黑蓝浓重相同的效果。而宣德晚期青花显得浓黑，有凝聚斑点，也有灰暗的则少结晶斑。

宣德器物釉面多有橘皮纹，气泡密集，釉面青亮，即亮青釉。大器多为砂底，无旋痕，常有火石红显露。

人们常说，演员是“台上三分钟，台下十年功”。搞古瓷收藏，能买到好东西就在一瞬间，可眼力要平时练上几年几载才行呀！

店老板方姓夫妻俩买到这件宣德官窑小残罐后，一个台湾古瓷收藏家得到消息，当时就盯上了这夫妻二人，非要买下不可，方姓夫妻两人还不想卖。这位台湾收藏家真下功夫，不惜工本，当天上午在某高级饭店摆了一桌酒宴，请方姓夫妻俩吃了一顿，在盛情之下，夫妻两人把小罐以两万元人民币的价钱转让给了这位台湾朋友。

王局长进圈套

有人说古瓷这东西不仅有“貌”和“形”，也有“神”和“魂”。

初学乍练者，只看瓷的“貌”和“形”就下手买东西，非买砸不可。因此说只有多看实物，吃透了每类瓷器（五彩、粉彩、青花……）的“神”和“魂”，即瓷器的时代特征，真正搞懂了，才能一看一个准，买不错。

刚退休在家的王局长，在单位时，也是指挥一班人马，搞了一辈子基建土建工程，盖起的楼房一栋又一栋，栋栋漂亮。对他这一套本职工作真是精通赅博，悉及毫芒。他退下来以后入了早年就有兴趣的“瓷道”，事实证明，搞这行他还要从头学起。

当过领导的人，总是有一种自信和超越感。退下来的王局长，到潘家园没跑上几趟，就被一伙专门兜售假货的小团伙盯上了。

这几个小子，一看这位王先生脑门很亮，眼镜戴着，领带扎着，肥头大脑，正像电视小品里说的，“脑袋大，脖子粗，不是大款，就是伙夫”。王先生不是大款，也不是伙夫，是个有级别的领导，也算这伙人没看错。

团伙的几个人看见王先生走过来，其中一人把事先摆在地上的一个新仿康熙五彩人物棒槌瓶拿起来了，扮演卖货的人，故意把嗓门加大说："这康熙五彩棒槌瓶，没毛病，你要买一万二。"另一人有意挡住王局长的去路，好让他停下脚步，王局长听卖货人一说康熙五彩棒槌瓶，果真停下了脚步。

卖货和"买货"的人开始讨价还价，要价一万二，买家从5千涨到7千，卖方还是不答应。最后卖方说，再让你一口，少9千不卖。手里拿着瓶的人看火候已到，把手中的瓶放下，嘴里叨念着："我看你这东西是真货，确实好，我才给你7千的，不卖就算了。"

扮演买货的小伙子走了，摊前的王局长也被刚才的那番买卖双方的口舌战打动了。王局长拿起了五彩棒槌瓶左看看右看看，是怎么看怎么都好，这瓶太诱人了。王局长真的动心了。心想来潘家园市场跑了快四五个周六了，还没买上一件像样的东西，这回总算赶上了一件好东西。

不用问价，因为前边买主与货主的对话，王局长都听见了。所以也就直接了当地还价了，王局长说："你7千没卖，我给8千行不行？"虽然此时卖主心里不知有多高兴啦，但还是不能马上答应，还得把戏演的更像一点才行。

摊主不急于答应，反倒表示了不想卖，尤其是这个价不能卖的为难之情，但又不失与王局长套套近乎说："我看你是个实在人，我愿意把东西卖给你这样的人。"并且接着说，"你再加点，别让我赔本，我就卖给你。"

就这样，由于王局长买货心切，在8千元之外又加了200元成交了。

王局长以初战告捷的心情，把“康熙五彩棒槌瓶”抱回家。两天后他请来了玩瓷的师傅——古玩店的店老板赵先生给看一看他买的这件棒槌瓶倒底怎么样，价格是贵了，还是便宜了。

对于这样的新活儿，行里人只要看上一眼新老就能分清。店老板在这样一个地道新活儿面前不能说假话，告诉王局长这件东西就值200块钱，是地道的现代仿品。

赵老板告诉王局长，康熙青花五彩的真品应该是：“五彩器上的红彩，彩料红润，色调鲜明。虽是矾红彩，但与明代似枣皮红的红彩又有不同，与现代的高仿品的红彩也有明显的区别。康熙时的五彩中的红彩色泽分深浅浓淡，施彩有厚薄。仔细观察红彩表面光亮，并闪现出五光十色的光晕。而这件瓷器上的红彩根本就没有这种光晕。

“康熙时五彩的另一个特点是，所绘人物的发髻、衣襟、鞋靴等处和树枝花草的轮廓线都是用黑彩勾勒，然后在彩上涂上一层‘玻璃白’白亮釉，使烧成的色彩漆黑莹亮，浓重沉着。而这件现代的仿品黑彩上面没有这层玻璃白的白亮釉。

“康熙时期的五彩器釉面细润纯净，釉面有含蓄的自然旧光泽，胎釉结合紧密，而这件仿品，釉面混浊不清，釉表有新制品的浮光。胎釉结合疏松。这件新品圈足旋削得过于规整，不像真品圈足呈硬折角二层台，而是折角处线条过于圆滑。”

王局长听了赵老板判定这件东西是新仿品的根据后，也只好点头赞同。

本来，王局长夫人为了让王局长由于是刚从领导岗位上退下来有点事干，不至于由忙到闲而使身体不适应，再弄出病来，就给了他一万元钱去“玩瓷”。这下子可好，是当头一棒，一把下去，8千元就赔进去了，夫人怕老公受不了这样的打击，也就没埋怨他，反而安慰他说，现在赔了的，将来眼力练好了，再赚回来，没关系。

王夫人的这番话，让王局长心情还真地宽松了一点。王局长没灰心，由此就开始了他退休后的“玩瓷”游戏。

高仿品：康熙五彩人物棒槌瓶

走街串巷卖宫廷照

盛世与收藏是一对孪生兄弟。改革开放使人们信心十足奔小康，随即当今各种收藏热也在不断升温。

宫廷照片一时在潘家园乃至各种古董市场，曾有过一段时间铺天盖地到处都是，也和瓷器、铜器、玉器一样，有真有假，假多真少。

由于多，人们也就知道多是造假，在古玩市场上，上当的人自然也就越来越少，由开始东西少时的每套上百元，到后来10元、8元就能买到一套。

宫廷照的真假，就在于原照还是现在翻版。比如慈禧太后的照片，其形象都是真的，衣着、面孔都不错。

原版照片弥足珍贵，皇室的东西本就稀少，流传到今天，又能在民间发现，实属凤毛麟角。然而翻版的，要多少有多少，可以成批地造出来，经过做旧，真还有点老样。

搞造假这一类勾当的，目的只有一个，“赚钱”。古玩地摊上，骗不了人了，他们就走出地摊，到社会上去，开辟新的市场。

就像1997到1998年那阵子，有人走街串巷设摊卖狐狸皮一样，在地上摆上两张狐狸皮，看上去皮毛确实很好，光亮，皮桶也长。皮子倒是真货，但倒卖者为了卖出高价，竟把这些在饲养场里养出来的狐狸皮说成是从内蒙古大草原上狩猎来的野生狐狸皮，那价格自然要差上十几倍之多。当时一只饲养的狐狸皮桶市场价在300到400元左右，野生的能卖到3000元之多。

所谓的宫廷照也是如此，照片都是真的，一个是百余年前清朝时候照的，一个是现在翻版之后做了旧的照片。骗子开始走街串巷卖宫廷照了。

一天我路过木樨地桥下，看到一群人正在交头接耳，正望着一个骑车女子远去的背影。我停下脚步，看到几个兴致正浓的当地居民模样的老者，一个人手里拿着一套折装的旧照片。我一眼就看出是潘家园地摊里到处都可见到的宫廷照。

潘家园地摊上到处可见，这几位老人可是平生第一次见到。照片上面又有慈禧“老人家”的尊容，经过做旧，着实能把人蒙一阵子。

我上前仔细一问，事情的前后是这样的：那刚刚远去的骑车女子，见这里有几个老人坐在桥下乘凉，就停下车，掏出挂包中的那些发了黄的“旧照片”，说是她家祖上传下来的，她祖上爷爷的父亲是宫廷侍卫，传下一组照片，现今家中需用钱，老人让她拿出来卖掉。

开始，这些人尚有些半信半疑。这时，又有一上了点年岁的男子停下车走过来，接过照片左看右看后说，这是少见的古董照片，谈价后，准备买下来。付款时，说钱没带那么多，只有500元了，女子又把照片从他手中夺回去。

这一幕是上演给几个老人看的，这男子实为人们常说的“托”。看到有人真的要买，老人中有人动心了。一个老大爷上前接过了这些古旧得发黄的照片。经过新一轮的讨价还价，这位老者以800元的价格买下了这些“古董”宫廷照。

这一切刚过，我骑车至此，看到大家还围着手拿照片的老人在兴致勃勃议论，看样子有的还为没能买到而惋惜；有的则为这位老人能以不贵的价钱买下一组宫廷照而祝贺赞许。

自然，我的到来，给他们揭开了谜底，可为时已晚，那女子早已骑车远去，不见了踪影。

为此，我想奉劝那些要搞收藏的人，要想不上当，太应该去潘家园实习了！因为那里不但有真货，有漏可捡，然而也有假货，也是假货的集散地。没有在那里经过洗礼之前，切不可轻举妄动，这是我的肺腑之言，也是我玩瓷中的切身体会。

李东的故事

我为买一件康熙青花笔筒，认识了古玩店老板李东，由于岁数相仿，性格相近，又都爱好古瓷，所以我们俩一见如故，很谈得来。

他是河北大厂人，大厂是有名的古玩之乡，他是务农世家。他总说自己大字不识几个，但我看他脑瓜很灵。20世纪70年代末80年代初改革开放使他很快进入商界，搞起了古玩生意，到现在已是20多年过去了。

在我们的聊天中，我有目的地引导他谈些他在经营古玩中比较动人心魄的故事。

在三个多小时的闲聊中，他越说越有情绪，因为是他自己亲身经历的真实事情，有些事情对他刺激挺大，使他记忆尤其深刻，所以谈起来，连一些细小情节都能难以忘怀。

事后我将他所谈的内容整理出了六个故事。

故事一：800 元卖掉宣德大缸

老李说20世纪70年代末，他刚刚涉足古玩，走街串巷收瓷器杂项。一天他到了天津武清县的一个叫大孟庄的村子，见村口一个破旧大宅门，看这宅门，他特地放慢脚步，多喊了几声。宅门“吱呀”一声开了，一个老头走出来，到他跟前，小声说：“我有一个老缸要吗?”“先看看你的东西。”老李说。老头领老李到了他的宅院里。

缸放在他家的西厢房的一个角落里，由于多年不清理，缸上满是尘土，缸里还装了些红薯。老者指着缸对老李说，这缸是祖上传下来的，他爷爷的爷爷建宅的时候就有，一直放在这，从未挪动过，因此也就完整无损。只是在缸沿上有窑裂和一小块窑沾。

老人说，这不是赶上孙子要办事娶媳妇，没有钱，想到卖点东西。前几天也有人来这吆喝着走街串户收东西，看过这缸，给了100元钱，觉得太少，没卖给他，今天又听到你在外边喊，收木器、瓷器，就想再让你看看，你若能给300元就卖给你。

李老板讲到这说，这缸第一眼给他的印象是够明代，具体什么时候，说不好。那时的眼力，只能看到这。缸不算小，青花发色有些深，那时还不知道什么是苏料，现在回忆，这缸应该是用的国产料和苏料的混合料。

李老板接着跟我说，他看这缸还完整，买下再出手肯定能赚钱。但做买卖这行当，买的时候，尽可能地少花钱，卖出时尽可能多卖些，这是常理。李老板说他先是从150元给起，老人一分不让，他不得不由150元增加到280元，老人还是死咬价300元，一分都不能少，最后李老板只能认同卖主老大爷的要价，搬走了这个缸。

搬回去没几天，李老板临街的老乐就看上了这件东西，他搞古玩比李老板早，眼力也好，几经讨价还价，以800元的价格买走了这个缸。他拿到这个缸很得意，李老板说他也很得意，觉得没用十天工夫就赚了500元，当时是20世纪70年代末，500元是个啥概念？是一般人一年的收入！

老乐这人很有心计，路子特野。这个缸，他又卖了多少钱，卖到哪里去了，他从没说过，李老板也从没问过。

时隔20年后，一次偶然的机会，李老板去省文物商店，又见到了当初他以800元卖出的这个缸，那缸的缸沿上的一块窑裂和窑沾，他一眼就能认得出。此时它的身价已攀升到380万元，明码标价摆在商店里的展卖台上。

故事二：官帽椅的风波

李老板说："20年前到静海县收瓷，在陈官屯一户人家里，见到一只官帽椅。当时按我看，不仅东西是老的，年头还早，至少是清中期以上的。品相好、完整、没修过、没动过手。货主要价150元，我没还价，我觉得东西好，要价并不高，也就顺利成交了。"

因为双方都觉得对方通情达理，就又多聊了几句。谈话中货主告诉李老板，说这椅子原本有两只，是祖上传下来的，分家时，他哥哥一只，他本人分到一只。

李老板说到这，自然就谈到想把另外一只也搞来。按着货主的指点李老板找到了哥哥家。说明来意后，主人表示椅子不想卖，要卖也不是绝对不可，少500元不卖。

有前边在弟弟家以150元买下同样一把椅子的先例，500元李老板自然不会接受，觉得要价太高。本想买下第二把凑成一对，再出手时也好卖，能卖上价，这下子告吹了。李老板只好骑上车，带上一把椅子，返回了大厂。

几天以后，由于找到了椅子的下家买主。买家看货时，说如果是一对，他可以高出一只四倍的价钱买下。

李老板说："我心里一合计，两只能给到6000元。有点后悔，当初他哥哥要价500元，真该买下。"

第二天一大早，李老板又骑车直奔静海县的陈官屯，到了那已是下午，人们都下地干活儿去了。李东只好再骑上车，去走街串巷看能不能再转到点什么其他可买的东西。

转来转去，李老板又转到了昨天卖给他椅子的那家门前，也巧了，这时正赶上货主从地里回来拿工具。一回生二回熟，今天又见到了昨天打交道的货主，好像见到了老熟人。李老板正要打招呼，还没等他开口，货主凭借他膀大腰圆力气足，一把揪住李老板的后衣领，把他推进了院子里，自行车倒在了墙角边。

李老板看架势要出事，没等他问个明白，货主高声叫道：我椅子卖便宜了，你给我补钱，补足500元，不补钱把椅子给我拿回来。这时李老板才明白原来是这么回事。立马说，没这个道理，椅子是你自愿卖的，价格是你定的。当时是一个愿买一个愿卖，一个愿打一个愿挨，哪有找后账的，李老板也高声喊着。

货主看李老板也挺硬，不肯补钱，他又想出了新招，转身出了院子，把李老板关在院里，把门反锁上了，他在锁门的同时，还大声喊着说去找派出所的人来。随着声音的远去，货主真的去镇上派出所找人去了。

李老板一时也慌了神，不知所措。心想，如果派出所的人真来了，肯定被抓。因为那时哪里知道货主随便把人关起来是限制人身自由，是违法的。

门打不开，他家的院墙又很高，墙头上还立满了小碎玻璃，实在是很难爬出去。到了这个火候上，没办法也得想办法。李老板说："我把他家的两个大萝筐扣在一块，上边又将一只铁水桶反立在上边，才算是翻上了他家的墙头逃了出去，跳上自行

官帽椅

车，赶快跑。跑出陈官屯上了公路，这我才定了定神，才敢回头看看。

“一晃20年过后，1998年，我在嘉德春拍上看到一个黄花梨长方凳，估价20~30万元。同是嘉德这年秋拍有一对黄花梨扶手椅估价30~40万元。”

李老板说：“当我看到这两期拍卖会预展，情不自禁地想起了我当年买那对黄花梨官帽椅的难忘遭遇。”

真的，我感到这些村里人做古玩生意的确不容易！

故事三：卖出 190 万的青花盘

李老板还跟我讲了他亲身经历的一件青花大盘的故事。

他说曾跟他打过多年交道的一位王姓古玩经营者，一次从内蒙古赤峰花1000元买来一个青花大盘（彩图21），直径38公分，画的是一把莲纹，海水边饰，发色蓝中带紫，既深沉又透彻，很多人看了都说是新活、是高仿，说1000元买亏了。也有不同意见，少数人仔细看后说，这盘是不可多得的明永宣苏料和国产料混合料生产的细路大盘。

因有争议，王姓卖主把盘子送到哪个店，哪个店都不要。

最后王先生把它送到了一家北京很有名气的拍卖公司，这家公司收下了，底价定在28万元。

这家拍卖公司收下这块大盘是经公司里的专家组进行了一次集体讨论、评审后决定的。专家组认为这块大盘具备永乐瓷的特征，其白砂底温润细腻、规整，有明显的火石红遍布整个盘底。胎体轻重适度，胎质精细。

这件大盘釉面也与永乐器的釉面肥厚、平净、无橘皮纹的特征相一致。口边与底角釉薄处闪白色，厚釉处呈虾青色，青花有苏料烧制时的自然晕散，有结晶斑并有凹陷深入胎骨。圈足是内墙外撇式。

上述这些特点与明中晚期和现代仿品有明显不同，对着釉面侧视，有明显的“蛤蜊光”光晕。

这时王先生的心情并不完全是高兴，因为东西只是收下，并没有卖出去。按当时拍卖公司与王先生签订的买卖合同条款规定，如果卖出去了，拍卖公司收取卖方成交金额的10%的佣金和鉴定费等，卖不出去，送货方交拍品底价的1%给拍卖公司作为手续费，就是要交2800元。王先生心里琢磨着，这比他买盘子的价钱还高出一倍多。在当时来说2800元也不算个小数。但毕竟拍卖公司的专家认可了他这盘子是真品，值28万元，王先生咬咬牙，心想就冒这一回险。

这次拍卖会，王先生是一定要到场的。瓷器拍卖是排在下午，王先生总算熬到了拍卖会开始的那一刻。

用15个吊桶七上八下来形容王先生当时的心情再恰当不过了。当拍卖师叫到101号拍品是“明永乐青花缠枝花卉纹盘，底价28万元”时，王先生几乎是停住呼吸，他肯定是当时在场人士中精神最紧张的一个了。随着场内的应价，王先生的心此起彼伏，他清楚地记得第一个应价28万元的人，正好是坐在他前排的一位年青女士，随着拍卖师手的指向，看到场内的应价号牌此起彼落，只听到拍卖师口中叫到“160万，还有加价的没有”，这时现场西南角，又有人举起了手中的牌子，拍卖师又连续喊出161万、162万、……170万。这时场内又安静了下来，只有拍卖师的声音，“170万最后一次！”

这时，王先生看到自己前边第一个应价的那位女士，用手中的“大哥大”与外界通话，显然，这位女士是某买家的场内代表。这位女士一手拿着“大哥大”，另一只手举起了竞买号牌，王先生清楚地记得她的竞买牌号是“158号”。

拍卖师随着女士的竞买牌的举起，又喊出了“171万”，马上前一位要到170万的买家又举牌，价位到了“172万”。到这时场上只有两个买家在竞相牌起牌落。

最后还是王先生前排的这位女士，把拍卖师的报价定在了“190”万上。随着拍卖师报出“190万最后一次”再没有人应价，拍卖师环顾场内一周，特别注视了一下方才还在举牌的那位竞买人，不再举牌了，拍卖师一声槌响，全场也随即响起了掌声，这时场内的几个摄影师的摄像镜头，同时对准了这位举牌的女士。

女士竞买到了这块永乐大盘，又面对场内的掌声和摄相镜头，心情自然不一般。但谁也没注意到坐在这位女士后边的卖家王先生，比这位竞买牌号为158号的女士更高兴、更激动。

后来这位王先生对我的朋友李老板说，这是他做梦都想不到的，是他一生的奇迹。

故事四：关键时候捡个漏

李老板跟我讲到的前边那几件事，仿佛都有点丢“漏”的意思，此时李老板话题一转说，在过去的几十年古玩生意中捡到能够算得上“漏”的太少了，真是人们常说的“丢漏容易，捡漏难”哪！

李老板说，明显算捡“漏”的就有那么一次。他说还是1996年，家里打算盖房，正缺钱的节股眼上，好事来了。他过去的一个生意场上的熟人老高，跑河南驻马店回来，买回几件瓷器，还有杂项。路上与他碰上，非让李老板到他家里去看看。

在他家里，他把几件东西摆出来，几件瓷器都很一般，只有一件犀角雕花草虫杯（彩图23），引起了李老板的注意。从器物的包浆看年份不浅，李老板断定为明代。犀角随形雕制成杯，外壁是高浮雕花卉，枝叶过墙，每侧各有一只蝈蝈在鸣叫。雕工娴熟有力，器物除有些划痕，别无毛病，完好无损。

由于是熟人，老高把他买这些东西的来龙去脉，都跟李老板说了个透，就连买的价格都毫无保留地说给他。这犀角他是花1.2万元买到手的，他说，李老板你如果想要，2万元可以拿走。

李老板说他当时掂量着：2万元到手，几万元能出手呢？老高这件犀角杯，一万二进两万元给我，他挣8千也很合情理。因此对老高的报价，李老板没多想，也没还价。只是想如果买下，一时还没有下家。因此，对于要不要这个杯子，李老板当时只是给老高一个活话。

说来也巧，第二天，一个广东古玩客商到李老板家来找货。李老板抓住时机，把昨天见到的犀角杯给他讲了。他听后说，他对犀角制品很熟悉。对这件杯子也很感兴趣。

李老板问他这样一只杯能出多少钱？回答是5万左右。李老板心里有谱了。

这时，李老板让家人招待好客人，自己蹬车到老高那里，取来了犀角杯。

广东客商拿到犀角杯后，看他的神态，真是爱不释手，可他嘴上却一个劲地说，东西就是小了点，年份也浅。

客商还是急于让李老板报价，李老板心里早就准备好了该怎么说，他说："这东西我是7万块钱从别人手里拿的，9万块钱给你，不高吧？"

客商听完李老板的报价，心里也明白，说7万拿的不是真话，他也不信，但他7万再加点也能接受，就回个价，7万5吧，再多了就不能要了。就这样，顺利成交了。

讲到这，李老板笑容满面地对我说："没用两天工夫，这件犀角杯，把我盖房用的全部款项都赚出来了。"

这算不算捡了个小漏，李老板问我，我笑着对他说，这可不是个小漏，是个不大不小的漏啦！

故事五：八人合买 8 万元大罐

李老板连续讲了他经历的几个故事，越讲越有兴致，讲完了犀角杯后，又想起八人合买8万元大罐的事。

这故事里既有生意上的情节，更有人情世故。

那是1982年，他们镇上几个常在一块跑古玩生意的人，有人听说内蒙古赤峰某镇有一个大罐，是明早期的，挺完整，要价8万，少了不卖。

当时，8万元这个数，可是个天文数字，谁都不可能一个人一下子拿出8万元买东西。在当时一个工作十几年的大学毕业的人工资也就在百多元上下。那时候都时兴说万元户，够上万元户的，他们镇上也没几个，还就数这些搞古玩的能有万元资本。

哥儿几个合计着大伙儿集资买。找上八个人，每人出1万，赚钱八人分，就这样，揍齐了八个人，每人揣上1万元钱，连夜开车直奔赤峰。在中间人的带领下，很快到了货主店里。此时的货主并不是真正的货主，真货主是一个农民。他没有路子，找不到买家，也不知道怎么卖，便委托一个镇上开店的为他卖。后来我们知道，货主要价只有两万元，是开店的把价码涨到8万元的，货在开店人的手里，少8万谁也拿不走。

他们八人看过货后。意见出现了分歧，七个人说东西不错，可以买；只有黄某说这东西买了不好卖，不仅挣不着钱，弄不好，还可能砸在手里，因此不同意买。

卖家是少8万元不卖。他们八个人中只要有一个人不同意买，这罐就买不成，因为每人只带1万元钱。

东西没买成，除了包车开销一点，又给了中间人200块钱，虽然每人花上百捌拾圆，可也开了眼，看过一件好瓷器，也不算白来。

没有不透风的墙，八人中不同意买的那位黄某，不是真心不想买，而是另有自己的小算盘。他想：一件东西赚了钱，八人分，一人才能分多一点呀！这位黄某返回北京后，找到了当时古玩界一个有钱的店老板，谈了这件8万元大罐的事。这个大款立马答应出钱8万，事后赚了钱跟黄某对半分。

时隔三天，这件大罐就展示在这个古玩商的店里了。又没过半个月，这个罐就以35万元的价格被珠海的一位古玩商人买走了。

8万和35万的差价是多少啊！黄某甩开另外七人，一下子就挣了十多万元啊。

为这事，人们没少议论，但在黄某面前，人们又都说不出什么来。

故事六：地摊上的元玉壶春瓶真品

明洪武釉里红瓷器，存世量有限，这是一些资料上都谈到过的，而元代釉里红玉壶春瓶更是凤毛麟角，有价难求了。

李老板跟我讲到了他目睹一件元代釉里红玉壶春瓶被人从旧货摊上以150元买走的全过程。

李老板说，那是1992年，他到南方石狮市的旧货市场找货，市场上有现今的旧电器，旧工艺品，也有些有年份的瓷器、玉器、铜器、木器。买这些古玩的多半是从北方来的客商。其中的李老板和他的另两位朋友小赵、小马都是从北京赶来的。

跑遍了大半个市场，没碰上可心的东西。正要离开，看到在市场出口处的一角，有一个摊位里有些木器，还夹杂着几件瓷器，其中一件是黑得看不清模样而略露红色开光凤纹的敞口细脖瓶子。

李老板说，这时他嘴里叨念了一句，玉壶春瓶，刚要走近，已被一个先他一步赶到摊前的年青人拿起来了。

李老板站在年青人身边，再仔细看这件瓶，确认东西是老的，瓶身上有几道小裂，腹部有一小块缺损。

先一步拿起玉壶春瓶的年青人，很和善，不仅自己看，还递给旁边的李老板，让他帮助看一下是什么年代的。

李老板拿过这瓶，惊奇地发现，瓶的最下一层的纹饰的莲瓣画法，瓣与瓣之间是分开的，这一点往往是分辨元代与明代器物的重要标志，只有元代才这样画。壶颈处画的是蕉叶纹，纹饰的轮廓线是一粗一细两根线条，不是填色，侈口外撇，细颈，通体八楞。仔细看去，实在俏丽优美。

年青人从李老板手里拿过去，问李老板，东西怎么样？好不好？李老板如实地告诉他说，这东西很好，可能是元代的。

李老板说他自己虽然也想买，但良心告诉他，应该如实地把自己的看法告诉对方。

摆摊人看到这么多人围着他摊上的这个瓶子议论，又听了李老板说的几句话，心想这瓶子一定是件好东西。当年青人问价时，摊主使足了劲，把价钱要的高出了他自己原定价位的一倍多，开出200元的价格，年青人还价到150元，买下了这个瓶子。

年青人走后，我们才知道，摊主本想卖上个 50 元、80 元的就知足了。卖到150元，他很得意，因为他是花5块钱从一个农户家里收上来的。

李老板说他回到北京以后，很长时间还在想这个玉壶春瓶。

也巧，一年以后，在北京的某个旧货市场，李老板又见到了买玉壶春瓶的这个年青人。这次他是从石狮市来这买货的。李老板又问起他买的那件元代釉里红玉壶春瓶，年青人告诉李老板，他回家后，经过清洗，又找当地修瓷器的专业户把缺损的一块修上后，卖了76万元整。

说到这，李老板由衷地为这位年青人的运气叫绝，也更为他自己惋惜，说他搞古玩一辈子，也没碰上这样的好事，碰上了还与自己擦肩而过。

元玉壶春瓶

我放走了一个斗彩碗

雍正斗彩虽然不如成化斗彩那样名贵，那样有价难求，但也是人们追逐的名贵品种。

我也很想搞到一件雍正斗彩器。搞收藏的人们常说：“可遇不可求”。有一次我遇到了，却又轻易地放掉了，给了别人，事后感到很后悔。

事情是这样的：有一天，我到古玩市场，去的很早，一个摊主刚把东西从包里取出，还没来得及摆上，我一眼就看到有一只破碗，碗的口沿缺了一块，还有锔子纹，凭我的眼力，知道这不是件新活儿。一问价，摊主报价少40元不卖。

我仔细看这破碗，底有“大清雍正年制”款，双蓝圈。碗虽破，透过上面的污垢，呈现出它的釉面光润细腻，纯净无瑕，釉下青花釉上彩，真有争奇斗艳的态势。

尽管如此，我还是把它断为民国前后的器物，对摊主报价40元，我想很合理，这件民国仿雍正斗彩碗，也就是这个价吧。我交钱买下了这碗。

当我拿着碗走到一个店铺门口时，因与店主赵义很熟，就把碗给他看了。开店的是不会放过一切机会的，赵义让我把这碗卖给他。也正赶上我对这碗不感兴趣，觉得它年份浅，又破，也就点头同意卖给他。赵义问我卖多少钱，我一点都没隐瞒地说："我是40元买的，你给我加100元，140元给你怎么样?"小赵也爽快，没还价。赵义付完钱，拿起碗，看我已离开了，就拨通了他的手机，手机是打给他平时的一位下家客户的。

我听到他打手机，也停下脚步，清楚地听到他对着手机说："我这有一只雍正斗彩官窑碗……3000元……"3000元是他向对方的报价。

我有些惊呆了。怎么是雍正官窑？能值三千元？我又急忙把目光转向这只斗彩碗，并返回去顺手抓起碗仔细看，但我在这只碗的身上还是怎么也看不到雍正斗彩的影子。

雍正斗彩应该是以淡描青花在釉下勾出纹饰轮廓线，再在釉上填上各色彩料，施彩浅淡，填彩准确，很少漫出轮廓。红色明亮透彻，绿色鲜明亮莹。像雍正斗彩碗这样精细器物的釉面应该是粉白细釉，足里折角处施釉较薄，有玻璃质感。胎体坚白细润，成型规整，胎薄体轻。迎光透视，可见胎质均称，洁白无瑕。器足规整，足边滚圆。

这件斗彩碗，如果粗略一看，也有与上述所说的雍正斗彩类同之处，但细看，红彩不透，圈足有欠规整，迎光可见胎质不细等，填彩也有漫出轮廓线的地方。

此时在赵义店前已有几个人围过来争相看这个碗。有人出价300元，有出600元的。赵义心气儿是3000元，最后这些人都没能买走这只碗。

这时有一位在古玩城开店的，年龄在50岁上下的老先生也走过来看这个碗。这人我没跟他打过交道，但我知道他眼力很好，他没给价就离开了。我追过去，以向他求教的口气问他对这个碗的看法，他很直言不讳地告诉我说，这碗是一件后朝仿前朝的仿品，不够官窑，可以买，毕竟是件斗彩器物。我又问他能值多少钱，他说的也很客观，说价格这东西，眼高眼低会相差很多，没有固定价。他说按他说也就值几百块钱吧，不可能太高。我的心里此时才好象得到了一点安慰。

半个月后，我听说赵义把这个碗以1200元卖给了古玩城的一个店老板，此时我的心中总还是觉得留下了点遗憾。

斗彩碗

假的真不了

1998年，我到山西出差，碰上一个大学时候的老同学，多年没见，他邀我到他家做客，听说我跟古玩沾边儿，就拿出一件东西让我看，并让我给他鉴定一下是真是假。

他拿出来的是一件叫金丝紫檀木透雕大笔筒，有20多厘米高，棕黑色，里边的金丝还闪烁发亮，器身雕有松树山石和人物，真有点悠悠古意、雍容大度之气。

他说这是他一个古玩界的朋友把自己手上收藏多年的一件“古玩”以1万元的优惠价买给他的，还说保老，不老保退。

我是玩瓷器、收藏瓷器的，对于木器我不太懂，但由于在古玩市场上转悠这么多年，耳闻目睹，对木器也略知一点，我知道紫檀木是一种珍贵木种，其次还有黄杨木、黄花梨木、老红木、鸡翅木、举木、核桃木等，后边这些就是一般的木种了。

按我过去的了解，知道紫檀木应该是很沉的，黑棕色，这都对。因为我逛潘家园地摊时也看到过这些木制品。是新是老，我说不太准，不懂的不能乱说。为了给我的这位同学的这件珍爱之物一个新老结论，我希望能让我带回北京找木器专家行家、给看一看，下个结论。他同意了。

带回北京后，鉴定木器，我一时真不知道找谁，我平时接触的都是玩瓷的。

脑袋里灵机一动，有了，把它送到几个大拍卖公司，让他们看看是新是老。

还没等我送去，家里来了一个行里的老朋友杨莲，他看到我摆在桌子上的紫檀木大笔筒，就说："老李，你昨天周六去潘家园怎么买回来一个木雕大笔筒，几百元钱啊？"

听他这么一说，我也把这件木雕笔筒的来历如实地给他说了一遍。他说这不用去鉴定，你到潘家园卖木器的那里，想买几个都能买到，500块钱一个，随你挑。

紫檀雕大笔筒（现代）

又经他再细说说，我也全明白了。这件东西是件现代作品，并非是乾隆年间的古玩。

第二天我还是去了一趟北京市两个大拍卖公司的收购部，经过这两个单位收购部专家过眼，结论是一样的：这件木雕笔筒是现代工艺品，价值不过千元。

我把这些情况电话告诉了我山西的老同学，并用包裹给他把笔筒寄了过去。

在电话上，我那同学感慨地说：东西在专家面前是“假的真不了，真的假不了啊！”

但我也由此体会到“隔行如隔山”的道理。人只要学懂学透一门学问就很不容易，多而不精，等于什么都没学会。

洪武釉里红碗卖漏了

古玩行里不少人都知道，玩瓷高手小敏曾卖漏了一个洪武釉里红大碗。

我跟小敏挺熟，由于我进入玩瓷这一行时间仅有十年，因此最近才知道这事。

这样的事一般不好问本人，人熟也不行，人都爱讲自己过五关斩六将的事，不想说自己走麦城的事。有时过关斩将的事也不想让别人知道，因为怕别人说自己赚了大钱了，惹是生非。

好奇之心，人皆有之。我也不例外，我总想知道小敏卖漏洪武大碗的事的原委细节。

有一天，逛完潘家园地摊，乘地铁，正好碰上小敏，我们坐在一块，她家住西单。在车上，我们山南海北地聊，多是古玩行里的事。聊到一定火候，我还是把卖洪武釉里红碗的事提出来了。由于人熟，她还是对我讲了。

她说那还是20世纪80年代初，现在的北京古玩城还没盖起来，都是些简陋的木板房或铁棚子搭建的铺面，里边卖古玩旧货，古瓷器也很多。在那里有时也能抓到一些便宜东西，她说她经常去光顾。有一件釉里红大碗，远远看去，口径有20多厘米，画的是缠枝菊，在一个铺面的货架上，每次去都能看到它，从上面厚厚的灰尘可见一直无人问津。

我们知道，釉里红瓷器，在洪武时期有大量烧制，但由于年代久远，保存下来的传世品也为数不多。

这个时期的釉里红釉色不够纯正，多为偏灰，有晕散，纹饰大量采用花卉图案，所绘菊花呈扁椭圆状，缠枝莲叶纹大都螺丝状。纹饰画法依然继承了元代的“一笔点画”的技法，用笔简练，这是它有别于明中晚期同类器物的突出地方。露胎处胎质呈土黄色或浅灰白色居多，有器足与器身釉面不一致的现象。底足多见内外斜削，足底有明显的跳刀痕。

小敏说，有一天她也是出于好奇，让货主把大碗给拿下来看看，一看还真觉得这家伙有点洪武时期釉里红的味道，特点挺明显，有老相。但小敏对釉里红见得毕竟不多，也拿不准是真是假，是老是新，特别是它是什么年代的，一直搞不准，于是把东西放下了。

小敏说：“又是几个月过去了，我还惦记着这件东西，正赶上前几天自己手上走了几件货，赚了几千块钱。经过再三掂量，决定把这件釉里红大碗买下来。尽管这件东西放在那半年有余没人买，店老板开价还是少5千不卖，几经讨价还价，使出了我全部嘴上功夫，最后以3200元的价格买下了这件釉里红大碗。”

小敏说，自己是小本生意，家里还靠这个吃饭呢，所以我也就想尽快把它卖出去。我打了几个电话，找下家客户看货，有的看后根本不感兴趣，说这东西新，多少钱都不能要。听到这话，我直冒冷汗，3千块钱的东西真要买砸了，可得让我难受一阵子。

“还是有懂眼的。在我放出风的第三天，经我的老客户介绍来了一位五十几岁有点儒商气质，看上去很有派头的一个人，对这件大碗仔细看后说他能要，让我出价，当时我开价三万元。几经还价，最后以1.6万元成交。”

小敏告诉我说，后来她听说这人是某省文物局退下来的，退休后又从事经营活动。还听说他买去这只釉里红大碗后，很快又以17万元的价格卖出去了。

这就有了人们说的：小敏卖漏了一个洪武釉里红大碗的故事。

洪武釉里红碗

——出门就涨价——

古玩行里讲的是“漫天要价、就地还钱。”因为古玩的确没有一个固定的价格，是随行就市的商品种类。

有两次与店家的讨价还价给我留下了较深的印象。

一次是我到一个店里，看好了一件万历青花松梅三足扁洗（彩图25），这只洗口径23厘米，而其身高只有8厘米，卷翻沿，器型秀美，器底无釉，器足与器底火石红明显。亮青釉面，光润肥厚，青花发色蓝中泛紫。苍劲的松梅枝条、茂密的叶片和盛开的梅花布满整个器身。这件扁洗是明万历时期民窑烧制的文房用具，是一件民窑精品器物。

店老板开价后，经过几个回合讨价还价，店老板总是咬住1200元不放。我认为这个洗价格不能过千元，我给他900元。谈不成就打算走人。我正要走，这时店老板来了句：“你出门可就不是这个价了。”意思是说你若再进这个店，这件东西就要涨价了，1200元也拿不去了，这也随人家说去吧，但给我一个感觉是店老板的口气不太友好。

我心想做生意这样可不好，但这事情和想法也就是一瞬间的事。

事隔一年以后，我到别处一个古玩市场的一个店里看好了一件明正德大罐（彩图24）。这件大罐，有正德时期罐的明显特征：胎体厚重、直口、园肩、平砂底，青花带有淡紫色，显灰。特别是这个罐只有口沿和足上有两圈青花纹饰，画的是正德时期常见的缠枝团菊花卉。让行里人一看便知道是正德时期典型器物。

我按程序问价和讨价还价，双方价格谈不拢，东西买不成，买主出门走人，这时店主也是来了一句："出门可就不是这个价了。"

我心想真是无独有偶，跟我一年前遇上的那位店老板一个声音一个调子。

我心想又遇上一个不会做生意的老板。

考人眼力的小花觚

小松是个瓷器收藏的新手，他很投入，眼力进步很快，一件瓷器是新是老，他一眼能看出个八九不离十，但在这个时期也最易被新活儿蒙骗。

一次，小松在市场地摊上遇到了这样一件瓷器，是件青花小花觚（彩图26）。他初一看，第一感觉是东西不新，有年份，器型好。等他拿起实物，一上手，感到分量也对，再看底足露胎处胎质白中闪黄，是明末清初器物的胎质。

小松决定买下这件青花小花觚。摊主要价并不高，对这样一件完整器，只要600元。经过还价，小松以500元买下了这件花觚。

小松把东西拿回家，再仔细看时，感觉跟当初就有点不一样了。在阳光下看出釉面有一层浮光，不是那种泛旧的光泽。更没有明末清初器物上面的一层光晕，即蛤蜊光。再仔细看露胎处胎质过于细密，有一种现代瓷质的过白颜色，青花纹饰画法有些呆板。

当初在地摊上看与现在在家里仔细看，结果是两个结论，小松认定此物是件高仿品。随即他找了几个瓷友一块看，几个瓷友跟小松的看法一样。

小松心想，初试身手，必然会有走眼时，500元钱就算付了学费了。

但这类东西多了也不行，它占压资金。于是小松又把它拿到地摊上，委托他熟悉的摊主，想把它卖掉。

小松做人很诚实，他让人代卖时告诉代卖摊主，可不要当老的卖，这是一件新活儿高仿品，但有老相，是他走眼时买下的。

这件青花小花觚在这个摊位上摆了两个多月，拿起来看的人多，想买的人没有。逛摊人拿起它是因为它有一眼，都没买是因为都看出它是高仿品。

新品、仿品还是有买家的，这件小花觚被一个学者模样的50岁上下的男士花300元买走。这位男士不仅是行家，还是位专家，他正在写一本明清过渡期青花瓷辨伪的书，他看到这件小花觚，感到很有代表性，执意买下，但对摊主要价600元感到不能接受，最后还是摊主跟小松通了电话，小松同意300元出手。

小松后来对我说，把这件小花觚卖给这位学者，也算让这件东西有了一个很好的归宿。我赔点，也算我付了学费，这件东西也就值那么多。

有盖没盖差一半

在玩瓷的玩家中，常能听到这样一句话：“有盖没盖差一半”。这话的含义，不仅指瓷器这件物品本身，而往往是对这件瓷器的价格而言。有时在买卖交易中，尽管器物本身没有冲纹等伤损，买家一看缺盖。便把价格较大幅度地往下压，顺口会说上一句：“有盖没盖差一半。”

对于带盖的器物，这个盖是非常重要的，有时确实为买到一个小小的盖而不惜花去整个器物一半的价钱，恢复它的完美。

有一次，我的一个朋友就轻易地把一件价值6万多元的官窑青花壮罐的盖（彩图27），以400元卖掉了。后来他几次跟我说起这事，都懊悔自己的眼力没练到家。

事情是这样的。

一天早晨，在潘家园旧货市场地摊上，借助灯光，我的这位朋友发现一个农民摊上，在很多瓷器的间隙里夹着一个盖。在那么多大件瓷器中，这个小小的盖，没被任何人注意，我的这个朋友心细，看到了这个盖，并把它拿起来，一看是件壮罐的盖。他知道当前这种壮罐在市场上特别是在拍卖会上，被炒得很火，由原来的1~2万元炒到现在的7~8万元。

由于天黑，在灯光下，他吃不准是新还是老的。因为现在对这种炒得很火的壮罐，仿品很多，而这件壮罐盖，又显得格外亮、新。吃不准，他便问了几个熟人，有的说新，有的说看不好。虽然含糊，但他自己却总是舍不得放弃，最终还是以200元买下了这个盖。

这时，我的这位朋友又碰上一个古玩城的熟人，那人看见他手里这盖，说他正好有个罐，可以用上这个盖，不管它新老，都想买下它。我的这位朋友脸皮薄，考虑到朋友的需要，就以400元的价钱转让给了这位熟人。按理说200元买来，400元卖出。没动地方就翻了个跟头，也算获利不小了。

谁知，他的这位熟人等天亮一看，这盖确实是件乾隆本年的官窑壮罐盖。

他看到盖上绘画的青花发色稳定、纯正，釉面光润匀净，青白色。盖内子口的露胎处可看到瓷质精细，胎质洁白，具有乾隆本朝青花瓷的明显特征。

我的这位朋友说，这算他卖漏了一件小东西，但教训大，记忆深。

白送一块宋定窑盘

在潘家园旧货市场地摊上，那些卖货的农民里，有几个我佩服的眼力好的人，小高就是其中的一个。他是白洋淀人，如果他手里没有好货，一般不来潘家园市场。只要他一来，他的摊肯定被逛摊人围个水泄不通。

这一天，他的摊一摆出，就有一块宋定窑盘子被大家看中。我的一个朋友眼疾手快，先拿到了这块盘子。

这块盘子很完整，釉色也好，是宋定窑瓷中的精品。

小高对这块宋定窑盘子要价并不高，开价800元。我的朋友没还价，很顺利成交。这样一块完整的盘子，就是在这种地摊上，一般也得1~2千元才能买到。

小高为什么卖的这么便宜呢？我直接了当地问小高。小高说："我卖货有个原则，就是高来高走，低进低出，因为这块盘子来的便宜，我是赚钱就走。"

小高接着还有声有色地告诉我这块盘子里边的故事，由于当时摊上人多，他说等一会儿人少了，闲着的时候讲给我听。

就这样，我又逛了大半个上午，十点多钟的时候，我又回到小高摊前，看到他带来的十几件瓷器，这时就剩下一件了，是件乾隆粉彩花卉大筒瓶（彩图29），其余全卖出去了。来他摊上看货的人少了，小高摊前清静下来。

我俩都有空闲了，他就开始给我讲那块宋定窑盘子的故事。

他说："我五天前到我们白洋淀北边的一个村镇收货，被一个村民叫到家里，他说有两只祖上传下来的大瓶，让我看看能卖多少钱。我进屋一看，两只瓶子都是晚清的豆青双耳狮子瓶，一只口沿有伤，另一只炸底。这东西完整器也不过千元，何况两只都有毛病，最多不过百拾元钱的事。我对这两只瓶没什么兴趣，可这村民却把它看得很重，大概是手头缺钱，还真想卖给我。"

小高说他这时看到他家炉台上有一块白盘子引起了他的注意。盘子里还装着几条刚打上来的小白条鱼。因为小高对老窑瓷器很熟，一看就认出这是一块宋定窑白瓷盘。

小高说："我漫不经心地走到炉台前，仔细看了这盘子，没错，就是宋定窑真品。盘子的胎白色有些微黄，釉面白中泛青，光亮。在盘上边有印花，釉面有蜡泪痕般的淌痕。印花布局严谨，层次分明，钱条清晰，密而不乱，印花对称。由于使用年久，上边已有一层包浆在上边。但刷洗得很干净。"

小高顺口问了老大爷，这盘子卖吗？老大爷说，那两只大瓶你若能给我150元，这块白盘就送给你了。小高说他一听，可把他高兴坏了，这村民没把这块盘子当回事，就这块盘子本身也值150元呀！

小高说两个大瓶，他真不想要，这块白盘他倒是非要不可，就这样，为拿到这块盘子，他答应了村民买下两只大瓶。

小高付给村民150元钱，提上两只大瓶，又包好这块白盘子，高高兴兴地离开了村庄。

两个大瓶，小高说让他以50元钱卖给了镇上的一个商户，只剩下这块宋定窑盘，合上价钱是100元。

小高对我说，他在这里卖这块盘子时要800元，不也是赚了很多了吗。

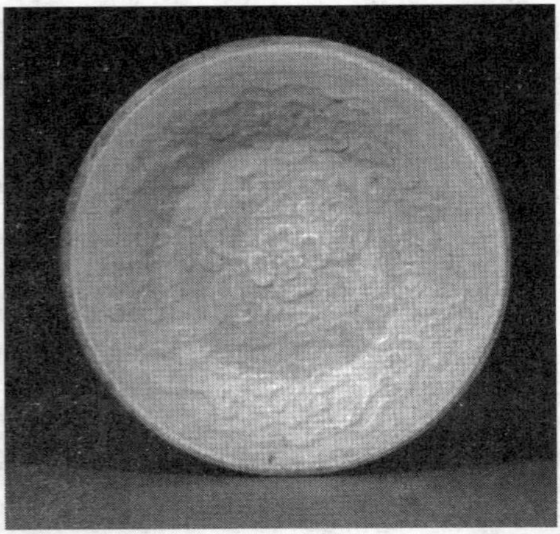

宋定窑刻花花卉盘

地摊上的旧枪械

在旧货市场地摊上，对一些管制刀具，如藏刀、匕首、枪刺等是不允许上摊出售的，市场管理见一个收一个。但有些摊上还是偷着摸着地卖，时常还能看到老农从农村户里收上来的合子枪，就是在电影电视剧里看到的八路军、游击队使用的那种木柄长把长嘴手枪、火铳等。对于这些刀枪器具，摊主都不公开卖，比如枪，只把枪套摆在摊上，想买的人心里明白，有套必有枪，看了套再问枪。在这里也感受到人们常说的："上有政策、下有对策。"

我在逛摊买瓷器时，看到了一把19世纪的火铳摆在周亮的摊上。我上前好奇地问周亮说："这玩艺不是不让卖吗？你怎么……"没等我话说完，他急不可耐地抢过我的话说："我卖，不会有人管，我有枪证。"还说这枪是一个姓黄的朋友放在他摊上让他代卖的。我一听他说黄某，这人我认识，还挺熟。往下我就没再多问什么。

一天我见到黄某，自然没忘掉枪的事。我一问，他就原原本本地讲了给我听。他说他是2000年在一个拍卖会上花了，千多元买下了这只火铳。由于后来他定向收藏瓷器，想把这只火铳再送回这个拍卖公司拍卖掉，但情况有了变化，该公司收货的部门经理说现在工商部门有规定，火铳这类东西也不准上拍了。黄只好把它拿回来，交给地摊周亮代卖了。我又问他，地摊不是也不让卖吗？黄某告诉我，摊主周亮说他有办法，不会出事，出事他负责。就这样黄某放心地把火铳放在周亮的摊上。

有几天我路过周亮的地摊，看见火铳仍在，我心想，这东西没人买，不好卖，时隔一周，我又路过周亮摊前，看火铳已不在了，就顺口问周亮："火铳卖了，卖了多少钱?"周亮很沮丧地说："哪卖了，被市场收了。"

这时我又追问一句："你不是说你有枪证吗?"他这时才说了实话："哪有什么枪证，就是黄某随枪带来的一个拍卖会开出的一张鉴定证书。"我随口说："鉴定证书只能证明火铳的身份，证明它的生产年代，不能证明你可以在市场上出售啊！""是。"周亮也只好承认，但又抬高了嗓门说："没关系，这事归派出所管，那里咱有人，派出所所长是我一个哥们儿的哥们儿。我那哥们儿说，他可

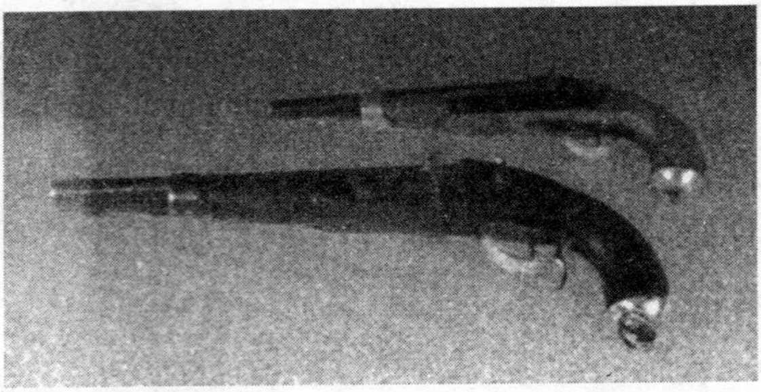

以给要出来，没问题。”我心想，派出所没收了的东西，再要出来不那么容易。

半年过去了，我再碰见黄某时，问他火铳要回来没有？黄某告诉我：“早就没戏了。火铳没要回来，不过周亮还挺够朋友，没有失言，他照原价把钱给了我。”

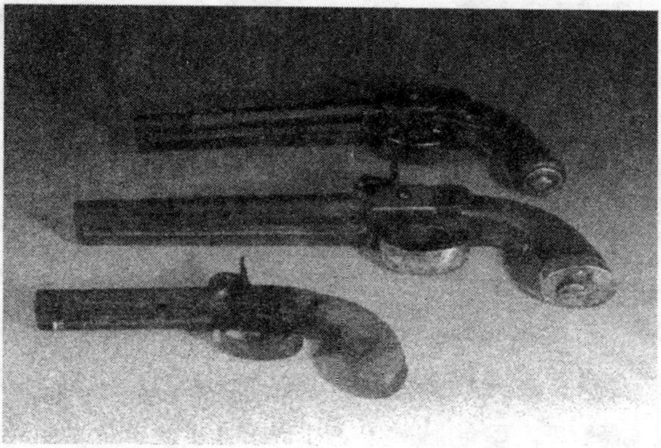

旧枪械

买到崇祯八方罐的前后

1996年初夏的一个早晨，在某古玩旧货市场的摊位中间的过道上，一个农民装束的人从包里拿出一件瓷器，一时间有几个人围上来。我的一个朋友大杨抢先把这件瓷器拿到了手。

那时我玩瓷器没多久，但也能看出这件瓷器跟一般摆在其他摊上的不一样，从未见过。虽然它口沿缺一块，又有几道冲伸到了腹部，已成残器，但那浓艳的青花青翠明快，实在幽雅可爱。那洁净的釉面，平静如水。人物、景物悠悠古意溢满画面。八方形体，从口颈，到底足，面面有纹饰或画面，有标新立异之感。八方瓶是崇祯时期创烧的一种新器型，型制独特。从口颈到腹部延展到下部三个躯段都是八棱形体，直口，丰肩，腹下至底略外撇，平砂底，画工细致，人物景物相互衬托，协调搭配恰到好处。松枝和朵云的画法具有崇祯时期的绘画特征。青花的用笔已有清初的墨分五色的特点。这件器物属于崇祯时期的民窑精品。其露胎处可见胎土淘制精细，质地细密，胎体厚重。

我的朋友大杨把东西拿在手里，二话没说就开始问价。对方答复少1100元不卖。在那时这样的残瓷一般不过千元，大杨给他800元。卖主没答应。

就在这时，市场管理人员走过来，扯住卖货农民的衣袖，说："你游动售货，还是倒卖文物，到办公室去。"农民被领到了市场管理办公室。

到了办公室，农民无话可说。尽管在其他摊位上，经常有人卖这类有年份的甚至是完整器物，管理人员一般都不管，可这次让这位农民赶上了，残器说它是文物，你也没辙，况且你是在过道上游动卖货。

没的说，没收！农民只好认倒霉。农民放下罐走了，这件人物八方罐放到了市场管理办公室的办公桌上。

第二天是周日，我和大杨又来到这个市场逛地摊，在一个北京人的常摊上，我远远地就看到了这件昨天被没收了的人物八方罐摆在那。我赶紧告诉大杨说，你看那个罐。大杨三步并作两步走到放罐的摊前，一手拎起罐，一问价，摊主告诉大杨说："1600元。"大杨说，昨天还1100元，今天怎么1600元啦。摊主说："昨天的事我不知道，今天是别人放在这，让我代卖，少1600元不卖。"

大杨回过头来对我说，1600元也得买，你如果不买，别人肯定买走，这东西太少见了。

就这样，大杨如数付了款，买走了这件昨天被罚没了的残罐。

过了一年，当我又到大杨家时，看到这个罐已被大杨送去修瓷专业户那里修好了。我都有点不认得了。没有了口沿上的缺损，从颈部到腹部的道道冲纹不见了。但修理过的瓷器有个缺憾是时间一长白色的釉面就开始变黄，我看到时已经开始变黄了。

在欣赏之余。也使我再次想起大杨买这个八方罐的不平常的过程。我实在不解其中的奥妙所在。

斗彩碗——还有一只

某拍卖公司2002年9月的一次小拍上，拍出的一只雍正斗彩碗（彩图28），是小赵手里一对斗彩碗中的一只。这一对碗是他以8千元从一个老收藏家手里买下来的，小赵年青眼力好，市场观念强，对市场行情掌握得恰到好处。市场上遇到该买的东西，一般不会从他手上溜掉。也正像刘欢唱的那首水浒传主题歌中的一句词："该出手时就出手"。本来这对雍正斗彩碗在行里有很多人看过，谁都没下手去拿，谁都没敢出手。而小赵只去了卖主家里一趟，就一锤定音，迅速出手，买下了这对碗。而且在买后一个月将其中一只送到了拍卖会上拍。

在这次拍卖会上，有几个买家竞买这只碗，最后以3.2万元被一位南方客商买走。

这位买家又听到好心人的相告，说在送拍人手里还有一只相同的斗彩碗，买家通过中间人，又把另一只碗以3万元的价格从小赵手里买到。买家心满意足了，而小赵也心满意足了。两只碗，当初别人不敢买，而小赵敢买，一下就赚了两万多元。

雍正斗彩是自明成化创烧斗彩以来，对前朝器物不仅有摹仿，还有发展和创新。其在釉下青花轮廓线里的填彩，不单用五彩料，还用粉彩、金彩料，而且有了五彩加金彩、加粉彩的新品种，并且在原来只有红、黄、绿、紫、褐色之外，又新增了湖水绿、胭脂红等多种颜色。雍正斗彩不仅彩色鲜艳温雅，而且诸色皆有阴阳反侧，突破了历朝斗彩以双线平涂的局限，使器物更加富丽娇艳，备受赏家藏家的钟爱。这只雍正斗彩碗一上拍卖预展台，就备受关注，且拍出了一般人料想不到的价钱。

市场随时都向所有人敞开着，给每个人以平等的赚钱的机会，就看每个人对时机把握的怎么样了。小赵在这对斗彩碗上算捡了个小漏，而这位买家以6万多元买到这对碗也是幸运的，因为据说同样的一对斗彩碗在香港的一次拍卖会上，卖出了一百多万元的高价。当然有所不同的是，香港拍卖的那对碗完整没毛病，这对碗有伤有毛病。即便是这样，这两只有毛病的碗仍然有很大的升值空间。这位买家肯定也是有双慧眼，在这里也算捡了漏。

说“托”

说到“托”，我们听说过“医托”、“婚托”。这么说吧，只要搞行骗，哪一行都可能有“托”的存在。

在古玩行里也不例外，那些想行骗的人，也没忘了用“托”，而且古玩行里的“托”是多种形式的。

第一种“托”：“托”把东西从摊上拿起来，左看右看，问价后又还价，然后把东西放下，他这是做给旁边人看的，让别人注意这件东西，引别人上勾。

第二种“托”：叫“托”后提成。“托”好心似的告诉逛摊的人，说他在那边一个摊上看到了一件可买的好东西，带你去看，等你买了东西走后，他从中提成。

第三种“托”：几个“托”围着一件他们事先备好要卖的东西，集体演戏，活似一幕小品。

第四种“托”：为自己“托”，专坑熟人。带熟人到事先埋伏好的摊位上，买他事先放在这的东西。

第五种“托”：叫“人情托、朋友托”。一声不吭地站在他的朋友摊位旁边，等有不很懂的人，又欲买货的人问他时，这时“托”就大谈这件东西如何如何好，可以买等，达到为朋友卖货做“托”的目的。

第六种“托”：游动“托”。游动商贩都不是一个人，他身边都带上一二个“托”。因此买游动商贩东西时，要特别注意。

上述这几种“托”，在古玩市场上经常能碰到。有的是专职干“托”的。每天一上班他就在这个摊位上演“托”，老是那几个动作，都是那几句话。常逛摊的人，天天都能见到他们，他们也不怕别人看穿，因为他们是专坑第一次或不常来逛市场的人或是外国人的。

我就看见在某旧货市场地摊上，这个摊专卖五彩大罐和粉彩鹿头尊一类的瓷器，都是些新东西。是一个老年妇女摆摊，一个晒得黑黑的男子在摊前“托”。我和几个朋友，每次路过那里，他都是那几个动作。把一个大彩罐或尊或天球瓶拿起来与摊主一问一答，最后还从包里拿出一叠钱，数上1000元，往摊主手上塞，说，1000块钱，行他就把罐拿上。摊主一个劲地说不行！不行！少1500元不卖。让别人看到这人可是真要买呀，钱都往卖主手上塞呢，真可谓实打实地“托”。

我们总是能看到他这样“托”，在我们眼里，这个托法实在有点笨，不相信他们能把东西托出去，或说卖出去。你还别说，有一次我还真看到一个上当的，真就在这个摊位上花1300元买走了一个新品五彩大罐。这样的罐按当时的市场价也就能卖200元钱。

这种五彩罐看上去过于鲜亮，有新烧制的火光，与有年份的老器物截然不同。老的五彩器和在百年以上的老器物，不论彩上、底釉面上，都有一层五光十色的旧光泽，叫“蛤蜊光”，特别是绿色上面的光晕更明显。而这些新烧制的五彩器上，不仅没有这种光晕，也没有自然的划痕。因五彩彩面的硬度低，是在800℃左右温度下烧成的，比釉下白地素面烧制温度1300℃低得多，所以划痕很多，且划痕多在彩面上。而他们卖的新五彩大罐，彩面上一点划痕都没有。

这些骗人的“托”，假货生意居然做得还不错。据他们邻摊的摊主说，看到他们每个月都能卖上五六件，每件都在千元以上，还真够可观的。要不现在有的摊主说：假货比真货卖得好，真货卖不动，真货卖不过假货。

乾隆粉彩松鹿双耳尊（高仿品）

粗心买大件

赵老板是某古玩市场的店老板，经营瓷器、铜器和其他杂项。

十多年来，经他手里买进卖出的瓷器不下千件，很少有走眼、买错、卖漏了的。可在最近一次购进的两个瓷器大件，确实让他伤透了脑筋。一件是以8千元买进的清初人物将军罐（彩图30），一件是4千元买进的明中期青花花卉罐（彩图32）。

这两件瓷器都是经朋友在晚上领到货主家看货后成交的。由于是朋友介绍，对货主货物的可信度就大了许多。看货时货主说，这件将军罐就口上有点小毛病，那只明罐口上修了点，不缺肉。由于信任，就没有像往常那样打着手电用放大镜仔细看上一番，仅凭感觉和信任就敲定要了这两个大件。

赵老板提上万余元买进的两件瓷器，回到家已是深夜。出于兴趣和担心，又用放大镜在灯光下仔细地看，这才吃惊地发现，两件东西可不像卖主说的那么简单，毛病那么小，而是两件东西都有大面积修复，修复层下面到底是个什么样，只有去掉涂层，才能看清。

由于赵老板是做买卖开店的，货物必须尽快流通周转，第二天就把这两件货摆到了柜台上，一直摆了两个月，光是有人看，没人买。看过的同行或客户都说修的面积太大，里边肯定缺肉，见大家都这样说，急的赵老板一气之下索性把修复的涂层全部搞掉。这一弄不要紧，白石膏露出来了，不仅缺肉，还缺得相当不少。

赵老板着实为这两件“宝贝”心堵。再去找卖家吧，不成，时间已过去两个多月了。最后只好将东西低价处理，两件卖了8千块钱，收回成本的60%。其实，光窝心是不够的，应该从中总结几点教训，才是积极的。

教训是：

1.不能轻信卖货方，卖货人往往为推销自己的货物，话中水份多，有的多欠真实。

2.交款前，必须仔细看货，越是完整器，越是卖方称没毛病，越是要仔细看。

3.看货最好不要在夜幕、灯光下看，要在光线好的地方看。

这三点虽是很普通的几句话，实际中却容易被忽视而出大问题。

雍正价买来万历尊

20世纪90年代末，京城八宝山北方旧货市场开辟了一个古旧工艺品一条街。在这条街的一个摊位上，我买到了一件明万历年间的青花淡描三层出戟、四个雕塑兽头、九层纹饰的兽头出戟尊（彩图31）。经多位行家过目，都说实属较为奇特的万历晚期之作，有收藏与研究价值。

记得那天，我来到这个市场，在一个40余平方米的店里，一个康熙凤穿花将军罐的后边，我一眼就看到这只仅露出一角的兽头出戟尊。当时我眼前一亮，凭借自己的眼力判定它是件好东西。

店主看见我拿起这件东西，便主动上前与我搭话，说这是雍正的，我当时对他的话心存疑惑。经过一番讨价还价，我欣然买下了这件自己感到可心的瓷器。

又过了几天，我再次来到这个店，店主已把我当成朋友了，话题自然要从那件兽头出戟尊说起了。店主跟我讲起了这件出戟尊极具戏剧性的来历。

那还是8年前，他到张庄子走街串巷收瓷器，一个年过七旬的老太太，手提一件满是油垢，几乎看不清模样的瓷器说，这件东西要吗？这位店主跟我初见这件出戟尊时一样，也是眼前一亮，因为他几天前刚刚在琉璃厂见过一件与这件瓷器一模一样的东西，并真真切切地写有明万历青花出戟尊的字样。店主赶紧从老太太手里接过来，以380元买下了这件瓷器。

店主说："买回后，经过几番清洗，使它终于露出了出戟尊的庐山真面目。正在爱不释手时，一位刚刚步入这行与我有多年交情的朋友登门要买走它。碍于面子，我给了他，但没过几天，他又给我送了回来，说有人认定这瓷器是雍正的。从此，我就把它当雍正的放到今天。"

我想，捡漏靠眼力，这次我不就是用雍正的价钱买下了这件万历的出戟尊吗。

让人心动的几件拍品

自20世纪90年代初中国又有了拍卖会，到现在，古旧工艺品的拍卖不断升温，参加竞买竞卖的人越来越多。我和我的朋友柳涵也是其中之一。嘉德每次周末小拍都少不了我们，不论多忙都要放下手中的事情，去看看预展，参加拍卖。

每两个月一次的嘉德周末拍卖会，每次都会爆出一二件拍卖热点，其中有这么几件拍品留给我和我的朋友柳涵印象深刻。

第一件是嘉德第67期2001年11月11日的小拍会上，序号169号的清冬青釉盘螭鱼篓尊（彩图33），高16.5厘米，口有冲，“大清雍正年制”款，估价：1500~5500元。经过激烈竞拍，出乎人们预料地以24万元的价格拍出。这件拍品，在预展时，就引起了很多参观者的关注，不停地被从展位上拿出来。拍卖目录上标注的年代是“清”，其年代的跨度很大，可能是清早期，也可能是中期，也可能是晚期。同时也并没标注是官窑。那就可能是官窑，也可能是民窑。

对这件拍品，能看透其真实面貌的人为数不多，但，也确有慧眼识珠者。

我们知道，清早期的豆青釉，釉色淡雅悦目，釉面匀润坚致，制作精细，多为官窑烧制的玩赏品。有的釉面绿中微泛黄色，口足边施加粉白釉。而晚清的豆青釉、粉青釉，釉面色泽浅淡明亮，有新制品的感觉。

早期制品从露胎处可以看出胎体坚致细密，足际露胎处有火石红。

按那些能看透此物体的行家们说，这件尊有清早期豆青釉的特征，与晚清的釉面特征不相吻合。

竞拍开始后，价格从1500元一路攀升，升到5万的时候，场内开始出现掌声。竞买人只剩下3到5个人，没过多一会儿，拍卖师叫价已喊到10万元。场内座位上观众的眼睛开始集中转向仍在举牌的两个竞买人。随着拍卖师的手势指向，会场一左一右两位举牌人的牌子也在上下有节奏地起落。

当场内124号持牌人应价15万元的时候，场内第三次响起了热烈的掌声。这时在后排又有一位女士参加进来，开始应价举牌。此时格局又变成一前一后两个竞买人牌起牌落，谁都不犹豫。

当124号应拍卖师的叫价24万元把牌举起时，场内格外地静了下来，大家都关注着后排的那位女士是否还继续加价。随着拍卖师三次叫到24万，“还有加价的没有。24万最后一次”。拍卖师眼神环顾场内一周，随着眼神，左手指向对着场内的124号位置，右手槌落，一声槌响，场内124号竞买者，以24万元竞得了这件底价仅1500元的清豆青釉鱼篓尊。场内掌声持续了1分多钟。当拍卖师又开始了下一件拍品时，掌声才散去。可人们还在回味着刚才124号买下24万鱼篓尊的情景，并且几乎都有这样的感受，只要是好东西，就能卖出好价钱。

第二件拍品：嘉德第70期周末拍卖会上序号为1437号的清朝胭脂红釉菊瓣盘（彩图34），直径16厘米，“雍正年制”款，估价3500元~5500元，最后以31万元的可观价格被一位牌号为335号的竞买者夺得。

竞拍场上和上边的那件鱼篓尊一样，竞争异常激烈，观众情绪也格外热烈。

这块盘子，在拍卖目录上标注年代为“清”，并未写明是官窑，为什么竞买得这么激烈，又拍出这么好的价钱呢？后来行里的人们在议论中是各抒己见。

有人说这盘子肯定是件官窑，不然不会拍到如此高价。有的说竞拍场上是随行就市，只要有两个“志在必得”的竞买人，就会有超常的情况出现。

不论怎么说，胭脂红釉瓷器是一种珍贵品种，是在红釉中加金，用金做调合剂的一种创新色釉，比创烧自明成化时期的斗彩器还少见，因此胭脂红的器物很受收藏者们的青睐。

第三件拍品：嘉德第61期2000年11月12日周末小拍的第236号拍品：清同治黄地蓝料彩万寿花口大花盆一对（彩图35），上口直径49厘米，一只有伤，估价2~3.5万元，竞拍结果以8.5万元被场内手持126号牌的藏家买走。

这件拍品拍出这个价格，也有些出人意料，就连送拍人都没想到能有这么好的结果。送拍人之一是我的一个朋友。

他告诉我，这件东西是他们几个朋友在报国寺遇上的一个老太太家里买来的。因为是晚清的，又一只有伤，只花几千元就买下来了。送拍时，底价定在2万元，就感到很满足了。如果按底价拍出去也是十分满意的。结果拍出了他们意想不到的价格，当然格外高兴了。

他们几个送拍人，拍卖时都没到现场。事先我的这位朋友打电话让我为他们盯着点，并让我把这件东西的拍卖情况及时告诉他们。

当这件拍品刚一落槌，我就用手机通知了我的这位朋友。当时我想，我的这位朋友听到这消息时，还不得高兴得跳起来呀！当接通他的手机，我告诉他花盆卖了8.5万元的时候，他高兴地只说了句“没想到，但也在意料之中”的话。后来我琢磨他这两句有些自相矛盾的话时，最后我的结论是：古玩这东西，有可预见的一面，也有不可预见的一面，卖高是它，卖低也是它，很正常。

第四件拍品：嘉德62期2001年1月14日周末拍卖会的251号拍品——清同治青花釉里红牡丹纹竹节耳大瓶（彩图36），高49厘米，口微爆釉，底价6.2万元；在拍卖现场以20万元的价格被持117号牌的先生买走。

拍卖场上，竞争气氛很激烈，观众掌声也是一阵又一阵。这项竞拍落槌后，坐在我身旁的117号先生竞得这件拍品后才松了口气。后来他对我说："来时，企业老总有交待，不管多少钱，也要把这件事先看好的同治大瓶买来。因为这件东西体型硕大，凝重、质朴，又显得浑厚雄伟，准备摆在会客室里，以示企业风范和企业文化。"

第五件拍品：嘉德第75期2003年3月15日周末小拍1065号拍品——明末清初青花鱼藻纹大缸，有"大明嘉靖年制"款，官窑，有伤，带木座，估价：8000~1200元。竞拍结果以6.4万元的价格被场上358号竞买者买走（据说是一位体坛名人）。

拍卖预展时，这个缸被多人看好，跟我同去的朋友柳涵也是其中的一个。这么一个大缸，年份好，身上不缺不少，只有锔子和裂纹，又是官窑，青花发色也好。但毕竟由于外表破损，所以，尽管人们都想要，心中的底价也都定在2万元上下，我的朋友柳涵也是这么想的。

由于柳涵想要，预展时，我俩为这缸去了两次展厅，每次都认真地看上一番。在第二次看时，我听见旁边一位男士跟他身旁的女友说，这缸最早是从他家卖出去的。一听这话，我忙上前与这男士搭话，这位男士很随和，年龄在60岁上下，他说这件缸是他祖上传下来的，几年前因为家里需要钱，卖了几件瓷器，其中就有这个缸。他说那时他们就卖了2.5万元呢。这位先生又说，如果这缸在拍卖时不高于这个价，他还会把它买回去的。

这位先生的一席话，也揭示了这个缸的一个历史片段，而这位先生的一席话，更增加了我同来的朋友柳涵的购买欲望。

在拍卖现场，我俩眼看拍卖师的叫价一路上升，我的朋友柳涵只跟到2.5万元时，就再没敢举牌。最后竞拍槌声落在6.4万元的价位上。

第六件拍品：嘉德第76期2003年8月10日周末小拍第2200号拍品清黄地粉彩莲花直颈瓶（彩图37），高16.5厘米，“大清乾隆年制”款，底价：1.5万~2.5万元；以60万元的价格拍出。

这件拍品，由于底价定在1.5万上，仅有16.5厘米高，看不透它的人，不会有多大兴趣。因此，开拍的初始争夺得并不激烈。后来场内的几个竞买人都先后退出，只剩下电话委托席上的两位受托人，每人手拿一部电话，与场外的委托人沟通，竞争就在两个委托人间进行。

这两个场外委托人，对这件拍品，都是“志在必得”都是很有实力的竞买者。

在竞买中，其中一个委托人为了能速战速决击败对手，一下子加了十万元的涨幅，对方也不示弱，一下子也加上五万元，然后双方又以正常的竞买加价阶梯加价，最后当拍卖师叫到60万元最后一次的时候，另一方不再举牌加价了，拍卖师一槌定音，同时场内响起了热烈的掌声。

——从拍卖会上“下野”的康熙大笔筒——

一件瓷器从地摊被发现，再被送上拍卖会，这是多见的，而我手上的这件康熙时期的青花大笔筒（彩图38），却是从拍卖会转到地摊，在地摊上被我买来的。

那还是2001年元旦刚过，在潘家园旧货市场的古瓷摊上，在冬姓小哥儿俩摆在那片散摊的地上的一片瓷器中，有一件大笔筒，虽然有纹，但不缺损，还算完整。一看就很合我意，是我收藏内容里的东西。那时还不像2003年藏瓷界把清三代的笔筒炒得这么热。

我拿起这只笔筒问价，要价并不高，仅要430元，我一看这个孩子模样的摊主，并没漫天要价，我也没还价，买下了这只大笔筒。

又隔数日，一个藏友到我家闲聊天，当他看到这个笔筒时，有点惊呀地说，这笔筒怎么跑到你这来了，你是从拍卖会上买来的吧？我如实告诉他，是前几天在潘家园地摊上买来的。

他也如实地告诉我，这笔筒原本是他的，12月份送去某拍卖公司上拍，并说他是从天津沈阳道古玩市场以800

元的价格买来的。上拍时，拍卖公司给定“无底价”，没想到300元就被人举走了。显然他卖赔了。

我看着我的这件康熙时期聊斋人物故事大笔筒，听这位藏友这么一说，才了解了它在到我手上之前走过的一段历程。

青花聊斋人物故事大笔筒（康熙时期）

高：15.6厘米；口径：18厘米；足径：18厘米

笔筒玉壁底，亮青釉面。青花发色深蓝见青，是康熙早期作品，有顺治时期的工艺特点。底的外圈跳刀痕明显，筒体稍有不圆，而新仿品底面平整光滑，一般没有跳刀痕。

笔筒外壁两大开光内画有六个人物和两个鬼神。楼堂殿阁，庭院花草树木培衬其中，有浓厚的古朴之气，是清早期青花器物上很少见到的聊斋故事题材的作品。

三爪龙也是官

有人说：画三爪龙、四爪龙的器物不是官窑器，只有五爪龙才是官窑器。我认为这个说法缺少依据。

据有关文献资料记载，明代永乐皇帝自己用五爪龙的碗进膳，给儿子辈用四爪龙的碗，孙子辈用三爪龙碗。

这些三爪、四爪、五爪龙的碗都是御窑厂专为皇室烧制的，因此都是官窑器，延续至清代也都如此。也正像五爪龙不一定都是官窑一样，有的民窑烧制的民用器具也有五爪龙的画法。清乾隆皇帝曾下令民窑禁烧五爪龙器物，也是禁而不止，止也止不住。

有一次周六的潘家园市场上，一个农民带了一只青花三爪龙纹碗在地摊上卖。由于有残，口沿有一冲，直冲到腹下，虽经修过，仍能看清。此碗青花发色、釉面都是一级。从规整的泥秋背圈足上可见胎质硬郎、细腻。但由于是三爪龙，一些人看后，对农民摊主2000元的要价感到接受不了，都先后放下碗离开了。

还是有识货的，收藏界小有名气的年青人古良看到这只碗，拿起来就没撒手。因为他看出了这件青花三爪龙碗是一级官窑器。尽管有伤，2000元的要价也算合理。

经过一番讨价还价，古良以1600元买下了这只三爪龙纹碗。

古良既收藏，也以藏养藏。他很快把这只碗送到了某拍卖公司上拍。

拍卖公司收活儿的人给他这只碗定价800元，他也同意了。因为他心理清楚，这件拍品肯定有人竞买，而且能拍出好价钱的。

果真如此，这件拍品在那场拍卖会上，还真的掀起了一个竞买小高潮。由几百元争到几千元，1万元，2万元。最后以2万3千元落槌。这个价实在是出乎一般人的意料。但在能看透这只碗的行家眼里，拍卖会上能拍出这个价，与这只碗的价值是一致的，是货真价实的。

古瓷藏品故事篇

不快中的快乐

乾隆青花壮罐（彩图39），是清代仿明宣德年间的一种官窑器，近年来在市场上，在收藏界，特别是在拍卖会上，被炒得很热。价格被一抬再抬，成倍地往上翻。

1998年前后，这种壮罐没像现在这么火的时候，我就想搞到一个，哪怕是带点伤的也好。古玩这东西是可遇不可求，但大多是在求索中找自己向往的东西。

由于我常去逛地摊，跟一些摆摊的农民混得挺熟，有一位顺义农民摊主，他知道我是工薪族，玩清三代高路份瓷器。他说，只要有这类高路份瓷器就给我留着，让我市场大门一开就去他的摊位上。

我按照约定，每个周六早晨一进市场大门，就先奔他的摊位。有一天天还黑着，我俩刚一照面，他就告诉我说，今天有一件好东西带来。他小心翼翼地从包里拿出一个青花壮罐，还有一件明万历黄釉兽头兽足炉（彩图40）。壮罐通体绘锦纹与江芽海水纹，仅口沿有纹，有小磕，不注意根本看不见。这类器物正是我玩清三代高路份瓷器的首选，是我心仪的藏品。

由于天黑，看不太清，又怕别人盯上，我就让这位农民摊主把这件东西先放起来，等天亮了再说。摊主很理解我，很快把壮罐又放回了他的包里。

说怕别人盯上，还真被别上盯上了，盯这罐的人不是逛摊的人，是几个小偷。在我看这个壮罐的时候，几个小偷正在旁边，我们那时还不认识他们，不知道他们是小偷，更不知道他们专偷好东西。事后听摊主说，在我走了以后，他们四个人中的两个人，先搞起了调虎离山计，拿起摊主已摆到摊位上的一个不起眼的晚清残罐问价，另两人中的一人很容易地从摊主的包里拿出乾隆青花壮罐，在昏暗天色的掩护下，递给另一人，这人熟练地把到手的东西塞进大衣，迅速离开摊位，消失在昏暗中。

这时搞调虎离山计的两个人放下手中的破罐走了，下手的那个已经早就离开了。

农民摊主对刚刚发生的这一切，是毫无察觉，可小偷们的每一个动作都被邻摊上的一个妇女看在眼里。四个偷儿走了，这邻摊上的妇女赶快把刚才她看到的都告诉了壮罐摊主，但为时已晚，摊主伸手一摸地上的包，壮罐没了。摊主一屁股坐到地上。那是他花 900 块钱从村里住户收上来的。骑摩托车跑了一天，才买到那么一件东西，轻易地就被人偷走了。他又急又气、又狠，可又无可奈何。天亮以后，当我来到这个摊位上时，得到的不是乾隆壮罐，而是一个让人不快的故事。

当摊主把丢罐的经过告诉我后，我心里产生一种自责，责备自己当时没把壮罐拿走，这下子可好，摊主一分钱没挣上，我也失去了买到可望不可求的壮罐的机会。我只好把那件万历黄釉炉买下。

又是两个月过去了，当我又跟往常一样来到这个农民摊位前的时候，摊主告诉我说，他又给我带来了一只壮罐。是与上次那只一样的，比上次那只毛病小多了。我心想，有上次的教训，这回可拿上就不能放下。

摊主跟我说，你不用看，这两个壮罐是我从一家买来的。两只原本是一对，上次货主先把破得厉害的那只先卖给我了，把毛病小的这只留下，说等以后再谈。后来我收购古玩瓷器又到他们村，我告诉他，上次买他的那只壮罐，没等卖就被偷了，他也很同情我，就同意把第二只卖给我了，比第一只多要了两百块钱。摊主说："我是一千一百块钱买来的，卖给你1700元，行吗？"我知道按当时的市场行情这个价钱真不贵。我没还价，便交钱拿货，把壮罐小心地装进了我的背包里。一直背到逛完地摊离开市场时。

附：

青花花卉锦纹壮罐（乾隆本朝）

此罐高：29 厘米，口径：12.8 厘米，足径：11 厘米。壮罐为乾隆官窑仿明宣德同类器物，不落款，盖及罐体满绘花卉锦纹、江芽海水。肩部及近底处，绘缠枝莲纹绕其周身。画工精致、细腻，工艺水平高。

该壮罐直口、短颈、溜肩、筒形腹、圈足，足内施白釉。盖为圆顶，宝珠形纽。釉面光润白净，细腻如脂似玉。从露胎处可见到胎质精细、白润、硬度高、无杂质，可见胎土淘炼之纯细。

玉碎不掩佳容

明末天启、崇祯两朝，内忧外患，战事不断，国力衰竭，社会动荡不安。此时制瓷业也极不景气，官窑一度停废，民窑产品多为工艺简陋、质量低劣之器。但在实际存世的器物中仍能见到崇祯时期工艺精湛的好瓷器，如莲子罐、笔筒、花觚等一些室内陈设品和文房用具。

据史料及现代一些分析家讲，这主要是当时一些制瓷业的业主们为了迎合官僚贵族、文人雅士们的需求，精心烧造的一批此类精品瓷。

我手中有这样一件崇祯青花人物莲子罐（彩图41），这件带伤的器物，是我五年前在潘家园旧货市场地摊上以300元买来的，为买这只莲子罐还真让我费了一番苦心。

那是1998年的一个周六，两个河北农民带着很多古玩旧器到潘家园来卖，其中就有这件崇祯莲子罐。因为这莲子罐时代特征明显，按行里的话说，很“开门”，属崇祯时期的民窑精品瓷。

不光是我，行里很多人走到这个摊前，对这件东西是必看的，因为它确实有它的独特之处：画工精细，青花青翠鲜亮，器型好。但谁都是拿起来，又照原样放下，因为货主要价太高，少500元不卖，而且毛病又大。此罐的毛病，一句话就能说明白，就是整个罐被掉到地上摔碎了，碎成十几瓣，又粘起来，并且腹上有小块缺损。你想，这毛病还不大吗！尽管它是细路份的东西，但应属重残之物。500元当然让人却步了。

就这样，农民卖了一天也没卖出去。

我回到家，对这件崇祯莲子罐一直耿耿于怀，怎么想它是怎么都好，坏了也该要，于是决定明天再去摊上跟农民摊主商量，让他把价格再降一点，哪怕300、400，别要500就行。

第二天，我又到这个市场这个摊位上找这件东西，东西没有了，人也换了，那位农民摊主没来摆摊。又过了三个星期仍然没见到这个卖莲子罐的农民兄弟。几个星期过去，我也就忘记这件事了。

事隔三个月以后，又是一个周六，仍然在这个市场上，我低头挨个货摊看东西，突然这件莲子罐出现在我眼前，当时我意识到就是它，腹部有块缺损。我顺手把它拿起来，这才看到摊主正是那位农民。

我问他，你这几个月怎么没来呀？这个莲子罐还没卖出去呀？我一连串地发问，问的摊主连声说："啊，啊"。几声啊之后才补充说，家里盖房，没来了。

摊主看我拿起了这只莲子罐，忙说，你要吗，我也习惯地说："想要太贵。"我认为，按常理，他这次该降降价了。

讨价时，我给出200元，摊主忙说200元可不行，至少300。其实我说200也是策略，想通过低给价，让卖家把价降下来。果真达到了我的目的。

300元我能接受，但又不能那么痛快地答应对方。我再三让他再降点，农民摊主已咬死不再降了，我只好认可。上次是少500不卖的崇祯莲子罐，这次我花300元把它拿到了手。

我买到这件东西格外高兴，虽然它有残，但它是崇祯时期的精品瓷，是原汁原味的真品啊！

我虽然买下了这件东西，但也很为它的破损而感到惋惜，我就问了农民摊主这莲子罐是怎么破成这个样子的。

农民摊主说，这东西是他一个南方朋友的，原本这莲子罐非常完整，一点毛病没有，他朋友把它视做镇宅之物摆在八仙桌上，是他两岁的宝贝儿子爬上桌子给胡拉到地上，摔成这个惨相的。当时摔成十几块，有几小块太碎找不到了，因此就成了现在的这个样子。

“那后来怎么又到了你手里了呢?”我问。他说是他到南方收瓷器，在这位朋友家买了好多件瓷器，朋友就把这件碎得一塌糊涂的莲子罐送给他了。

我听到这心想，这个罐的这段惨痛史，可能是它从崇祯朝走过四百多年的历程中最惨痛的一页了。我庆幸它到了我的手里，因为我对它定会备加珍爱的。

附：

青花人物莲子罐(崇祯时期)

高 15.5 厘米，口径 7.8 厘米，底径 6 厘米。罐通体呈腰鼓状，细白砂底，口沿无釉，口沿及下圈足上各有一圈卷草纹暗刻，露胎处可看到胎质异常洁白细腻，无杂质。釉面属亮青釉，鲜亮明快。画面是远山近水，岸边有竹有柳，有芭蕉。柳树下小姐手拿折扇站立，岸边一丫环打水。

青花发色有浓淡之分。笔触纤细，尤其柳树上的垂柳枝的画法是崇祯时期的特有的典型画法。人物的衣着、脸廓的画法也都有崇祯的时代特征。

眼力就是财富

前不久，我在瓷友高仙家看到一只青花人物大筒瓶（彩图42），主人告诉我，这筒瓶是他花7000元钱买一个朋友刘先生的，而刘先生是六年前在潘家园地摊上花800元钱买的。高仙说他为买这只筒瓶还费了挺大劲，也算有一段小插曲吧。

这筒瓶不论从釉面、发色、器型、画意上说都是瓷中一流，笔者这么多年所见到的筒瓶中，还没有这么好的。

这筒瓶人物景物布局繁满，但繁而不乱，可见这件器物的设计者，注意了造型和构图的协调，又经过艺师的匠心处理，使整个画面层次分明，主题突出，艺术效果极佳。画面把韩信飞马林间的一瞬，生动地表现出来；萧何领兵催马追韩信的场景布于器表的另一侧。

这么好的一件大筒瓶，可惜就是伤得历害，曾经一度锔子布满全身，锔子启去后，又用胶把碎裂的多块粘到一起，仍落有锔子眼的痕迹，这也许更能看出它走过的不平凡的沧桑岁月了。

高仙告诉我，卖给他筒瓶的刘先生也是一个瓷迷，眼力很好。六年前，他在潘家园旧货市场一个河北农民摊上看到了这只筒瓶，当时是满身油垢，满身锔子，也满不被人注意。有人拿起来问问价，又放下，有的连价都不问，看没多大意思，就走开了。

高仙说，刘先生是有心人，不仅问价，还真想把它买下来，因为他看出了这东西的特有之处——稀少。透过污垢看它的釉色，发色不一般，青亮明快、剔透，有质感。

别瞧东西好，识货的人不多，这么好的东西，农民摊主竟一上午没卖出去，挺着急，想尽早把它卖掉，好轻装回家。地摊上卖货就是这样，开始心气高，要价高。有句话叫“宁肯要跑了，不能要少了。”经过一些人问价还价后，卖主心里有数了，要价相对现实一些了，到最后心气彻底没了的时候，少赚点就卖了也干，而到想甩它的时候，赔点也卖。

刘先生从地摊上拿起这筒瓶的时候，已是上午11点钟，摊主看到刘先生拿起这件筒瓶，不想错过这次差不多是最后的机会了。经过双方几个回合的讨价还价，刘先生800元就把筒瓶买下了。

在地摊上，常常是东西放在摊上没人注意，当有人拿起来看，特别是买下了，一些人才开始注意了。刘先生800元买下了这筒瓶，几个人马上围了上来，直说便宜，有的人甚至想加价再从刘先生手里买过去。刘先生心里有数，他是不会卖的。

刘先生把筒瓶拿回家，有人竟然跟到他家里，想方设法，想说动刘先生把筒瓶卖给他，刘先生也不说不卖，而是把卖价抬得高高的，张口要2500元。那时候2500元谁也不会买的，觉得是天价，而现在看2500元，那是太便宜了。古玩这东西就是随行就市嘛！

高仙告诉我说，他为买这只筒瓶，跟刘先生谈了整整两年。在刘先生要价2500元时他给过2000元；在刘先生要价5000元时，他给过4000元；这次是要价到7000元，他一狠心拿下了，不然再过上一年两年，1万元也买不下来了，到那时，又该后悔当初没买。

在笔者落笔这篇文章的时候，这只筒瓶，已有人给高仙1万5千元想从高仙手里买去，高仙都不买。

古玩市场行情看涨，是稳中有升，稳升不跌。

附：

青花人物故事大筒瓶（崇祯时期）

高：43.5厘米，口径：12.5厘米，足径：13.2厘米。这筒瓶唇口、短颈、丰肩、直壁向下渐收，通体呈圆柱形。平砂底，胎质洁白细腻、坚韧，手头沉，厚重感明显。釉面白中泛青，青花鲜亮明快。画面是远山近水，星月挂枝头，树木苍翠，梅花绽放其间；也有枯枝竖立。韩信飞马扬鞭，回头眺望远处追来的萧何，萧何领兵紧紧追赶，想把韩信追回，好向主子交差。

筒瓶肩部与底沿各有花纹暗刻一圈。不论从器型、胎釉、青花发色，纹饰画风都具有崇祯时期瓷作品的时代风格与特征。

重友情让佳品

康熙时期的笔筒和五彩器是我集藏的重点，也是当今藏瓷界炒得比较热门的品种。

在地摊上，只要有这个时期的笔筒和五彩器，不是价格高得出奇，一时卖不出去，就是品相实在太差，没人要。否则只要一露面，就会被人买去。

五彩笔筒就更热了，是双料的热门货，是集藏家们最感兴趣的。它不仅器型好，色彩又是受欢迎的五彩，是市场上更难得一见的品种。

在一个冬天的早晨，大约4点半钟，潘家园的旧货市场刚开门，随着蜂拥的人流，几个提包的农民在散摊处抢了一个位置，打开包，把东西刚摆上，一个五彩笔筒（彩图43）就被一个逛摊人一把拿起来。我定眼一看，这人我认识，是天津的小郭，平时跟他很熟，人很热情，为人实在。我看到当时小郭与摊主只是干脆利落的两句话，“多少钱”，“给80块钱吧”，“60行吗”，“行”农民很爽快地答应了。成交了。

小郭拿上笔筒正要离开。我快走了两步跟上去，手轻轻地拍了一下他的肩膀。他一回头，看是我，高兴地与我打招乎。

我直捣主题，我说，小笔筒刚买的吧，多少钱。他不隐瞒我说：“六十块”。“我给你加一百，卖给我怎样样?”小郭有点犹豫，但他毕竟是从天津来这里摆摊做生意的，见利就该出货。于是他同意转让给我，但后边又加了一句话：“就是咱哥们儿，别人我是不会卖的哟。”我也笑着说：“我领情，我领情。咱哥们儿好说，以后兄弟有事，有求着我的时候，我也会帮忙的。”

就这样，我成了这件五彩笔筒的新主人了。

我把这件笔筒拿回家后，经过整理，去掉锔子，用盐酸洗去铁锈印痕，然后又放在“84”消毒液里边泡了半个小时。五彩器在盐酸和“84”消毒液里浸泡时间都不能超过半小时，否则会伤彩，使彩色脱落。

经过整理，重新粘合后的五彩花鸟笔筒，彩色艳丽，已能看出工笔极细。它不仅年份好，更让我感到欣慰的是这个价格太难求了。

有人也问我，那位小郭为什么那么便宜就从农民手里买下了一个五彩笔筒。我说，一是地摊上的农民从乡下收的时候就便宜，可能也就一二块钱的事，二是农民还不知道这种东西是热门的俏货。看到它满身锔子，又脏又破，是当破烂收上来的，因此也是当破烂卖的，所以就便宜。这也是大家愿意逛地摊的原因。

附：

五彩花鸟笔筒（康熙时期）

高：12.5 厘米；口径：10.5 厘米；底径：10.2 厘米。

笔筒是圆柱直筒状，底径与口径近同，壁形底，底心凹脐处有釉，底外圈无釉，从露胎处可看出胎质坚密，有压手的厚重感。

釉面粉白，上面有因年代久远而形成的五光十色的光晕，这种旧光泽是初学者判断新老瓷器重要方法之一。

此笔筒以工笔画绘的花鸟、树枝、彩蝶十分细腻，是技艺高超的画家作画，非一般画工所作。

绘画黑彩用的较多，这也是康熙五彩瓷的重要特点之一。树枝用墨彩，在花瓣、枝叶的颜色外用墨彩勾轮廓，使其轮廓更清晰，彩色更鲜亮。

在两开光的两组花鸟画里，其右上角各有用红彩画的树叶款和红色小方章，这同样也很具康熙时期器物的时代特征。

顺治青花五彩仙女祝寿将军罐

这一天，接完电话，我赶紧下楼，骑上我的飞鸽二八车直奔广安门的一个朋友小慧家。方才是她打电话说她家先生刚从外地回来，买来几件清三代瓷器立件，让我去看看。

到了她家，我见过小慧的老公。他刚从山西回来，一副疲惫不堪的样子，看有客人来，勉强打起精神招乎我，把买来的几件瓷器从包里拿出来给我看。

几件东西都比较完整，听完报价后，感到实在无力购买，行里叫“拿不动”。一个康熙花鸟笔筒，有道冲，还要12000元。看起来这几件瓷器与我无缘，只好作罢。

这时，他多宝格里的一件青花五彩人物将军罐（彩图44），把我的目光给强烈地吸引过去了，我觉得这件五彩人物将军罐太好了。画面是11个仙女，分成四组，有的手提果篮，有的手捧寿桃或手拿箫笛，有的手扶仙鹤或手持长毛羽扇，在云雾飘缈中急步而行，去给天上腾云驾鹤的老仙人祝寿。

画中人物神形生动，衣饰飘逸，色彩鲜艳，惟妙惟肖，栩栩如生，可见当年设计师们的独到匠心和画师们的娴熟技艺。

搞收藏的人，每当看好一件东西，总是顿生占有欲，我也难脱此念。我看了好一会儿，便问主人小慧这罐卖吗？要价多少？

小慧没有正面回答我，而是告诉我说，这罐你不能要，因为它修过。这时我才意识到这罐有毛病。我说：“有毛病没关系，有毛病说有毛病的价嘛。”

小慧说这罐是她家先生从一个拍卖公司的月未小拍上以2000元钱买来的，可以原价卖给我。她说完又加了一句，因为修过，时间一长，要变黄的。

这时我从她家的多宝格里把这件五彩将军罐拿了出来，果然看到了修过的地方已开始变黄，还不止一处，口沿和罐的腹部都有。我心想，方才小慧说得对，修过的东西还不如不修，不修时，即便有一道两道纹，也只不过是纹。修过后，纹不见了，可修理时，补上去的涂层却是一大片，一旦变黄，也是一大片，实在太难看了。尽管我很喜欢这罐，还是没有要，又给她放回了原处，不过心想尚有几分惋惜。搞收藏有时也劳神，直到现在，我仍拿不准该不该买下来。

附：

青花五彩群仙女祝寿将军罐（顺治时期）

高：35 厘米；口径：13.2 厘米；足径：14 厘米；罐直口、短颈、丰肩，肩以下渐收，平底无釉，盖隆起，顶有宝珠形纽，盖面绘红绿三条鱼在浪中游。颈绘礁石花卉。腹部绘云雾中 11 位仙女给行云驾鹤的老寿星祝寿图，共 13 个人物。

胎体厚重，青花发色蓝中泛灰，五彩中的红彩呈枣皮红色。釉面白中泛青。人物绘画生动活泼，人物脸部仅勾画轮廓，不涂色。蓝色为釉下青花。

此罐的绘画风格，用料及制作工艺都具有明末清初的典型特征。

可遇不可求

那天在小慧家，除了前边说到的那只顺治五彩群仙祝寿将军罐外，还看了两件东西，其中一件是豆青釉釉下三彩八骏图大笔筒（彩图45），也称青花加紫八骏图大笔筒。我对这只大笔筒也非常感兴趣，小慧向我讲了她得到这只笔筒的经过。

她说，那是在潘家园旧货市场没改建之前，在东头那片散摊上，有一个姓霍的老师傅，人们都叫他火烈鸟，他的摊上常卖些有年份的老货。

小慧说："一天我看到这只豆青笔筒摆在他摊上。离得很远我就看到了，等我走近时，已被别的逛摊人拿起来了，我只好在一旁看，盼着拿笔筒的那人能放下它。你越急，人家越是不撒手，问这问那，没完没了。其实，我从他的话里话外，听出他并不想买这只笔筒，只不过是为了练练眼力，练练手。等他一放下，我赶紧上前，把笔筒拿起来。此时我才清楚地看到这笔筒，是破碎后又粘起来的。就这，我也觉得它很美，是很难得到的。"

小慧说开始问价，霍师傅没高开，只一句话，少1500元不卖。并说："这笔筒是一个朋友放在这的，我是一分不赚，给别人代卖，帮朋友的忙。”

小慧说到这，转过身来问我：“你说我还能说什么，要就是1500元。不要就给人家放下。但我当时是太喜欢这件笔筒了，我左看右看，翻过来掉过去地看。其实再看也是它，也是碎了又粘起来的。最后还是人们常说的一句话，一咬牙一跺脚，拿出1500元，买下了这只康熙豆青釉青花加紫八骏图大笔筒。”

小慧说到这，我心想，此时我若是想要她的这只笔筒，她肯定不会卖给我的。果不其然，没等我问，她就主动说了，她说：“谁到我家谁都拿起来看，谁都想买，我是谁都没卖。不能卖，因为我太喜欢它了！”

小慧说：“前几天，我家先生的一个朋友到家里来，看上了这只笔筒，提出要买，我先生说，这我可做不了主，得问我们家小慧。并说，你要别的东西，我都能做主，就这只笔筒不行。那位客人也很知趣，就没再硬要。”

东西不卖，我想更该好好地看上它一番，我把笔筒拿在手上，认真看时，发现这八匹马，八个样，八个姿势，六种青花色彩。这笔筒不是釉上三彩，而是釉下三彩。

这笔筒，器型端庄，口径浑圆，没有一点变形，从口沿到底足，器型微微下撇，放在那里，真有个四平八稳的劲头。

在赞许之余，我又问小慧，知道这笔筒是怎么打破的吗？小慧说：“买这笔筒时，我付完钱，又跟霍师傅多聊了几句，摆摊的都有个特点，就是你买了他的东西，他就愿意跟你聊，他认为你是他的财神，给他送钱来了。多聊上几句，搞好关系，下次说不定还会买他的东西。”

小慧告诉我说，谁打碎的，很简单，就是原来这件笔筒的主人，一不小心把它从桌上碰掉地上，就打成这个样子了。

这次我真是尝到了可遇不可求的滋味了。

附：

豆青釉青花加紫八骏图大笔筒（康熙时期）

高 14.3；口径：18.6 厘米，足径：19.2 厘米；笔筒全身施豆青釉，口沿一圈粉白釉，通体圆柱形。近底处略外撇，玉壁底，凹陷的底心处有釉，写有青花花押款，笔筒内壁施青白釉，外壁整体图案是青花釉里红绘制的八匹马和苍松翠柏洞石。苍松苍劲有力，骏马姿态各异，跃跃欲动。整个图案笔法娴熟流畅，构图严谨，情趣盎然，是康熙时期民窑之精品。

——少见的顺治青花五彩人物筒瓶——

这只青花五彩人物小筒瓶（彩图46），是老孟的心爱之物，他总是把它摆在多宝格的显眼位置。我想他也是为能一抬头就很方便地欣赏它。

这件东西器型好，又是人物的，实在难得。明末清初这种小筒瓶，青花花鸟的多，五彩人物的很少。

我指着小筒瓶，对老孟说，这么少见的东西，你是怎么搞到的，老孟给我讲起了买到这件东西的经过。

他说是在一个雨天的周六，潘家园的逛摊人比平时少多了。老孟说："我是风雨无阻啊，那天我的那些瓷友，有的是和我收藏同时期同类瓷器的朋友，都没去。一个小伙子这时摆出几件东西在地上卖。这年青人看上去像是本市人，摆在地上的几件东西都有年份。"老孟说他把东西拿起来，一问价，对方要价并不高，这件五彩人物筒瓶只要650元，不能还价。这是五六年前的事了，那时市场上还能看到一些有年份、可收藏的东西，但像这件青花五彩小筒瓶也是不多见的，可以说见不着。因此他当时就毫不犹豫地把它买下了，现在想起来仍是件得意之事。

附：

青花五彩人物小筒瓶（顺治时期）

高：24.3 厘米，口径：5 厘米，足径：5.8 厘米。瓶口外撇、短颈、丰肩、直腹，平砂底二层台。亮青釉面，口沿施浅酱釉，青花色淡，蓝中见紫。青花绘洞石，五彩绘人物、景物，色泽淡雅，人物衣饰、树枝多用墨彩是清早期的五彩器多采用的技法，在此件小筒瓶上有充分体现。此筒瓶是明末清初民窑精品。

一个月的工资花得值

在我的瓷友中有一位离休老干部，是解放初去过前苏联受过专业训练的飞机制造工业专家。虽然飞机制造是他的专业，但收藏古瓷他也很在行，还说得上是玩古瓷行里的高手。

这位老专家黄先生收藏古瓷的范围与我相近，都是明清瓷，特别是过渡期这一段的。我们相识后，很谈得来。

有一天，黄老邀我到他家去聊聊，顺便看看他的藏品，在欣赏他的藏品之时，还聆听了他的一些动人的收藏故事。

黄老从红色多宝格架子上拿出一个青花人物案缸（彩图47）。这个缸除口沿有一点爆釉外，其他处没毛病。黄老告诉我是他五年前在潘家园旧货市场地摊上买的。

专家归专家，他还是靠拿工资吃饭的，因此仍属工薪族搞收藏。钱不是很多的黄老，有一天在地摊上遇上了这件人物缸。青花人物案缸是康熙时期的民窑精品，黄老顿时眼前一亮。

黄老虽然穿着一般，但让人看上去有大首长或大实业家的风度。人物缸的摊主抬头一看，站在他眼前的人气质不凡，把他当港台商人了，开口就说，这缸如果拿到香港一定能卖到 3~5 万港币。黄老问摊主这个缸要多少钱，摊主是一个十七八岁的青年人，一口一个老爷爷，说："我不多要，给两万块钱怎么样。"

黄老为了不让摊主错看自己而高开价，就说："我可是本地人，靠工资吃饭的哟！每月不到三千块钱的收入，我怎么能买得起这两万块钱的缸啊！"说罢抬腿就要走开。这时年青摊主忙拉住了他。

在古玩行里，店家常是看人开价。对一些"老外"和貌似有钱的大老板们开一种价，对工薪阶层又是一种价。现在地摊上摆摊的农民也学会了这一套。

黄老说，这时摊主拦住他，又上下打量了他一番说："实实在在的，这缸你买就给五千吧"价格一下子降了四倍！

黄老说："当时我摸了摸我的腰包，记得早晨来时老伴就给了3800块钱，心想要买下这个缸，很难了。"

黄老对任何事情都像对自己从事的专业一样，向来是实事求是，到市场买东西也如此。他对年轻摊主直言："我就带了三千七八百元钱，能卖我就拿上，再高我没那么多钱，买不了。"

小摊主也表示出有点为难地说："三千八，少点。方才我爸在这时让我至少卖四千。"摊主在遇上这样一个实在人后，也说实话了。

黄老当时也看出，这样一个缸在拍卖会上或大古玩店里，没有万元是买不下来的。而且从收藏这个角度，确实是一件不可多得的藏品。

黄老说他真想买下来，可价格还有差距，摊位上又是个孩子在看摊，做不了主，也是天助诚心，正在为难之际，小摊主的爸爸吃饭回来了。小摊主把情况对他爸爸一说，他爸倒是个爽快人，一听这情况，老先生既然就带这么多钱，就这么多钱卖了。

黄老说，就这样，用我一个月的工资买回了这个人物缸。

附：

青花人物案缸（康熙时期）

高：16.8 厘米；口径：22 厘米；底径：11.6 厘米。缸沿齐平，外展；平砂底微向内凹陷，圆腹，下收至底部；亮青釉，光润平滑；青花发色青翠明快，色泽艳丽，层次分明；胎质细密，胎体厚重；开光人物形态自如，生动逼真。两开光，两组人物故事，此案缸造型美观，人物与案缸整体比例协调，人物面部表情各异，栩栩如生、衣饰飘逸似真，洞石、寿带云、蕉叶和庭院的画法都具有康熙时期的典型特征。

三遇笔筒真缘分

黄老给我介绍的第二件藏品是他从地摊上买来的一件五彩人物笔筒（彩图48）。

黄老说："我买笔筒不是因为现在市场上对笔筒炒的热才买的，而是我从心底里喜欢笔筒，特别是五彩笔筒。明末清初这一段的我都收藏，笔筒是我收藏的重点。"

黄老说，他现在已收藏康熙时期的青花、五彩、粉彩笔筒大小共三十几只了。黄老指了指他手上的这只笔筒说，这只是他藏品中的一只，也是他比较喜欢的一只。

黄老说，这只笔筒也是几经周折才拿到的。他说，第一次见到这只笔筒是在潘家园市场上，一个河北雄县人的摊上，要价1200元，黄老先给800，后来又加到1000元，摊主说给的少不卖。黄老说："买不成，我走开了，没多一会儿，一个开店的人把这笔筒买走了。这是我第一次见到它。"

黄老第二次见到它，则是在古玩城的一个店里，黄老说："当我又见到这只五彩笔筒时，感到格外亲切，像见到老熟人一样。这可能是收藏界里收藏人的通病。也是爱瓷所至，见到了总要问一问货主，要价多少？这一问，货主也通情达理，说我是1100元买的，卖你1200元，只加一百块钱。”

黄老说：“又是1200，在地摊上，1200元我没要，现在我也不会要，于是我无奈地走了。”

黄老说第三次见到这个笔筒，是在一个拍卖会上。这笔筒在店里有两个月没卖出去，店老板想通过拍卖能卖出个好价钱，就送到了拍卖会上，底价定的是800元。这个价不是送拍人要这么定的，是拍卖公司与送拍人协商定的。底价定得低，也许会卖出好价钱，所以送拍人也同意这么个定法。

黄老说，他看了拍卖会的预展，也参加了拍卖。就是在这个拍卖会上，他把这个笔筒买下来了。

黄老说到拍卖时的情景说：“第一拍八百，我没举，我举了第二拍900元，我举完后，没有人再举牌了，拍卖师把槌敲在我这，我以900元买下了这笔筒，加佣金990元。”

黄老指着这只五彩笔筒说：“几经周折，今天它终于落户在我这了。”

附：

五彩人物笔筒（康熙时期）

高：13.8 厘米；口径：10.5 厘米；底径：10.5 厘米；笔筒直筒形，玉壁底，底心处凹陷，底心与底面边缘有釉，整体釉面光洁细腻，平滑亮润。

人物、景物的画工十分细致，彩色柔和，以黑色勾画彩图轮廓，用黑色画仕女发髻，用红色勾画人物脸廓线，轮廓内不涂色，具有康熙五彩人物画法的特定风格和画法特点。

此笔筒是康熙民窑中五彩人物笔筒之精品。

康熙青花留白莲子罐

黄老给我介绍的第三件藏品是他从红桥市场买来的青花开光留白花卉莲子罐（彩图49）。黄老说这个罐是红桥一个店老板的收藏品。由于藏品的不断更新，他把这件莲子罐从他的藏品中拿出来摆上了店面的销售柜台，摆上没多久，被黄老逛红桥市场时发现买下了。

黄老说：“我一看这个莲子罐，非常好。器型美，色彩雅，是康熙时期民窑中的一件精品瓷。我让店主从高高的货架上把它拿下来，这一拿，就再也没摆上去。”

黄老说2500元买下了它，并说这件莲子罐是他藏品中器型较大而购价并不高的一件藏品。

黄老买回来后给它进行了清洗、整理，去除污垢，露出亮丽的青花和白色的釉面，一处很小的裂缝已经几乎看不到了。

附：

青花开光留白花卉莲子罐（康熙时期）

高：30.5 厘米；口径：14.3 厘米；足径：14.3 厘米。此罐敞口，短颈，丰肩，腹渐收至足上。宽圈足，砂底，底中心有釉脐，底面刀削痕明显。釉面白中闪青，光润亮净，平滑。青花青翠艳丽，腹部六开光内绘留白四季花卉。

此莲子罐是康熙民窑精品器。

摊主耍猾终露馅

黄老给我讲述他第四件藏品是他出差时，在外地一个旧货市场地摊上买来的，一件青花枯枝花鸟筒花觚（彩图50）。

这个花觚看上去就干净利落，青花发色鲜亮诱人，画面构图紧凑。黄老讲了得到这件藏品的经过。

那还是六七年前，他到南方一个城市开学术座谈会，中间休息时，在一个当地人的带领下，去逛旧货市场的地摊，想不到市场上还有点真货。黄老说他在一个摊上买到了两件清早期的立件瓷器，其中一件就是这只筒花觚。价格较北京便宜，没有费多少口舌，便以800元的低价买下了这只筒花觚。黄老说，在他看货和讨价时，也有几个逛摊人围拢着看热闹。

这两件东西是刚进市场没多一会儿买上的，由于是刚开始转，提上这两件东西确实有些不方便，也挺沉。黄老说："领我来的那当地人，主动跟卖货摊主提出先把这两件东西寄放在他摊上，等逛完出来时再拿上。摊主没推辞，东西被摊主顺手放到了他摊位后边的纸箱里。我们则继续逛摊。"黄老说，"从进来到逛完，足有一个多小时的工夫。当我们又来到寄放东西的那个摊位前时，摊主不紧不慢地往外拿我的东西，但只拿出来了一件，另一件，就是这只筒花觚，怎么也拿不出来了，没有了。摊主左翻右翻，筒花觚还是没有。这时他抬头朝我俩说，可能丢了。我俩心有些疑惑：这么一会工夫，怎么会丢呢？我俩要摊主别着急，再找找。摊主对他的纸箱子又是一阵翻腾，还是没有。"

黄老讲到这又接着说，这时摊主说话了，摊主说："怎么办，我按原价赔你们，是我的错，没看好。"黄老说："当时我觉得，按理是我们把东西寄放在人家那，人家是帮忙，不能让人家全负这个责，让人家全赔，于情于理都说不过去。但不让他赔或少赔吧，心里还真有几分不痛快。想不通的是东西放在他摊上，就那么一会工夫，就丢了？"黄老接着说，"由于我们是中午抽空出来逛摊，下午还要开会，不能多耽误工夫，只好尽快了事，经过协商让摊主赔我们600元钱，我们损失200元。于是我们拿上另一件东西和退我们的600元钱，赶快离开了。""这种事真是少见！"我听了也十分感慨。

这时黄老接着往下给我讲："就在我们要出大门的时候，在一个店门口有两个知识份子模样的中年人，手里拿着一件跟我方才买的那件一样的筒花觚在仔细地看着，分明是在品赏这件花觚。我们停下了脚步，上前与这两位中年人搭话，在辨认这花觚的同时，问他们是在哪个摊位上买的，他们说是在前边那个摊上花900元钱刚买的。我俩把东西拿在手上仔细一看，正是我们方才买的那只，因为它树枝上的鸟画得特殊，青花也比一般的青花器鲜亮，很容易辨认。”

黄老接着说，“看得出这两位中年人是本分人，他们不可能偷。当我们把事情的原委讲了之后，两位中年人也不愿意落个不明不白，主动提出让我们一块到摊位上说明情况，我们当然希望这样办，把事情弄个水落石出。不然不仅没了东西，还白白赔进去两百块钱。

“当我们四人同时出现在那位卖筒花觚的摊主面前时，摊主当时都傻了，只见他笑不是笑，是哭也不是哭，坐也不是，站也不是。嘴上一个劲地说，我把那两百块钱还给你。”黄老说，“不用我们再说什么，事情已真相大白了。那两个年青人很通情达理，说这东西是你们先买的，东西归你们，让摊主把钱退给我们就行了。”当时带黄老去的那位当地人训斥了摊主一顿，并说要去找市场管委会。吓的摊主直说好话，一个劲儿央求我们不要这样办。

黄老说，“既然已真相大白，又得到了圆满解决，我们还要赶回去开会，也就算了。哪还有工夫跟一个小摊贩去多计较呢？”于是他把这只筒花觚带了回来，一直放到现在。

附：

青花枯枝花鸟筒花觚（康熙时期）

高：25 厘米；口径：9.5 厘米；足径：7.4 厘米。此筒花觚侈口，直壁，中腰渐收，通身细长，足微外撇。平砂底，二层台式底足，酱釉口，青白釉，青花发色蓝中微微泛紫。

图案是一组枯枝花鸟，画工细腻娴熟，虽仅有廖廖数笔，却给人悠悠青草绿，风吹树枝摇，情景交融，妙趣横生之感。

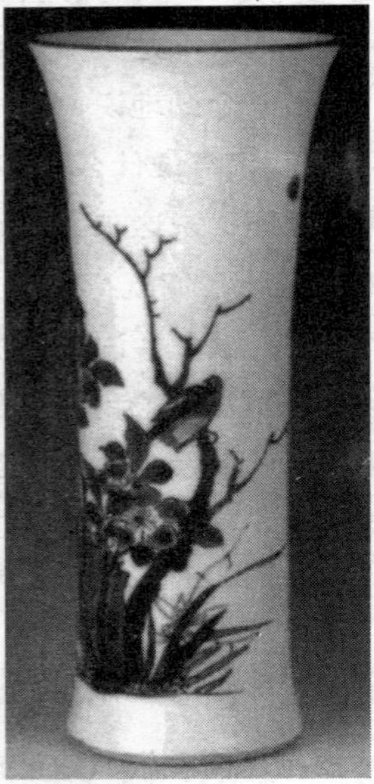

康熙青花花鸟筒花觚

场合不同价钱迥异

黄老从他多宝格货位上拿出第五件藏品给我看。这是一件豆青开光青花加紫山水纹双耳四方瓶（彩图51）。这件方瓶手头重，釉色好，又是不可多得的加紫器，器型好，年份也好。

黄老说，他从看到它到买下它，时间前后足有两年多。

那还是1998年在古玩城举办的“中国古玩艺术品博览会”上，从一个古玩城开店人的展位里看到了这个方瓶，由于价位高，博览会上没有成交。会后，店主又把它拿回店里，放在他的柜台上展卖，仍然是要价两万元，还是卖不动。黄老听说这东西两年以后仍没卖出去，还听说这方瓶是一个河北农民放在古玩城这个店里寄卖的，由于长时间没卖出去，河北农民把它取走了。

黄老说：“果然，在潘家园地摊上，我又见到了这方瓶，是河北农民把它拿到地摊上来卖了。也就是这次我买下了它。”黄老接着说，“因为这时价格已大幅度降下来了，农民兄弟让店里代卖时的口气已没了，价格降到哪怕不赚钱也卖的水平上。

“我是花4800元买下的，我知道这个价买到这样一个品位、品相都很不错的方瓶，是很便宜的，当时真有诚惶诚恐的样子，而且生怕此时有‘第三者插足’。果然，当我刚交完钱，就有人盯上我，说要给加1千元钱买下这方瓶，我死活没答应。因为我是以收藏为主，好的藏品，不能有人给价、赚钱就卖的。”

附：

豆青地开光青花加紫山水

纹双耳方瓶（乾隆时期）

高：36.5 厘米，口径：长 13.8 厘米，宽 9.5 厘米，足径：长 13.5 厘米，宽 9.8 厘米。此瓶呈扁方形，唇口，直颈，折肩，两只象耳落于肩上。扁方形腹下收，外折扁平方圈足，足内有釉。腹两侧、颈两侧均有开光，开光内有青花加紫山水人物，青花色泽深蓝见紫，釉里红色调纯正。瓶的肩部及侧面有暗雕花果，雕工凝重娴熟，细腻清晰，幽雅可爱。

此瓶是乾隆民窑精品器物。

康熙青花人物大笔筒

黄老给我展示的第六件藏品是他收藏的康熙青花人物大笔筒（彩图52）。

黄老说，这件大笔筒是他在潘家园逛地摊时认识的一位古玩店女老板卖给他的。

黄老说，这位女老板知道他收藏明末清初笔筒，就打电话告诉黄老，说她店里有一只康熙大笔筒，并说这笔筒原本很完整，一点毛病都没有，是他家先生从家往店里拿时不小心掉到木地板上，口沿打了个短冲，现在想把它处理掉，免得看了心烦。

黄老应女老板之约本该在“五一”节那天去看这笔筒，可是由于单位有事，没有去成，而女老板为等黄老，“五一”这一天竟然放弃了带孩子去公园玩的安排。后来说起这事，黄老还专门向女老板道了歉，女老板也表示理解。

黄老说，他是一个月以后才到女老板店里去的，去的路上，颇有些担心，因为以前与收藏品失之交臂的遗憾太多了。到了店里，见这笔筒依然摆在她店里的货架上，看来没人注意它，自然也没被买走，他的心才踏实下来。

黄老说，当他拿起这笔筒时，感到很对他收藏的路子，二话没说，花3500元钱买下了这只青花人物故事大笔筒。

但黄老欣喜之余，也不免有些内疚，他觉得在失约的问题上很对不住女老板。因为他知道，自己的收藏要深入，必须有些互有诚信的关系户，这种诚信关系维持好了，一是你买东西时不用担心人家会骗你，二是有了好东西，人家会想着你。过去的大收藏家与古董商建立的就是这样一种关系。所以，自己如果临时不能赴约，一定要向对方打招呼，想到此，黄老仍懊悔不已。

附：

青花人物大笔筒（康熙时期）

高：15 厘米；口径：18.8 厘米；足径：18.8 厘米。此笔筒圆柱形，直口，玉壁底，凹陷的足心内有釉，还有三行六字楷书“大明成化年制”款。釉面粉白，青花青翠明快画工细腻，清新悦目。全幅图案绘有 14 个不同角色的人物，造型众多，表情、体态各异，绘画形象生动，用笔自如，衬以洞石芭蕉，人物景物有机融合，浑然一体。

此笔筒无论从器型，胎釉，青花发色及人物画法都具有康熙民窑器的风格与特征，是康熙民窑瓷器中的精品。

——慧人喜爱的弘治青花人物扁炉——

黄老给我展示的第七件藏品是一件青花人物三足扁炉(彩图54)。这炉年份比较早，能到明中期成弘时期，也是很难得的一件藏品。

从黄老的表情上可以看出他非常喜欢这个炉。这炉釉质肥厚细腻如玉，让人拿上就不想放下。加上轻盈小巧的体态，有夺人神魄的艺术魅力。

这只炉黄老是在潘家园的地摊上，很容易地就买下的。那天早上，潘家园旧货市场大棚二货区，人潮涌动，摩肩擦踵。黄老说，在二货区西北角的一个摊位上，他发现了这只炉，炉虽是第一次见到，人可是经常见到，货主是个熟脸朋友。人熟是个宝。货主没有高开高要价，只说了少1500元不能卖。按市场上买东西的习惯，总要还价的，因此黄老说他也还了个价，还到1300元。货主知道黄老是个买主，不是那种闲逛的人，也没多说，就搞了一个折中，让到1400元成交。此东西好在哪儿？且听以下分解。

附：

青花人物三足炉（明成化~弘治时期）

高：9 厘米，口径：16.3 厘米，底径：13.8 厘米。此炉呈扁园柱形，敞口，三足均布、平砂底无釉，底中心有一圆形通孔。釉面青亮肥厚似玉，有蚀痕和炉的古旧之韵。

青花色泽蓝中闪紫，宁静而艳丽。在炉的两面分别画有人物故事。一组为祖孙三代人在下棋，另一组为父子两在谋策未来。人物画得娇小玲珑，画工娴熟，画面与扁炉整体布局协调，安排得当，画面生活气息浓郁。

扁炉是明中期香炉中特有的品种。此炉画工之精细，也是少见的。

让人羡慕的康熙将军罐

黄老说他几年前在一个拍卖公司的春拍上，看到了一只康熙青花五彩人物将军罐，底价80000元。他感到价格有些高，但十分渴望以后能有机会买到一只品相好价格又合理的这样的罐。黄老说，他也知道很难碰上，特别是人物的更不好碰。

黄老这时把目光转向他桌子上的青花五彩人物将军罐（彩图53），说："一次我到一个市场转悠，机会来了。在一个熟人的店里，正摆着一个这样的将军罐，我心想，人们常说搞古玩是可遇不可求，因此我根本没敢想能遇上，今天还就真地遇上了。上前一问价，挺贴谱，主人要价16000元。对这个价位我完全有心理准备，因为这种青花五彩人物将军罐只有两道小冲，怎么也得万元以上。

"由于是熟人，说话也放得开。当时我就跟店老板说，你这将军罐有冲，别要那么高的价，少赚点就得了。店主人也不隐瞒，说他是13500元从张庄子老马手里拿来的，不信你可以去问隔壁的吴三，当时他在场。店老板又说，加上路费，也合小一万四了，你怎么得让我赚点，不然我的店面房租每月两千多怎么交啊！店老板又说，这样吧，都是熟人，你在我进价的基础上加一千块，14500元你拿走，可以不！店主人让我表态。”

黄老说：“我心里合计了一下，觉得怎么也得这个数，就这样买卖成交了。”

黄老指了指桌上的青花五彩四妃十六子将军罐说，就是这个。

请让我们来欣赏。

附：

青花五彩人物将军罐（康熙时期）

高：43厘米，口径：14.3厘米，足径：17厘米。此罐直口唇沿，溜肩，圆腹，平砂底，盘形盖，宝珠纽。青花发色深蓝泛紫，五彩艳丽，绿色纯正，红色如枣皮，黄色浅淡，白釉闪青。

这件作品有明末的遗风，也有清初的特点。人物、景物中的蓝色是高温烧造的釉下青花。黑彩乌而不亮，人物脸廓用红彩勾画，是明末清初五彩瓷的画法特征。

整个画面有四个仕女和十六个戏嬉顽皮的孩童，包括盖顶上边的三个。

四妃十六子青花五彩将军罐是康熙民窑五彩瓷的代表作。

藏友间的高风格

黄老最后拿出了他的两个崇祯青花人物莲子罐给我看，这两只莲子罐是明末崇祯时期的民窑精品，也是黄老藏品中的两件得意之作，是黄老的两个藏友转让给他的。

这么高品位的藏品，现在不太好找，即或有，找到了，价格也高得出奇。第一件三马人物莲子罐（彩图56）是黄老的朋友以5000元转让给他的；另一件人物莲子罐（彩图55）是黄老的另一个藏友以4000元转让给他的。价钱都不高。

由此我颇有感触，我不仅看到了这两件莲子罐的品位很高，还感到黄老的人品也好，能得到藏友慷慨的帮助，忍痛割爱，使得他的藏品档次也在不断地增高，成为工薪族里收藏古瓷群体中的姣姣者。

人品就是财富。

附：

青花莲子罐（崇祯时期）

①青花人物莲子罐：

高：17.4 厘米，口径：8 厘米，足径：7.7 厘米。

②青花三马人物莲子罐：

高：15 厘米，口径：8 厘米，足径：6.7 厘米。

这两只莲子罐均敞口，口沿无釉，圈足，圆腹，腹的上下各有一圈暗刻。釉面亮青，光润平滑，青花色调纯正，青翠艳丽，是用煅烧精细的浙料绘制。所画山水人物笔触细微，画工精湛，实为精勾细勒，极尽笔墨之妙的崇祯时期民窑精品。两个莲子罐，每个画面都有夺人心目的艺术魅力，是韵味无穷的上佳传世之作。

崇祯青花人物莲子罐

力压群雄得绣墩

我和老孟是大学同学，1996年又一块参加了历史博物馆办的文物培训班，成了双料同学。过去我们到一块谈工作、谈生活的事多，现在到一块更多的是谈我们的古瓷收藏。

这天上午老孟打电话把我叫到他家，让我看他刚刚从一个月末小型拍卖会上买来的几件康熙、乾隆年间的瓷器。

其中一件是青花绣墩（彩图57），这绣墩给我的第一感觉是既端庄大度又古朴凝重，我心中对它的评价只有一个字："好！"在有的人眼里，一个绣墩有什么好的，不就是当板凳坐的吗。在古时，它是人们的生活用具，可很早它就跃升成为店堂里的陈设品、观赏器，以优雅的色调和图案为室内增辉。当然现在那些年代久远的已是古董了。

这个绣墩，是我所见到的民窑绣墩里，不论从器型、发色、构图几方面看，都是比较好的。

接着老孟向我说起了买到这个绣墩的过程。

在拍卖会预展时，老孟说，当他一进展室就看到几个人围着这件大器在议论，他也凑了过去，他没上手，也没参言。只听有一个人说："这绣墩是晚清的吧？"另一个人："别瞎说，看标牌。"这时有人拿过标牌，上面标注的年代是乾隆，底价：3000元。老孟说，他还没上手，但离老远就看出是开门的乾隆时期的。等围观的人都散去，去看别的展品时，他才仔细看了这件绣墩。隐约可见它身上有两道纹，但没有其他缺损。老孟说："当时我决定买下它，但感到按底价拿到是不可能的，翻上一翻总该可以吧。"

老孟说："拍卖那天，当拍卖师叫到这件拍品时，不仅第一拍我没举，头几拍我都没参与，等拍卖师叫到3800元最后一次的时候，我把我手中的牌子举了起来。加到4000元，随即又有人加到4200元，我又加到4500，此时就剩下两个人在争这件东西。当时是你举起来，我再加上，互不相让，看样子，这人和我一样，都是志在必得了。"

是的，在这种的竞争气氛下，许多拍品往往超出了它的实际合理价格。老孟说："当我加到5000元时，对方迟疑了一下。等到拍卖师叫到'最后一次'的时候，如果这时那个竞买人不举牌，拍卖师就会落槌了。然而就在拍卖师刚要落槌的一瞬间，那个人又举起了他的308号牌，加到5200元。我不得不举起了我的368号牌，加到5500元。

"我当时也知道，这个价格超出了它的实际价值，有些高了，但在这样气氛下激得我无法控制情绪，只想争到它。

“当拍卖师叫到‘最后一次’时，那位308号终于没再作声。拍卖师一槌定音。东西归我了。加上佣金共6050元买下了这个乾隆绣墩。”

感受这拍卖场上跌宕起伏的气氛，我也为老孟能拿上这个绣墩松了一口气，我没参加这次拍卖会，可听老孟这一讲，如同身临其境，也像参加了一次拍卖会的竞拍一样。

这就是拍卖会，竞争是残酷的，但又魅力无穷。他能通过竞争得到自己心仪的藏品，在比拼中获得快慰，这也是拍卖会吸引人的地方。

附：

青花缠枝花卉绣墩（乾隆时期）

高：45.5厘米；顶径：26.6厘米，底径：26.6厘米。此绣墩呈腰鼓状，上下两端各有一圈乳钉。在腹部两侧和上顶中心部位各有一组铜钱状透雕。底面中空，边沿无釉，顶面和腹部满绘缠枝莲纹，布局繁满，但疏密有致，繁而不乱。花朵、枝叶落笔舒展流畅。

青花发色蓝中泛紫，纯正静雅，有晕散。从露胎处可见胎质坚硬而细腻，是乾隆时期的一件器型优美、用料讲究的民窑作品。这种瓷质绣墩从明早期就有烧造，明末清初数量大增，主要是供人们在庭院休息和室内坐用，一直延续到清末仍有大量制作。乾隆以前的绣墩的上下两层乳钉，形状较清中晚期的大，更有气势。此件绣墩的乳钉与釉面颜色一致。

参加竞拍有技巧

老孟讲完了那件大绣墩，顺手又搬过一件青花盖罐（彩图58）说，这盖罐是和前边说的大绣墩同是在一次拍卖会上买的。

当我见到这个画有四季花卉的盖罐时，着实感到它的可爱。

老孟说，他在这次拍卖会上很轻松地就把这件盖罐举下来了。

他说："当拍卖师叫到98号拍卖品康熙青花盖罐时，没人应价举牌。一般情况下，我从不第一个举牌，特别是对那些自己选中想买的拍品更不先举。等最后几乎只剩下一两个人举牌时再举，这样不至于把自己想要的拍品的价格炒上去。"我也常参加拍卖会，但从没有考虑过拍卖技巧方面的事。看来以后我也得照老孟的方法试一试。

老孟又说："这次也是，第一拍没人举，我心想如果我再不举，拍卖师可能就要进行下一件了。我不得不破例，第一个举起了手中的368号牌。我一举，便有两个人先后跟着举了号牌，在拍卖师叫到'3500元最后一次'时我又举了一拍，跟的那两位不再举了。就这样轻松地以

3800元买下了这件康熙青花四季花卉盖罐。当我把货提出来时，有位朋友见到我，看了这盖罐，说这个价太合适了，并感慨地说，品相这样好，路分这样高的瓷器，在拍卖会上能以这样的价格买下，应该说是很便宜的。

我想，我们工薪阶层搞收藏，就得这样用心良苦，既要买得开心，对路子，有路份，又要买得便宜。有时便宜货不光是在地摊上能买到，在拍卖会上或在古玩店里，照样能买到，甚至是捡漏。因为谁也不可能门门通，谁都有眼高眼低的时候。货主有时是高买高卖，有时又是低买低卖。碰上运气好，兴许就让你得了便宜。

附：

青花四季花卉盖罐（康熙时期）

高：23 厘米；口径：22.5 厘米；底足径：12.5 厘米。

此罐直口，深腹，圈足，上有圆顶窄沿盖。通体满绘洞石花卉，顶盖跟罐体一样是四开光内满绘菊花与香梅。青花色料使用的是康熙年间上等的翠毛蓝青料，颜色纯正艳丽。绘画使用的是娴熟的墨分五色技法。青花青翠明快，色泽诱人，清新悦目，层次分明。罐体器型凝重大方，给人以百年老器，芳颜永驻的迷恋感。这样好的器型器物，在现在的古玩市场上不多见，此罐是康熙年间的民窑精品。

以理服人买大瓶

老孟还有一件得意藏品，就是这件五彩棒槌瓶（彩图59），说到买这件棒槌瓶的事，颇具故事性。

老孟说："那是三年前，一个安徽人在京租住的居室里，房间靠墙的四周全是摆放瓷器的货架子，以至床上地下没有一处空闲之处，进他的屋子下脚都很困难。这安徽人不搞新活儿假货，卖的全是老瓷。

"一天我跟随一个朋友到他那儿，买回来几件瓷器，其中的一件就是这个五彩棒槌瓶。"老孟说，"别看它年份浅，但它体型硕大，画工精细，是一件仿康熙时期瓷器的好作品，仿得很像，真有康熙瓷的味道。有的人看后说，从画工画意、用料上都可以说是康熙的，只是某些局部能露出光绪年代的工艺特征。

"我买这件瓶时，货主坚持说这棒槌瓶是康熙时期的，对于他当然是年份说得越早，越能卖上好价钱嘛，但他在我面前这样说是通不过的。"

这时我仔细看了这棒槌瓶，也认为它是光绪时期的，并说了三点理由：1.胎质不够坚硬、细密，有光绪时期胎质的疏松感；2.没有清早期彩瓷釉面的旧光泽，还闪现光绪时期五彩瓷釉面的浮光，旧光泽不浓。所用红彩是晚清常用的彩料。3.器型与康熙棒槌瓶有差异。这种棒槌瓶，康熙时期多为折肩（端肩），而这件为溜肩，肩部下斜角度大，仿康熙不到位。

老孟听了我的三点意见，表示同意。接着老孟又说："那天当场我也讲了几点看法，安徽人听了，最后也不得不同意我的说法，并说实际他不懂，只是听别人说是康熙的，也就当康熙的卖。"

按光绪的论，这棒槌瓶也是件好瓷器，也是一件值得收藏的好藏品。老孟说，最后我还是买了它。价格是按光绪的，仅1500元，如果真是康熙的，几倍于这个价也是买不到的。

附：

五彩锦地开光凤纹花
卉棒槌瓶（光绪时期）

高：45 厘米，口径：12 厘米，足径：12.8 厘米。此瓶盘口，溜肩，筒形长腹至足端部收敛，足内施白釉，有青花双圈。

造型气势大度。除主图纹饰外，还有十层各种纹样边饰。绿锦地上有缠枝菊，两个大开光外有四个小开光。主纹饰一组是双凤牡丹松柏，另一组是荷花仙鹤，图案用笔细腻，彩色明快。粉白釉面，肩部锦地另有四组小开光。此件棒槌瓶是晚清民窑五彩精品瓷。

为一件盘口瓶跑了三趟

老孟的收藏真是个个出彩儿。他讲完五彩棒槌瓶，又拿出一件乾隆青花盘口瓶（彩图60）。这也是他的一件心爱之物。

这瓶没有特殊之处，但很喜人。青花发色是典型的乾隆青花器的色调，其凝聚与晕散又有仿明宣德的味道。

为这件东西，他去这位安徽人的住处跑了三趟才买回来。

老孟说："我第一次去，看到这瓶时，正赶上一个买家拿着这件东西与货主商量价格，我自然不便插嘴伸手，等了好半天，那位买家既不肯出价，也不放手。我等急了，心想算了，就走了。

"第二次，安徽人邀我去看别的东西，看到这件东西还放在那里。我知道是上次那人与货主没谈成，放下了。等我与安徽人谈完两件大盘后，刚想谈这件双耳瓶时，这瓶又被另一个看货人拿起来了。没想到这个买家很爽快，只看了几眼就说要了。我的心顿时凉了，真恨自己延误了时机，这下想要也没戏了。只好拿起买下的两块盘子离开了。

“我到家一个小时以后，又接到这位安徽人打来的电话说，你想买的那个双耳盘口瓶，则才说要的那人，最后没要，他人已经走了，你如果想要，可抽空来拿。

“我一听，高兴中也有点生气。高兴的是又有买这件东西的机会了；气的是刚到家，又得去，心里直埋怨那人不早说，偏偏等我走了以后才说不要。”

老孟说：”当时我心想，别说抽空了，事不宜迟，还是早点去，早拿早踏实。我又耐过40分钟的坐车之苦，来到安徽人的住处。

经过几轮讨价还价，最后我以1200元买回了这件乾隆青花盘口瓶，心里的石头总算落了地。”

这就叫好事多磨。

附：

青花双螭耳盘口瓶（乾隆时期）

高：36厘米，口径：15厘米，足径：15.3厘米。此瓶盘口，折肩，颈部两道玄纹，双螭耳，筒形腹，折角收腹至足上方，足外撇，圈足内施釉。青花发色蓝中泛紫，纯正静雅，有乾隆仿明宣德青花的凝聚与晕散的效果。胎质细密，从盘口到足上有八层纹饰，疏密有致、布局合理。是乾隆民窑中的精品。

开玩笑捡个“漏”

当老孟从他多宝格中拿出这件万历青花瓜楞罐（彩图61）的同时，还把另一件瓜楞罐（彩图62）也随同拿了出来，他为的是想做个比较。

他说这件瓜楞罐，体型大，体态丰满，瓜楞明显，端肩、略扁，是明代民窑瓜楞罐中的上品。他指着另一只瓜楞罐说，这只就不如方才的那只器型好。

老孟说，他的这只好的瓜楞罐是在潘家园地摊上买到的。卖家是个行家，知道这瓜楞罐是精品，开始要价高。所以放在摊上摆了两个多月，只有人问，没人给价，一直没出手。老孟也曾几次拿起它，几次问价，又几次放下。

有一天，是周六快收摊了，摊主姓马，人称“当头炮”，马老板叫住老孟，指了指这瓜楞罐说：“想要不?”老孟当时也没加犹豫地说：“想要，价太高，拿不动。”马老板这次很爽快地说：“1200拿去!”老孟心想可能又是跟他开玩笑。等他说要，掏钱时，马老板或许又会大喘气地在1200元的后边加上“美元”二字，成了1200美元。因为平时马老板也爱跟他开这种玩笑、逗着玩。

这次，他也想跟马老板逗逗，顺手从包里拿出1200元人民币递上去，拎起了瓜楞罐就要走。想不到“当头炮”收下钱，没吭声，成交了！他这才确信马老板这次是认真的，不是跟他逗。可能是马老板最近资金真的周转有困难，该出点货了，于是便让他捡了次便宜。真应了那句老话：“踏破铁鞋无觅处，得来全不费功夫。”老孟为何得意，请看下面的介绍。

附：

青花松鼠葡萄瓜楞罐（万历时期）

高：17厘米，口径9.8厘米，足径：13.8厘米。这只罐直口，呈瓜瓣形，端肩，通体八条瓜楞槽，从口沿伸到足底。釉面粉白，青花发色为回青料的蓝中泛紫，深沉艳丽，虽采用明晚期的单线平涂画法，但青花的渲染已有浓淡之分。胎质细腻洁白，圈足内有釉，足内釉比外表面略白（是明代青花瓷的一特征）。腹部绘松鼠葡萄纹，是万历民窑中的典型器物。嘉靖、万历时期烧制量较大。此件瓜楞罐是嘉万时期瓜楞罐中的精品。

买大路货不必着急

老孟方才说完从地摊“当头炮”马老板那买了万历瓜楞罐的事儿，又说有时这位老板玩笑开得让人哭笑不得。老孟于是随手又拿起他的一件藏品说，这件也是从“马老板”摊上买的。

这是一件康熙冰梅开光博古案缸（彩图63），这小缸秀气，冰梅地儿透亮，颜色像秋水一样清澈。老孟为买这个缸，也跟马老顿兜了好些圈子，起先他也是价低了不卖。这缸的釉水鲜亮，也是有几个人惦记着要买，可是由于缸本身毛病大，腹和底都有纹，锔过，因此一般买主出价不过500元钱，“当头炮”非要800以上，因为他是500块钱从农民手上买来的，他也得赚钱才行。老孟说：“我给过他550块钱，他也没理采我。”

有一天不是地摊摆摊时间，老孟又到马老板店里去。人之常情，朋友到了自己府上，会格外客气些。也正如此，老孟又拿过那只冰梅缸，说要买时，马老板这次分外客气地说，你给价，合适你就拿走。老孟知道他对这缸的底数，就从过去给过的550元上加到600元。话一出口，马老板立马答应了，他嘴里忙说：“拿上，拿上。”老孟交上600元，冰梅小缸便易主了。

听过老孟的讲述，我体会到，对于一般性的东西，也就是人们常说的大路货，比如今天这个小案缸，如果卖家开始要价高，就不必急于买。等卖主心气下去了，最终能以一个合理的价格买下它，否则，情急之下会花冤枉钱。这就是以静待变的策略。但对于精品却千万不可如此，那真是会造成失之交臂的终生遗憾！

附：

青花冰梅开光博古案缸（康熙时期）

高：17 厘米，口径 21.5 厘米，底径：11.5 厘米。此缸齐平沿外延，平砂底。釉面白中闪青，光洁明亮。青花发色蓝中闪紫，画工较细。冰梅地两开光内画博古纹，两个团寿字在两开光中间。此案缸是康熙民窑中较一般的细路作品。

有所失才能有所得

老孟说，我们搞收藏的人真是有点如痴如醉，入痴成癖呀！他这份感慨是从他眼前的这件万历青花人物三足筒炉（彩图64）说起的。

他说，有一次出差回来，真像鬼使神差，下了飞机竟然不是先回家，而是提上旅行袋、公文包打车从首都机场直奔潘家园。因为那天正是周六潘家园旧货市场开市。到了市场把旅行袋往熟人摊上一寄存，就开始了逛摊。

那个时间正是农村麦收过后，秋种已完，农民都有点闲暇时间跑点副业。搞古玩的人，就到村里收收东西，然后到潘家园摆摆摊。

老孟说："我知道这个季节潘家园地摊里能出些好东西。那天我是刚从四川成都回来，是一周前去成都开会，会议还组织会后到重庆参观。实际我也该去，因为重庆那山城我还是十年前去过一次，这十年山城重庆的变化很大，应该去看看。但即使这样，心里却更惦着周六的潘家园市场。经过一番思想斗争，在我心里这个天平上，逛潘家园胜过逛山城重庆。就没跟会议去，提前跑回来了。真没想到收藏的魅力如此之大，如此难以抵御。"

功夫不负有心人，还真没让老孟白惦记，就是那天在潘家园地摊；他买到了这个万历青花人物三足筒香炉，是个难得之物。

这个炉在他的藏品中，能算得上数得着的精品。老孟说："我喜欢它的粗犷和老旧，体大但不失优雅。尽管它形大体重，我总忍不住时常拿起它把玩和研究一番。"

老孟接着又讲起他是如何把这个心爱之物买到手的。

他说："我从首都机场打车到潘家园已是上午八点半。第一拨逛潘家园的人，大概都逛完走在回家的路上了，摊上的那些冒尖货，恐怕早被这些人收入囊中了。

"当我走进潘家园市场大棚二区时，在一个摊位上看到了这个万历青花筒炉，挺奇怪：这么好个东西，怎么没人买啊？我上前拿起来问价。由于我是常客，我不认识的那些摊主，人家都认识我。当我问价时，摊主说咱们都是熟人，不说谎，刚才有人给2200元，我没卖。你就给加100元，2300元拿走。我一听，这价是有点高，怪不得到现在都没卖出去呢。经过讨价还价，摊主还是不退让。但我又的确很喜欢这件东西，不肯轻易作罢。"

老孟接着说，"在僵持不下的时候，摊主想给我一个台阶下，说下次你买我别的东西时，我少要你点，这件东西少了不行，因为不是我一个人的货，是我跟同村的王二阁一块买的，他因为最近家里盖房来不了，让我拿来卖。来时我俩商量好了，少2300元不卖，我们是花2000块钱从当地一个古玩商手里拿的，去掉路费，我俩每人才赚100

块钱。摊主把话说到这个份上，可能是实话，我也就再没做声。只是在思量这个价我能不能买，是不是太高了，最后还是下决心买下它。对这段往事，我至今还记忆很深，因为我不但付了高价，还牺牲了一次难得的旅游机会。”

请读者一起来鉴赏老孟的这件藏品。

附：

青花人物筒炉（万历时期）

高：16.5厘米，口径：22厘米，足径：19.5厘米。此炉口沿内敛，腹成筒形，平砂底，三个兽头足，均布筒体下部，兽头不落地。内底无釉，接痕明显。口沿下锦地开光小花大叶纹，主图案六个人物分三组，两人对坐下棋。另有庭院树木充满其间，画意粗犷。青花发色有万历时期回青料的蓝中泛紫的效果。釉面白中略闪青，胎质不很细密，胎土淘炼不够精细。此件香炉是人们常说的粗大明之作。

古瓷与家庭风波

什么事一旦走向了极致，就容易和寻常人发生冲突。

老孟搞古瓷收藏入痴入迷，有时也引来家庭风波，这其实也是很多搞收藏人的共同境遇。

一次为他外孙子过生日，早晨老伴就嘱咐他下午去礼士路点心店订做一个生日蛋糕，晚餐家宴上吃。老孟下午4点多钟的时候，回来了，手上提了一大包，这一大包不是生日蛋糕，而是一件包了又包、裹了又裹的瓷器。他向我指着多宝格里的那件六楞青花罐（彩图65）说，就是这个罐。是那天下午他跑到地下室旅馆地摊上买来的。

他手提着这个罐，一进屋，老伴就问："蛋糕买来了?"老孟说："这下可把我问着了，蛋糕的事，让我忘得一干二净，因为脑袋里光装着瓷器了。老伴一看我的尴尬样，知道我把蛋糕的事给忘了，冲着我就一通训斥，气得不行。好在离六点开饭还有两小时，我赶紧放下手中的瓷器，迅速下楼骑车跑到礼士路，订了一个蛋糕，总算没误了晚上的家宴。"

老孟拿起这件嘉靖青花六楞罐说："这罐也实属难得，别看它粗，有名的破大明、粗大明多数都这样。"

六楞体的比圆器存世量少，因为当年生产的量就少，而且多楞体比圆柱体器物做起来工艺复杂，难做，成本高。

老孟说："两天前，在地下室旅馆的一个山西农民的摊上，我看到了这个罐，我想买，可是摊主当时还不在，临摊的人说货主到外边吃饭去了，我只好等。足足等了半个小时，摊主回来了，我俩一见，还都是熟人。摊主对我挺客气，但客气归客气，当谈到价格时，他一点也不让，说这个六楞罐，前边已有人给过700元，没卖。货主还说，在家时就有人给过800，都没卖，又跑到北京来，搭上路费，怎么也得过千元才能卖。我反复看过这罐，东西确实不错，对于我这个专门收藏明清瓷器的人，实属机会难得，但是如果高于市场价也不能接受，可卖家就是不肯退让，没办法我走了。

"两天以后，就是我外孙子过生日的这天下午。"老孟说他又到了旅馆地下室摊上转，一看六楞罐还在。货主也看到了他，这次货主很主动与老孟打招呼。大概是压了两天货仍未出手，心里有点起急了。

货主问老孟还要不要这件六楞罐，并说可以优惠。老孟于是抓住这机会，咬死了只出600元，一分不加，最后货主只好屈服了。真是货到地头死啊！

老孟指着他多宝格里的这个青花嘉靖六楞盖罐说，就是为了它，不但让老伴训了一顿，还差点误了给外孙子订做生日蛋糕。到底值不值得，还是一起看看老孟展示的这个宝贝吧。

附：

青花六楞盖罐（嘉靖时期）

高：21厘米，口径：8.5厘米，足径：13厘米。此罐六方小唇口，短颈，丰肩，足略外撇，圈足，足内有釉，通体六楞。青花发色有回青料的浓艳而泛紫，釉面白中闪青。腹部的六面绘有缠枝花卉，画工粗犷，采用双勾填色单涂绘制。有粗大明风格。

通过争论长眼力

老孟说完他的那件六楞罐，又拿来一件青花人物梅瓶（彩图66）放在茶几上。他指着这件梅瓶说，这梅瓶刚买回来时真让他有几天没睡好觉哇！

我问他为什么，他说：“因为买这件东西花了4500元整，对我这工薪族来说算是下了大本钱啊！再加上过去对这类东西接触的少，看的少，没多大把握，你想这能不叫我走心思吗！起因是我的一个师傅首先在一个市场的店里发现它后，告诉我说哪里哪里有一个明中期人物梅瓶，并说作为个人收藏可以买。我才去买的。”

老孟说，“我买回后，又觉得不踏实，也是想多方听听看法，从道理上搞明白为什么说它是明中期的。就找了几个我认为是高手的人给看看。其中有一位是专搞明代瓷器收藏的老同志，他说这件东西是高仿品，也有的人说是明中期的没错，意见不一致，就是说没有一个肯定的结论。我自己又在家反复查找资料，按实物对照，整整折腾了一个礼拜的工夫，最后还是用我‘送拍’的办法，送到北京的两个大的拍卖公司，让他们的专家组给出个结论性意见。

“最后两个拍卖公司的专家组的意见基本一致，都说这件梅瓶是明中期的，只是有说是成化的，有说是弘治的，但都说不能上大拍，因为口有一小磕，只能上小拍。底价能定在8000~10000元左右。两个拍卖公司还都表示如果同意上小拍，下个月就可以上，并且还可以给上彩图。我答复他们是，小拍就不上了，要上就上大拍。

“经过这一番折腾，对这件东西心里有数了，更主要的是对明中期这个时段青花器物有了更进一步的了解，眼力又提高了一截。”东西如何，且听下面分解。

附：

青花人物梅瓶（成弘时期）

高：24.4 厘米，口径：6.7 厘米，足径：10.5 厘米。此瓶的口径比嘉万正德时期的瓶口大，丰肩圆腹，腹下收，足外撇，平底无釉，并向内凹陷，底有火石红及糊米状。糊米底是成弘器物的典型特征。亮青釉面，画面分三段，肩部画的是明中期常见的缠枝团菊；第二段是主图纹饰，有两组携琴访友人物故事；第三层图饰是江芽海水奔马图。

整个釉面侧视时，有百年以上岁月留给它的旧光泽，蛤蜊光晕明显。由于该瓶是传世器物，有明显的使用划痕，就是行家们常说的“牛毛纹”，这是现代仿品所不具备的。该梅瓶绝非仿品，而是真品。

朋友就是财富

老孟说，广交朋友是收藏界朋友们的共识。他说他有亲身体会，有几件藏品都是靠朋友给提供的信息，才买上的。有的则需要朋友帮助“掌眼”才敢买。

老孟指着他的一件五彩龙纹小罐（彩图67）说：“这个小罐就是一个朋友打电话告诉我情况后，我到了红桥市场，在一个店里找到了这个五彩小罐。店主很好，很实在，店主还拨通了寄卖人的电话，让我跟寄卖人直接在电话中商量定价格，店主没多要我的钱，还一再说，这都是朋友帮忙嘛！”

这种明中期的五彩器，确实不多见，老孟说他一直把它很好地珍藏着。

附：

五彩龙纹小罐（正德时期）

高：11.3 厘米，口径：5.6 厘米，足径：6.7 厘米。此罐短颈、口略外撇、丰肩，圆腹下收至圈足，浅圈足，露胎处火石红明显。彩以红绿为主，仅在两只绣球上有一点黄色。绿彩翠绿闪黄不浓重，是有名的明中期红绿彩器。亮青釉面，胎质细密坚致，接口处修胎整齐。仍采用双线勾勒平涂及一笔点划的绘画和装饰技法，很有宣德、成化遗风。此罐是正德民窑五彩器中的精品。

按新瓷价买了个老瓷器

现在再回过头来说说小慧的东西。

那天在小慧家看的第三件东西是顺治青花花鸟筒花觚（彩图68）。这件瓷器是摆在她家多宝格里最大的一件东西，很显眼。倒不是因为它大，而是因为这件器物本身的魅力打动了我。它的青花发色、器型都很动人，况且平时我对这样的立件瓷器就特别感兴趣。

我诚恳地请主人把这件花觚给我拿出来后，我用手一拎，粗略一看，发现东西很完整，没一点毛病。心想这次我又“拿不动”。完整器肯定要价高，凭我的财力，是买不了的。我是要买年份好，有品位的，破了也有破的美感的器物。

这件花觚很新很亮，就像新东西。但行里懂瓷的人，一看就会说，这东西开门，开门的老，是清早期康熙左右的东西。不懂瓷的人则很容易把它当成新瓷去看。

这时小慧给我讲了这个青花筒花觚的来历，并说是按“新活儿”的价买来的，只花了200元钱，因为卖货的人是当新东西卖给她的。

她说那天在潘家园逛摊时，在大棚的东南角4区卖新瓷器的那片摊位上，有两个摊位卖新瓷也卖些老器旧物。老器也都是些年份浅的大路货小瓶、小碗、小盘什么的。这个花觚就在这个摊里，混在新瓷器里。小慧说："我玩瓷这么多年，一眼就看出这花觚是件清早期的老东西。我拿起来一看，没一点毛病，很亮，又干干净净。卖货的摊主还特意用浓重的浙江话告戒我说："这可是件新的哟，别当老的买哟。"我一问价，他只要200元。他说是今天早晨花150元进的，你如果想要再加上五十元，就卖给你。"

小慧说他听罢赶紧交钱，拿上筒花觚离开了。她说，这已是半年前的事了。

我拿着这筒花觚，半开玩笑地说，小慧，你可算检个不大不小的漏哟。小慧听了舒心地笑了。

确实是个漏，这筒花觚，在拍卖会上，能卖出5~6万元的价钱。

在古玩市场上，买东西靠眼力，想赚钱也要靠眼力。没有眼力是不行的，而眼力又是靠勤奋，靠实践，靠积累，靠不懈的努力得来的。

真是摊前一分钟，摊下十年功啊！

附：

青花花鸟筒花觚（顺治时期）

高：38.5厘米，口径：19厘米，底径：13.5厘米。此筒觚撇口，口沿下渐收，直壁足微撇；平砂底，筒觚上半部画有树木、花鸟、礁石，中颈画缠枝菊，下部画蕉叶纹。从器型青花发色、图案的画法看，应属明末清初的典型器物。这种器型，出现于明万历时期，明末清初有大量烧造，并在康熙时期演变成凤尾尊和中间鼓起的筒花觚。顺治时期青花发色多为蓝中泛灰，纹饰图案粗犷，但这件花觚青花发色纯正静雅，青翠明快，画工细腻，是顺治时期的民窑精品。

说说旅馆里的地摊

在北京玩瓷逛地摊的人，还都曾记得，有一段时间是周六周日去潘家园找瓷，周二周三则到旅馆找瓷，周四去天津沈阳道逛地摊，就周一和周五能歇两天。到后来旅馆的摊索性天天摆了。

那几年，曾有旅馆也是地摊的概念，到旅馆就能逛摊。大约2002年6月以后，因为旅馆摆摊不利于安全防火，被上级勒令取消了。在旅馆里摆摊的从那时也就几乎消声匿迹了，也有的转移到了别处旅馆，但也没了原来的声势了。

那时在劲松小区的两个旅馆可以摆摊，一个是“华威”，一个是“友联盛”。两家紧挨着，确实是热闹了几年。

每到周二、周三，山西平遥等地就有一二辆有时多到三辆中巴或大巴车开过来，拉来的全是到这两个旅馆摆摊的商户。车一停，搬下来的大包小包，大箱小箱的全是瓷器、木器、铜器或石玩等。除了山西的，还有山东、河北及南方的散客在里边摆摊。

每当车来了，那些等候在这里逛摊买东西的一大群人，便立即兴奋起来。山西商客把他们带来的箱子搬进事先预定好的房间，锁上门，开始开包开箱摆东西。此时逛摊人就都围堵在每个房间的门口，等屋里的东西摆好，门一开，外边的人便蜂拥而进，弄得摊主有些招架不住。有时他们也怕人多丢东西，所以一些值钱的好东西都先不摆出来，等高峰过去，人少了再拿出来摆上。在旅馆里也能像一些地摊市场上一样，买到好货、便宜货。

我的藏友赵小安，就是那一阵子旅馆地摊上的常客。说起那段日子的事儿，他总是津津乐道。有一次我到他家，他给我讲了他在旅馆里买到的十几件瓷器和买这些瓷器中的故事。

这里我介绍给大家。

是我的早晚跑不了

小安说他买的一只青花加紫双耳瓶（彩图69），自然是费了很大周折。雍正时期的瓷器做工很细，这么大的盘口瓶当然是不可多得之物，货主更是待价而沽，不会轻易出手。

小安第一个周六到华威旅馆，在一个山西年青人的床铺摊上看到了这个瓶，货主要价太高，说有人给过1800元钱（当时的价位比现在低很多），他都没卖。小安把这个瓶拿起来，仔细端详了好几遍，觉得东西确实好，毛病不大，只是口沿一点小冲。如果货主把价降到1200元左右，就可以接受。由于摊主不降价，小安还急于赶在8点以前返回单位去上班，便无奈地离开了旅馆。

见了好东西不免要牵肠挂肚。第二天小安又去了旅馆，但青花釉里红双耳瓶不见了，小安心想可能是卖了，也就没再问，只好把这事就放到了一边，去别的房间看东西。等他在别的房间转了一圈，又返回这个房间时，看到这件双耳瓶又出现了，又摆到那个摊上了。这时小安可忍不住问了摊主一句话："不是卖了吗？怎么又出来了？"货主挺带气地说："刚才的那个买主，东西买了，还没出旅馆的门，就听别人告诉他说这瓶是新的，回来要退给我，我挺生气，能把这样一件雍正时期的真东西说成是新活儿，还玩瓷器吗！对这种人，不能把东西卖给他，给他退了。"

小安心想：真是老天助我。东西也不用再看，因为昨天已经仔细地看过了。小安说，他认为这瓶是雍正的没错儿，剩下的只是价钱问题。

货主见这年青人很认可他的东西，又是诚心诚意要买，也有些感动，就说按进价卖给小安，并说："一分不赚，是你的，怎么样哥儿们？"

就这样，小安花1000块钱买下了这个双耳瓶。现在看上去，这件瓶不仅是真品，还是青花釉里红器里边不可多得的上品。怎么个好法，请让我慢慢道来。

附:

青花釉里红双耳盘口瓶（雍正时期）

高：38.3 厘米，口径：17.4 厘米，足径：15.4 厘米。此瓶盘口，长颈溜肩，颈与肩交接处有台阶，肩以下渐收。圈足，足内无釉。颈部有对称的双兽耳。

釉面白中闪青，有坚致感，属亮青釉。青花发色深蓝，色泽稳定深沉。釉里红红中微微泛紫，烧造得十分成功。釉里红始烧于元中期，明洪武时期有大量烧制，但存世量很少，到了清康雍时期对这一品种格外重视，并发展成青花釉里红，俗称“青花加紫”。这两种釉下彩同时绘画在一个器物图案上，和谐自然，格外秀美。这件双耳盘口瓶就是一件代表作，整体器物胎体厚重而细腻，瓶的颈部与腹体绘有松竹梅图案，粗大的松树下独立一只雄健的鹿。主图背面有一轮红日在海平面上升起。除主图外还有五层边饰分别绘制在口沿、肩与颈的台阶处、肩部和圈足上方。

此瓶从器型、纹饰、青花发色、绘图风格上说，都是雍正时期的一件典型器。

捷足先登买明瓷

小安又从他家的柜子里拿出一件青花人物三足筒香炉(彩图70)，说这只炉也是他三年前从华威旅馆的地摊上买的。

于是小安把我俩的思绪又拉回到三年前的一个冬天。为了淘到好货，他这天早上5点就到了旅馆门口，旅馆虽还没开门，已有十几个人在门口等着了。原来是山西的客商在夜里三点左右就到了，他们闻讯后耐着严寒，等着旅馆开门，索性连觉也不睡了。

五点半旅馆把门打开了。在外边冻了大半个时辰的人们，一进去就直奔亮灯的房间。

华威不仅有地下一层，还有地下二层。旅馆有二十多个房间，有时房间住不开，东西也摆不下，不少人干脆把东西摆到走廊里卖，旅馆老板也不管，一来是都熟了，二来也不愿太叫真以致于把客户都撵走了。

小安说，这天他到“华威”的地下二层一直往里走，在一个河北客商的房间里看到了这个炉，小安一眼就分辨出这炉是万历时期的，又是画的人物，他眼前一亮，拿起来就没撒手。这时后边跟进来的几个逛摊人也注意到了这个人物炉。买东西就怕这样，一件东西，几个人围着看，摊主肯定趁机抬价。小安说，他一问价，摊主果然开得满高，要1800元。其实这炉虽说是人物的，但毛病大，少了一只足，身上还有冲和毛口。小安说，按他的心里价位，这炉不能过千。但由于在竞争气氛下，又是刚开门，货主心气正高，压价是压不下来了，但这个价他肯定不会要的。然而在围观欲购者中，人的心里价位不一样，我认为价高，别人或许认为不高，现在有钱的人多，古玩瓷器真货又少。僧多粥少似乎是收藏业的一个永恒的规律。因此有的人见到一件真品，价格高出一点也不在乎。

小安没同意货主的价格，但也没有放弃再争争的机会，东西一直没撒手。这时围观的人看他一直不撒手，想买也没戏了，就陆续到别的房间去了。这里只剩下小安和炉的货主，这样话就好说多了。时间已过去半个多小时了，货主有些熬不住了，他松口了，要价降到1200元，小安的心里价位是一千以内，这个价位货主肯定不同意。后来在临摊的货主的调解下，双方总算达成了一致。以1150元成交。小安终于买下了这个万历青花人物兽头三足炉。

正所谓：坚持就是胜利。

附：

青花人物三足炉（万历时期）

高：14厘米，口径：16厘米，底径：14厘米。此炉为筒式直腹，三兽足鼎立。口沿上有青花缠枝花卉纹饰，口沿下饰一圈锦地开光花卉。器身主图案为开光人物，三个人物分别坐落在三兽头之上，纹饰满绘，繁而不乱。

釉面光润洁净，白中闪青，青花发色为“回青料”的蓝中泛紫，色泽稳定。胎质白润细腻、底面露胎处有人工刮削的刮刀痕。炉内壁刷有一层薄薄的护胎釉。器身中部可见衔接痕，刮削得较平整。这些都是明万历时期青花瓷制品的明显特征。

出差回来就捡“漏”

小安给我讲完了万历炉的故事后，又把话题转向了一件天青釉螭耳瓶（彩图71）。这件瓶也是他从旅馆里买来的。

他说，那是个周五，他到外地出差了一个月，早晨返回北京，下午就去了旅馆。你想玩瓷搞收藏的人，一个月没逛地摊，那怎么能受得了啊！

是下午两点多，小安把两个旅馆的每个房间每个摊位上的货几乎都仔细看了个遍，竟然没有可买的，有的都是些没人要的大路货，没有收藏价值。就在这时，一个人提着手拉行李车刚办完住宿登记手续，走下一楼地下室，找到他的房间和铺位号后，正开始御他的货，小安在他门前停下了脚步。

逛摊人最希望遇上摆摊人从包里开始往外拿东西的时刻，因为东西是刚往出拿，还没有其他人看过。

小安等他从包里掏完东西仍然没见一件可心的，不免有些懊丧。这时货主看出了小安的表情，就朝小安说：“小伙子别急，我这还有一个小纸箱里边有一个大瓶，进屋时让我放在床下了，一会你看看。”小安于是又停住了欲离的脚步。

货主整理完床上摊位里的东西，把小纸箱从床下拉出来打开，拿出了这件大瓶，小安一看喜出望外。这是一件雍正单色釉双耳瓶，但当时的它，可不是图中的这样两只耳朵，那时只有一只耳朵。

小安立刻提起这一只耳朵的天青釉瓶，看看底，再仔细看看釉面，确信是雍正时期的无疑，就开始跟货主谈价。对方一报价，小安更高兴了。货主可能看到东西缺一个耳朵，是残器了，更主要的可能进价便宜，因此他只开到500元。

小安说，欣喜归欣喜，但是按习惯在地摊上买东西都要砍砍价。于是小安在货主报的价位上拦腰“砍了一刀”，出价260元。没想到货主听到小安的报价后，反应并不强烈，小安一听心想有门，只说再加点，就顺水推舟，加点。说了句商家常说的话，叫“二百八，大家发，”摊主没反对，同意了，于是以280元成交。

小安付了钱，让卖主把东西给包好。这时小安又问了句，问货主为什么卖得这么便宜。这位货主也很直爽，直接了当地说：“我买的便宜，卖的就便宜，我是10块钱从老乡手里收上来的，去掉路费开消，卖你280元，还能赚两百多。”

小安于是明白了，看来地摊上的卖货都是高买高卖，低买低卖。现在农村也都有了电视。农民老乡从电视上也懂得古董值钱，少了钱他们也不卖。再加上出了好多书，拍卖会也一个劲儿地搞，所以，对古玩的行情，心里都有了数，农民也不例外。一些常年在农村收购瓷器古玩的人都说现在农村不好收东西了，收一件可费劲儿了。

但不管怎么说，小安今天是捡了个漏。

附：

天青釉双螭耳瓶（雍正时期）

高：38.5 厘米，口径：12 厘米，足径：14.8 厘米。瓶撇口，直颈，颈饰有对称螭耳，折肩，肩以下渐收，圈足，足上施深褐色釉，足内有釉。造型古朴，通体釉面坚细莹润，匀净光滑，胎釉结合紧密，整体有厚重感。这种釉色创烧于康熙时期，雍正朝又有进一步发展和提高，釉色有深有浅，深色居多，造型各异，品种繁多，但这种双螭耳瓶在当时更受人喜爱。

险些罹难的高足杯

小安谈兴愈浓，讲完了天青釉瓶，把它放回原处，顺手又拿过来一只高足杯（彩图72），讲起这只高足杯的来历。

小安说："这个高足杯是从华威旅馆地下二层一个山西平遥人小刘的手里买的。这个小刘，过去我买过他几次东西，所以跟他也算熟人了。那天还是在旅馆外边，他们的车刚到，我们就碰上了，小刘主动跟我打招呼，并说这次他带来一个康熙高脚杯，一会儿让我先看。"

小安说，一个小时以后他在小刘的摊位上见到了小刘，小刘挺讲信用，果真没把这个高足杯摆出来，还放在他包里，给小安留着呢。

小安看过这个青花仰钟龙纹高足杯，感觉很好，小刘也没要高价，开价200元，小安也没还价，照小刘说的给了他200元。

这时逛摊人流高峰已过，小刘指着小安手里的高足杯说："这个杯子我把它买回家，还有一段惊险故事呢。"

小安问是怎么回事，小刘讲起了那段小小的历险记。他说："五天以前，我和我的连襟骑摩托车到平遥东边的朱坑镇附近的一个村子收东西，收上来两件大瓶，还有一个香炉，又在一个老太太那里买了这只高脚杯。说实话，这个高脚杯我是花50块钱从老太太手里买来的。由于天黑，又赶上刮风，当路过一个农村抽水站，要过一个小桥时，没看清桥上的一块木板是虚放着的。我在前边走，车一颠连人带车都掉到了桥下，多亏桥面离桥底只有一米多高，车没摔坏，可车上带的大瓶和香炉都碎了。这杯子因为小我没放在车上，而是揣在我自已的衣服兜里，才没事，要不今天你也买不上这个杯子了。"小刘笑着看看小安。

小安感叹地说："看来干那一行都不容易啊！干你们这一行也挺辛苦，从山西跑到北京，到乡下收活，风里雨里，像你说的，一不小心还会有闪失。

小安告诉我，平遥这个小刘心眼不坏，如果这个高脚杯放在心黑的人手里，两百块钱肯定买不下来。小刘这人是赚钱就走，不高开，不高要。他对那些开店的人都给"留缝"。他很懂得做生意就是拼缝的道理。卖货人不给买货人留缝，人家下次就不爱理你，知道你太黑。所以像平遥小刘这样的人，生意越做越活，路子越走越宽，朋友也越交越多。下面请观赏这只幸免于难的高足杯。

附：

青花仰钟式龙纹高足杯（康熙时期）

高：11.3 厘米，口径：8 厘米，足径：5 厘米。此杯撇口，杯体似钟仰立，折肩式高足，二层台圈足，胎质细腻，足内有釉，足底深深凹陷其中。

釉面白中闪青，光润平滑。青花发色有浓淡之分，蓝中带紫略闪灰。龙纹画工精细，龙首高昂，龙尾舞摆，有奔腾之态，足见当年画师们的高超技艺与丰富的想像力。

此件青花仰钟式龙纹高足杯造型生动，娇小玲珑，极具观赏性和收藏价值。是雍正时期的民窑精品。

木器堆里现古瓷

等小安讲完了高足杯的故事，我拿过一件中号青花笔筒（彩图73）问小安，这件笔筒也是在旅馆买的吗？小安说：“是。”

这笔筒口径在12厘米以上，应属中号笔筒了，市场面上不多见。小安说，这件笔筒是一块儿逛旅馆的曾师傅让给他的。他说记得那天山西商客来了不少，但是，拉来的多数都是木制品。曾师傅主要是搞木器，他在满是木箱、皮箱的房间里挑选木箱时，在一只木箱子里发现了这只笔筒。

贩木箱子的山西客商对瓷器也是带捎，有时是在户里买箱子时，人家额外送一二件瓷器，不要钱。这笔筒也是这种情况下被收上来的。小安说，“曾师傅跟自己挺有交情，知道他收藏笔筒，知道他平时见到笔筒会如获至宝。因此这次曾师傅没买这笔筒，告诉货主先收起来，一个朋友一会过来买，货主应允照办。

曾师傅办完木箱的事，把小安叫过去，小安说他一见这青花笔筒，确实高兴。因为他转悠了一个多小时，把“华威”、“友联盛”两个旅馆都转遍了，也没碰上像这只笔筒这样的好东西，心里挺感激曾师傅。

这笔筒年份好，青花发色好，个头较大，还有落款，的确不多见。一问价钱，可让小安吃了一惊，货主要价3000元。小安说，这他拿不动。实际货主要价3000元，也是虚晃一枪，后来在曾师傅的调解下，小安1300元钱买下了这个笔筒。

附：

青花魁星纹笔筒（雍正时期）

高：14.5厘米，口径：12.5厘米，底径：13厘米。笔筒呈圆筒形，从口沿向下微撇。口沿有釉。玉壁底，底部卧心处有釉并落“雍正年制”四字楷书款。釉面肥厚青亮，平润光洁，青花发色蓝中带紫、柔和淡雅。图案画法保留了康熙中晚期的“分水皴”法，使青花图案颜色有浓、淡、深、浅不同色调的层次效果。胎体洁白坚致，整体有厚重感。笔筒一面画魁星顶天立地，另一面画苍松翠柏傲立在山石坡旁。还有星斗、寿带云点缀其间，画风古朴大方。

“走麦城”的故事

我来小安家可能不是时候，他跟我谈完5件地下室买来的瓷器的故事，已是中午12点了，小安看已到中午，非要让我在他家吃饭不可。

我跟小安非一般交往，我俩是1996年历史博物馆办的文物培训班的同学，这几年我俩一直没断联系。

盛情难却，他买的一些物件挺不错，我也想接着听听来历，而且小安的故事还远没有讲完。就这样，小安爱人开始张罗做菜，我也抽空跑了出去，到对面的商店搬了一箱啤酒过来。小安爱人一看我搬了一箱啤酒，就说：“你们俩能喝这么多吗？”我也玩笑地说：“我俩喝不了，还有你呢，你再喝不了，留下次我来时再喝。”

在酒桌上，我们话就更多了。酒过三巡，小安不再讲他过五关斩六将的事，而是讲起他“走麦城”的事了。

小安在最近的一个周六去某旅馆地摊，看到一个房间的摊位上有许多个小案缸同时摆在那儿，其中几个都是嘉道时期缠枝花卉的，就有一只是人物的，青花发色青翠诱人。小安说：“我在屋门口离很远处就注意到它，而且断定它是康熙时期的，我走过去，拿起来又看了看，更觉得我的判断没错。从人物的画法，特别是那缸的缸沿，有康熙时期案缸的独到特点。沿的最外圈有向上翻起的沿边，细微的跳刀痕透过釉面隐约可见，还有清早期人工手拉胚的特征。青花发色淡雅，有康熙时期的‘分水皴’画法的效果，只是釉面薄了些，但一般人都知道康熙时期有这种薄釉制品。我把小缸拿在手上，看到它不仅完整，一点毛病没有，手感还好，轻重适度，是柴窑烧制的。不用怀疑，我决定买下它。”

小安说：“在谈价格时，起初遇到了一点麻烦，货主故意把价抬得很高，要1万5千元。在这里谁肯出这么高的价！我据理力争，我说，如果是康熙大笔筒这个价可以，这不过就是一个小案缸嘛！

“实际上货主也不想多啰嗦，怕围观的人一多，七嘴八舌，再节外生枝卖不成。”

小安接着说：“后来，货主在我出价4000元的基础上加到5000，当时我觉得，这么完整个康熙案缸，5000也可以，就成交了。我拿上这小缸刚出屋还没走多远，就被几个瓷友围上了，都争着要看，但当时我从他们的眼神里怎么也看不出赞许的意思，有的还露出怀疑的神情。终于有人开口说，这缸对吗？并说，虽然青花、手头、器型都像康熙时期的，可缸底的露胎处怎么这个做法，不开门，没见过。”小安说到这停了一会，又接着说，这时他平时一个很要好的朋友小亮正巧走过来，从别人手上接过缸，仔细一看后肯定地告诉小安说，这缸不对，是高仿品。并说最近南方有一批这样的高仿品运过来，都是手工柴窑烧制的，一般人难以辨认，小亮说他已从别的地方见到过了，并让小安赶快去找卖主把东西退了。

这突如其来的变化，让小安一时手足失措，但他相信小亮，知道这朋友眼力好，为人也正派。

于是小安转身就又回到那房间，去找卖缸的货主，但前后不过一刻钟的工夫，等他到了卖小缸的房间摊位上找人时，卖缸人不见了，就只有一个和他同时在摊位上卖货的十三四岁的孩子。小安赶紧问这男孩，方才卖缸的那人呢？男孩说他走了，还说他只有那个缸，卖完就走了，其余这些东西不是他的。

小安说，当时他脑袋瓜嗡地一下子像要爆了似的，但过了一会儿他还是镇定了下来，心里安慰自己说，没关系，不就是5000块钱吗！

小安说，没办法。不能把那个孩子怎么样，只好认倒霉。

我听到这儿也很为小安上火，问他说："缸呢？在家吗？"小安说，这种让人心烦的东西，怎么能往家拿呢。小安说后来他把缸交给一个天津摆摊的朋友拿回天津放在摊上去卖了。交给他的时候，小安还一再嘱咐说咱们卖时一定告诉人家说是现在生产的高仿品，买家看好了，他就买，咱们不能骗人。能卖多少是多少。小安嘱咐他一定把它卖了，不然心里堵得慌。

我和小安每人一瓶啤酒，还没喝完就不想喝了。我让小安爱人赶紧上饭，吃了饭好到他的展室继续听小安买瓷器的故事。

吃完饭，我还为小安因走眼而上当受骗气愤不已，又追问了小安一句："后来那位天津朋友把缸卖掉了吗"小安这时才面带笑容地说："卖掉了。"他说是在摆出一个月后，一个外国人给了5500元钱买走了。当时那外国人说："我不管它是什么时候的，是现在生产的更好，只要是中国瓷器就好，我带回去，送给朋友。"

此时我才为小安松了口气。

小安说，后来也有朋友讲了一些类似买新活的事给他听。一个朋友告诉他说，几年前就有一批仿明的高仿瓷从南方运过来，仿得非常到位，也都是手工柴窑烧制。比如有一件明弘治黄地绿龙盘，仿得非常逼真，让专家都分辨不出是真是假。

说到这儿我不禁感慨万分：搞收藏这行乐趣大，利润大，但风险也大。不过话又说回来，文物是不可再生的，真东西只能是越来越少，而收藏队伍却日益扩大，这就给制假售假者提供了机会。卖假货自古就有，现在同样有，而且很专业化，随着科技的发展，制假手段也越来越高明。现在在潘家园市场不仅能捡到漏，也能让你掉进去。因为它同时也是一个仿品的集散地。

我的体会是，要搞收藏，潘家园市场必须经常光顾，不单单是买藏品，还是为了了解仿货的情况，因为那里过一段时期新来一批高仿品，而且迅速扩散到其他市场，不随时了解，就有可能在某处某时上当。

有缘分的康熙人物香炉

在小安家吃完饭，便到他的展室坐下来，一边喝茶，一边小安又讲起了他在旅馆里买瓷的故事。

他手指着桌上的一件青花人物香炉说："这类康熙人物炉（彩图74）我买了不少，有十几个，这件是我从旅馆里买来的。说起来也有一段故事。"

小安说："有一天，我一大早就到了旅馆，两个旅馆的地下室转了一遍又一遍，什么都没买着。正要走时，一个朋友从地下室出来拉住我说，下边一个山西人刚拿出一个人物炉，他说他也看不好对不对，让我去看看。"

小安接着说，"这机会怎么能错过呢，我三步并作两步地走到地下二层的山西人摊位前，看到了这只炉，但这时这只炉已被另一个逛摊人拿在手里。按行里的规矩，别人把东西拿在手里，你是不能再问价的。只有等人家把东西放下，你才能跟卖主谈。我等了好一会儿，人家也没放下。我在旁边已看清这东西是康熙年间的八仙祝寿炉。手拿炉的人也是行家，对这样的好东西是不会轻易放手的，最后我是眼睁睁地看这位先生交给卖主1100元钱，把炉买走了。但这炉我是记住了，除有一道冲之外，别无其他毛病，青花发色艳丽，淡雅，人物画得很飘逸。"

小安说，"两年以后，我去逛某古玩市场，在一个店里猛然间又看到了这个炉，由于是第二次见到这个炉，也是出于喜欢，我让店主给拿过来。我拿在手上仔细看时，更确认就是那只炉。这时店主人说话了，店主说：‘让非典闹的，来买东西的人少了，这两个月基本没卖什么货，你给我开个张，怎么样?’我一听，有戏。在这种特殊时期，买东西的确是能买到便宜货的。”

小安说他顺势问店主，这炉打算卖多少钱？店主是个老实巴交的人，60岁上下。他说：“我告诉你，这炉是我儿子两年前在旅馆花1100元钱买的，你现在如果要，别让我赔了，加两百就给你。”

小安听到这话太高兴了，他没迟疑，马上表示同意，交了钱，把这个炉买了回来。

小安说到这，很有感触地说：“东西该是谁的，到头来，不管转多少圈，还得到谁手里。这不，这炉两年前差一点没到我手上，两年后，又到了我手里，这就是缘分。”

附：

青花人物故事炉（康熙时期）

高：14厘米，口径：22厘米，足径：12.5厘米。此炉敞口，圆腹，腹下渐收到圈足，底有釉。青花发色淡雅，落笔娴熟，人物生动自然。画面为铁拐李、曹国舅、何仙姑、汉钟离等八仙各持宝物前去给南极仙翁祝寿的场景。该画面在康熙时期瓷器上多见。从此炉的器物造型、青花发色、釉面特点，胎体胎质等诸多方面可看出康熙瓷的时代风格与特征，是康熙民窑瓷中的精品之作。

发恻隐买下顺治筒炉

小安又把一个分量很重的青花筒形瓷器搬到茶几上，我猛一看，还以为是一只大笔筒呢，再仔细看上边的二龙戏珠纹饰和它口沿内卷的形态，又觉得不像笔筒，叫它炉似乎更为贴切（彩图75）。

它虽然是圈足底，没有突出的三个足（乳足或兽头足），从资料上看明末清初时还是有平底或圈足筒炉的。一般人们都把有足的筒状器物简单地归类到炉里，实际按耿宝昌先生所著《明清瓷器鉴定》一书里写到的明末清初康熙时期有三足笔筒，也有平底或圈足筒式炉。

对于这件青花深沉亮丽而体态厚重的直筒式香炉，小安也把它的来历讲给我听了。小安说，这件炉是他两年前在旅馆里，从一个河北商人手里买来的，那货主硬说是笔筒，因为笔筒价要比香炉的价高多了。而买主谁也不会把它当笔筒买回去，因此这个筒炉在摊上一放就是两个月没能出手。

小安两个月后又到这个摊上看货时，货主便主动招呼他，让他再看看这个炉，谈谈价钱。

本来小安对这个炉就很感兴趣，就是价格接受不了，这次货主告诉他，说家里等钱用，是女儿考上大学，九月份开学，学费还没着落，想赶快卖点东西，给孩子凑学费。

小安说，货主说到这倒唤起了他的一点同情心，觉得家里孩子考上大学不容易，也是他家里的一件大事，当父亲辛辛苦苦地在外边挣钱给孩子凑学费，实在可敬。冲这也应该把这炉买下。货主开价3000元，不是过去的5000了，小安还价到2000。小安心里想，这东西毕竟仅仅是个炉，再高了不值。2000是小安最高的心里价位。

这时货主说，他是2000买的，怎么也得让他赚点，每天旅馆的床位费，回家往返的路费也不少啊。

小安笑了笑对货主说："你叫苦，我也不容易，我是工薪阶层玩收藏，每月工资也不多，各有各的难处。"

最后还是小安让了让步，小安说他是出于同情心，在2000的基础上加了200元，以2200元的价格买下了这个青花龙纹大筒炉。

附：

青花二龙戏珠筒香炉（顺治时期）

高：16.5厘米，口径：23.5厘米，足径：23厘米。这炉口沿内翻，通体直筒状，圈足，砂底。青花发色深沉凝重，釉面白中泛青，光洁平滑。龙纹画意凶猛、刚劲，江芽海水、礁石与火云把二龙衬托得更为气势不凡。此种画法具有明末清初的时代特点和风格。

从砂底露胎处可见胎质洁白，由于年份久远，底面已呈现片片黄褐色火石红。该香炉底面有明显的旋削跳刀痕，中心处有一点状釉脐，是辨别这一时期器物的特征之一。

差点儿被偷走的凤尾尊

说到的这只人物故事凤尾尊也叫花觚（彩图76），小安告诉我，为这件花觚，在旅馆里，一个与花觚货主同屋的外地来京的卖木佛的商贩被派出所抓了起来，还拘了十五天。

他说：“事情是这样的：三年前一个冬天的某个周三，我照例到旅馆摊上找瓷器，在一个两人间的屋里看到了这只凤尾尊，毛病不大，我挺喜欢，想买，但货主心气太高，要15000元。我自然不能买，因为我没那么多钱，也很少买这么贵的东西，工薪阶层吗。”

事隔一周，又是周三，小安说他又去旅馆，见到了这位花觚的货主，但没见到花觚。小安问货主，花觚是卖了，还是放起来了。货主告诉小安，没卖，也没放起来，是被派出所做为脏物给拿走了。小安又问事情的原委，才知道是货主同屋的那个卖木佛的人犯事了。

就是上个周四，同屋的那人把带来的两尊木佛都卖掉了，晚上该走了。他白天提前与旅馆结完账，说他是夜里三点半的火车，两点才能离开旅馆。等他夜里两点走时，那位同屋的凤尾尊货主已睡熟。这时木佛货主被旅馆值班经理截住了，因为他身上挂包里背着一大花觚，由于花觚40多公分高，还露出半截。旅馆经理很警惕，知道他是卖木佛的，怎么多出一个瓷器大花觚呢？就叫住问他是怎么回事。那人说是买他同屋的人的。经理让一个服务员把他同屋的花觚主人叫了来，没等经理开口，花觚主人一见同屋卖木佛的人背着他的花觚，当时就急了，说你怎么偷我的花觚。木佛货主的慌言被揭穿了，无地自容。

旅馆经理很快给当地派出所打电话报了警，派出所来人把那人带走了。花觚也做为脏物，同时被派出所拿走了。当时派出所的人告诉货主，说等事情处理完了就把东西送回来。

是啊，过去不是有句老话叫："捉奸捉双，捉贼见赃"吗！

时间又过去三天，小安说，当他再来到旅馆时，又见到了这位货主，也看到了这件花觚重新摆在了他的摊位上。货主认识小安，一见他来了，主动和他打招呼，并说，如果想要这花觚，可以大幅度优惠他一把。

货主对小安说："如果那天不是旅馆值班经理责任心强，截住那偷东西的人，我的花觚就丢了，一分也卖不成了，所以能卖多少都是赚的。"

小安听货主这么一说，觉得货主经过这件事后开窍了，小安于是趁热打铁，让货主开个价。货主这次开价8000元，而不是15000元了。但这个价小安觉得还高，最后双方定到6500元，货主是勉强同意的，小安也是下了挺大的决心，才把这花觚买了。东西虽好，价格也合理，但6500元钱对小安来说也是个不小的数字啊！

可话又说回来，谁让你爱上这一行呢！这就是瘾。多少工薪阶层从上了这个瘾后省吃节用也要买古董。所以这里奉劝大家：一是要量力而行，二是要有进有出，使资金能周转起来，这叫做以收藏养收藏。

但时至今日，这件花觚的价钱岂止是15000元所能买到的！小安当时的投入事实证明是有丰厚回报的。

附：

青花人物故事凤尾尊（康熙时期）

高：44.5 厘米，口径：22 厘米，足径：14.5 厘米。此尊口外敞呈喇叭状，长直颈，丰肩，圆腹。腹下渐收至足上外撇。足内施釉，绘青花双圈。造型优美。

青花发色有珠明料的蓝中泛紫，浓艳青翠。用一种青花色料绘出了山石的阴阳向背，表现出了青花的多色阶，突破了传统的单线平涂画法，使画面清新悦目，并有古拙、凝重、浑厚感。尊的颈部画芭蕉山石，腹部画一组人物故事。敞口下面画有绕行一圈的寿带云。

此凤尾尊是康熙时期的民窑精品。筒花觚这一器型始于明晚期，康熙时期的花觚更具有特殊的曲线美，被称为凤尾尊，这种花觚的烧造一直延续到清晚期，然而哪一朝都无法与康熙凤尾尊的尊容相比美。

意外事件促成交

这件梅瓶（彩图77），小安说当初他在旅馆摊上看到它时，破得利害，不仅有纹，还有锔子，货主要价也高。

所以几个星期，在旅馆里都没卖出去，货主不得不又把它带回浙江。

几个月之后，在潘家园旧货市场的地摊上小安又看到了它，是货主从浙江过来，又到潘家园地摊卖货来了。

可能是货主对它进行了整容，锈得发红的锔子没有了，缺损的部分也补上了，补完还涂了彩，给人的感觉是件完整器了。当然货主要价也更高了。

小安说对这件东西，他是有心要，不能买。卖主要价3000元。按当时正常市场估价，它不能超出1000元，也就800~900元钱合适，可货主非要那么高。问价的人，也都是问问就走，到后来就没人再问了。看来卖家是“宁肯要跑了，也不能要少了”。真固执！

一天早晨，一个莽撞的年轻人到这五彩梅瓶的摊前，没有摘下戴着的手套就去伸手拿这梅瓶，结果一不小心，把瓶掉在了地上，本来刚刚被修补得像只完整器的瓶子，又分成了几块躺在地上。货主与这年青人一时不知所措。但责任很清楚，是年青人打破的，谁弄坏了东西，就该由谁来赔，这是自古就有的理儿，没什么可说的，没有分歧，年青人认赔。分歧点是赔多少。货主说：“我这瓶一直开价3000元。你至少赔2500元给我，瓶归你。”年青人说：“这小瓶值不了那么多，也就值几百元。”在双方争执不下时，也有旁观者出主意，但还是始终难以了断。

小安说：“正在这时，我又回到了这个摊位前，看了看这五彩瓶，碎是碎了，但基本还是老茬，都是从原来粘起来的裂缝处碎裂的。我想了想，对两个当事人说："东西打破了肯定要赔，但尽量让赔者少赔些。我说是否可以这样，东西我买下，我出800元，年青人出800元，摊主先生就等于按1600元把东西卖了，你们看这个方案如何？年青人当即表示同意，他当然觉得比他一个人赔要好多了，少出一半的钱，加上原本这瓶他就没想买。当初拿它，也是出于好奇，他根本不知道这瓶是什么年代的。货主觉得1600元少了点，他原本打算至少卖到2000元。"

小安接着说："我说这个方案时，旁边有几个看热闹的人，听后也都点头，觉得合适，并且也劝货主就此了结。固执的货主终于听了劝，事情就这样解决了。我花800元把这件五彩瓶买下来了，现在又粘起来，基本又恢复了原样。"天快黑了，小安的故事也基本讲完了，我告辞回家。

在路上我想，小安是如愿买下了这只瓶，但给大家的教训是在古玩市场逛摊时一定要小心，不要碰坏或摔坏了人家的东西。古玩同其他商品不一样，没有标准价格，失手摔坏以后肯定要为赔价扯皮，如果赶上件珍贵器物，那就赔惨了。另外，有的卖假货人巴不得你失手，就此敲诈你一笔钱。所以奉劝大家，逛古玩市场一定要多加小心！

附：

五彩开光狮纹梅瓶（康熙时期）

高：17.2 厘米，口径：5.5 厘米，足径：7.2 厘米。此梅瓶口沿外撇，短颈，丰肩，肩以下渐收，近底处略有外撇，平砂底。

通体彩绘繁满，但繁而不乱。三开光中有三头雄狮，姿态各异。肩部和近底处各绘一圈缠枝花卉。红彩深红似枣皮，绿彩微泛黄。具有明末清初五彩瓷的特征与时代风格。

旧物重逢

本来和小安说好是“十一”国庆节时再聚，但距离“十一”还有一个多月呢，小安就打电话叫我，说他买了件鱼纹小缸，让我过去看看。搞收藏，就是要大家凑到一块，你一句，我一句神侃闲聊，才有劲，聊中长知识，又通过争论才能把问题搞明白，所说的眼力，也是靠这样一点一点提高上去的。

我应约到了小安家，小安拿出他刚买的案缸让我看。

这案缸画有四条鱼，鱼在布满水草的空间里自由地游荡（彩图78）。我看后对小安说：“这缸很开门，是康熙中晚期的作品，这你还吃不准吗？”小安说：“不是吃不准这个，我也看出它是康熙的，只是这只缸让我联想起一件事，这事跟你还有关系，所以让你过来，咱们一块聊聊。你不是爱听故事吗？”

“跟我有关系，怎么会跟我有关系呢？”心里挺纳闷。

这时小安拿起这只小缸问我，让我看这个缸多少钱买合适。我看了又看说，不能过千，七八百元合适。小安笑了，说他是花250元从一个市场上买来的，小安觉得自己买得便宜，得意地笑了。

小安又指着这个案缸说："这个缸，你该认识，它在你手上呆过。"这倒让我感到惊奇了。这缸什么时候在我手上呆过？"没有啊！"我忙跟小安争辩，并又再仔细地端详这只缸，在我的脑海里怎么也找不出这样的记忆。

小安说那还是五年前的一天，我俩在旅馆地下室的摊上看到了一个缸，缸的身上有锔子。小安说他清楚地记得是我花150元钱买下了它，正在这时一个老干部模样的老同志走到我跟前拍了拍我的肩膀，我一回头认出是我过去一块工作过的老同事。小安说："当时你俩寒暄了一阵子后，又说起这缸，那位老同志对这缸很感兴趣，于是你就把这缸原价转让给了这位老同事。"

我这才搞懂小安说这缸跟我有关的缘由了，也真如他所说这缸在我手上呆过。但此缸在我手上还没焐热，就易了主。又是五年前，我怎么会记得呢。

说到这我倒很佩服小安的记忆，五年前见到的东西，现在还能记得。我又向小安说你怎么就知道这只缸就是五年前的那只缸呢？

小安说："因为从那以后，在这五年里，我就再没见过跟它一样的鱼纹缸，这种缸比较少，而且这缸上的这条鲤鱼的眼睛给我的记忆深刻，画法特殊。我觉得这条鱼，它老是在看着我，所以我一见它就认识它。"

这时，我心里在想，他怎么又把这缸买来了。我心里这样想着，嘴上立刻就说出来了。问小安："你怎么又把这缸买来了?”

小安说是这样的，昨天他到一个旧货市场的古玩店转悠，在一个人称小亮的店里看到这缸。小安说他拿起这缸，看到它全身都修过，修时涂上的透明涂料已变黄，实在难看，并且让人猜不透它到底有多大毛病，是有纹，还是缺肉。大概正因为这样，谁也不敢买它，因此放在这半年多没卖出去。

小安说，店主小亮也很爽快地告诉他，说这是一位老同志放在这儿，让他代卖的。

小安想小亮说的这位老同志，可能就是我俩五年前在旅馆碰上的那位老干部模样的我的那位同事吧！所以立即有了好奇心。

小安说，因为五年前看到过这个缸，知道它只有几道纹，口沿缺个星星点点，其他没毛病，所以才敢买它。

我问小安，原本店主不是少1000元不卖吗？小安说，那是半年前刚摆出来时，现在，店主知道那个价没人要不降价不行。因为小安说知道缸主人五年前是花150元钱买的，所以他给价200元，店主说做不了主，随即给货的主人拨通了电话，电话中店主可能又得到货主新的授权，店主放下电话说，再加五十块就卖你。

小安说：“我欣然同意，花250元买了这鱼纹案缸。”

附：

青花鱼纹案缸（康熙时期）

高：17.5 厘米，口径：21 厘米，足径：10.5 厘米。

此缸口沿呈齐平状，沿上有唇边向上凸起一圈，圆腹向下斜收。平砂底向里凹陷。亮青釉面，青花发色有珠明料的浓艳青翠，近于翠毛蓝色。

通体绘有“鲭、鲥、鲤、桂”四鱼纹，并有花、草、虫点缀其间。胎体致密，重量适度。

上述特点都是康熙中晚期瓷器作品的时代特征。

此种清代案缸，从康熙到乾隆多为平砂底，底向内凹陷，清中期以后多为圈足底，且康熙时期缸的口沿向外伸展，有别于中晚期。

帮人解围买到灯笼罐

前边小安讲完了那个与我有关的小缸，又把话题转到了这个万历青花三娘教子灯笼罐上（彩图79）。

小安说懂眼人一看就知道这罐不是景德镇窑烧制的，青花发色不正，好像没烧透发色没发出来似的，釉面也不够白润，有人说是福建窑烧的，有人说是景德镇周边的一些小窑烧的，小安说：“我倒同意景德镇周边小窑这个说法。”

小安说这个小罐他还是花了几百块买下的呢。接着他讲起了买它的经过。

小安说：“四年前在地下室旅馆的摊上，一个南方人摆了很多这样色泽的器物，就这件有点年份，在我看到时，别人已交了钱，正往包里装。又过了半个多小时，就在我要离开旅馆时，看见在这个南方人的摊前，那买走这个罐的人，又回来了，要退这个罐，说这个罐是新活儿。其实明眼人一看一听就知道那人是想找点借口退掉罐，因为这罐的颜色不太好。

按行里规矩是不能退货的，何况是真货。于是摊主不同意退，那人硬是说是假货，摊主更是不服，两人争执起来，引来不少围观者。

小安说："我正想买这罐，刚才是那人先我一步买走了，这时见他要退，我上前对这人说，你多少钱买的，转给我吧。"

小安说他这么一说，摊主和买罐人也就各自有了退路，马上不争吵了，他就这样买到了这只罐。

小安又说："正当我手提着这罐要走出地下室旅馆时，一个开店的中年男士拦住我，问我能不能把这个灯笼罐卖给他，我当即告诉他不卖，他又说给我加300元，行不行。我说我很喜欢这罐，我也正在收集这类万历人物罐，所以不能卖。那人只好悻悻离去。"

我看了这只灯笼罐后感到，它尽管是小窑烧的，釉面及青花色泽不很正，但釉面很硬朗光润，人物画得也活泼自然，整个图案布局合理，不失为一件具有收藏价值的好藏品。

附：

青花人物灯笼罐（万历时期）

高：17.7 厘米，口径：8.8 厘米，足径：10.4 厘米。此罐短颈，口沿微外翻，丰肩，直腹，腹下微收成灯笼筒形。圈足，足内有釉。腹部有接痕。釉面白中泛青，青花发色深蓝见灰。腹身相背各绘一组教子图，并有牡丹庭院相衬托，纹饰满而不乱。颈肩部都有花卉及云纹。露胎处见胎质细硬，有粘砂。应是万历时期景德镇周边的小窑产品。

康熙披肩留白大口尊

地下室旅馆在1999年前后，可是火了一阵子。那时候，每周山西都有二三辆，有时多达四辆中巴车到来。他们从山西临出发时都得与北京这边的两家地下室旅馆先订床位，不然来了就住不上。一些河北、山东、南方的散客，只能见缝插针，时常因无床位，拉着行李车到其他旅馆找住处。有时地下一层二层的房间住满了，走廊过道也摆满了，店家还在地上的食堂、仓库挤出地方来，为远道而来的老商户开辟空间摆摊卖货并搭铺住人。真是好一番热闹景象。那时除了潘家园的市场，可能就属这热闹了。

买货逛地下室旅馆地摊的人，有收藏人士，有开店的店家，凡是行里的，很少有不知道这地下室旅馆的。

在那时，这里旅馆能买到古玩的信息也传到了老外耳朵里，因此时常也有外国人来光顾，但每次来的外国人都被旅馆的服务员挡在门外，不让他们进。他们都是很不高兴的离去。他们中也有在门外等候，从逛摊的中国人手里买些东西。

小安指着桌上的这只青花大口尊（彩图80）说：“这

只尊就是我那时从旅馆的地上食堂的一个角落里摆摊的山西人手里买到的。当时由于天黑灯暗，一些人看不准，把它拿起来又放下，不敢买，怕是新活儿。我却一眼就看清这件东西是康熙时期的。由于多人拿起来又放下，卖货人的心气也就逐渐降下来了，为我的侃价创造了有利条件。因此，我只花了200元钱就买下了这只尊。"

小安说，"当时由于是地上，两个韩国人也在旁边。看我买下这只尊，两人用朝鲜语耳语了几句后，又用中国话跟我说，可不可以卖给他，我向他们摆手，表示不行。他们也只好作罢，但接着两人又用鲜语议论了起来。"

小安说，朝鲜话他还能听懂几句，因为他老家在东北，他家乡是煤矿，一多半矿工是鲜族人，他小时候常跟鲜族小孩在一起玩，也学了一些鲜族话，一般的话能听懂。他听两个韩国人用鲜语说的大概意思是："这件东西拿到韩国可以卖到两千美元……"

小安说到这，我打断他的话，跟他开玩笑说："干嘛不卖他们，先拿上2000美元再说。"小安说："他们只是说到韩国能卖上2000美元，并没说给我2000美元。况且，他们即使说给我2000美元，我也不会卖，因为他们是外国人，好文物应该留在我们国内，不能让它流失到国外去。"

我打断小安的话说："这就对了，我们本是玩瓷器，不能为这个犯错误哟。"

附：

青花披肩留白花卉大口尊（康熙时期）

高：18.3厘米，口径：7厘米，足径：7.5厘米。此尊直口略外撇，溜肩，腹下收，足外撇，二层台圈足，圈足内墙深，底面向内凹陷有釉。釉面青亮，青花发色深蓝，蓝中见灰。三组大披肩，青花留白绘牡丹缠枝花卉。肩部颈部及足上方均绘有纹饰。整体纹饰布局合理，图案与器型美观大方。是康熙早期作品。

劫后余生的五彩罐

小安又把一个五彩罐放到我眼前，却不说罐，竟说起旅馆来了。

他说1999年10月的一个周二，按惯例，来旅馆逛摊的人们5点半又都聚到旅馆门外。大门一开，大家就都进去了，这次进去没见到一个山西商客。这是怎么回事？有人问旅馆服务员，服务员说，山西人刚来过电话，说昨夜里在路上出事了，遇上了车匪，被劫了。有的人还被打伤，正在往北京赶，可能一会就能到。

七点多钟两辆山西中巴到了。人一下车，从他们的沮丧和疲惫不堪的样子，能看出确实是出事了。

等他们安顿好，摆出货已是上午十点多钟了。

小安说："我走到一个很熟悉也是这次遭劫的山西人老杨摊前，先向他表示安慰，然后拿起他摊里一堆木盒子旁边摆着的一个五彩罐端祥起来（彩图81）。没等我说话，老杨先开口说：“瓷器就剩这一个小罐了，其他的昨天路上都被抢走了。这个小罐是放在一个木盒子里，劫匪没发现，才留下了。”

又有几个人围拢过来好奇地问情况，老杨看大家都很关心这事，就讲起了昨天被劫的经过，他说：“夜里1点多钟，大约是在过了阳泉还没到景县，就是山西与河北的交界处，随着车的摇晃和颠簸，我们都正在车上打盹，似睡非睡中听到有人喊停车检查！这时借助车灯灯光，我们看到车前站着几个身穿警服的男子，边喊边打着手势，让司机把车停下来。司机停下车，在他们猛烈的拍打车门声中，司机把车门打开了。他们上车，开始翻包，一阵折腾后，他们指着被他们翻出来的瓷器说，这些东西都属文物走私，一律没收。上来的四人中还有两人以查证件为由，开始翻每个人的钱包，而且是不看证件，光找钱，见钱就没收。最后看没翻到几个钱，就公开地喊，让我们把钱都交出来。这时大家才看清了他们的真实面目，警服是骗人的，他们是一伙劫匪。我们中间有人想反抗，几个匪徒看有人要动手，便抽出了腰间的砍刀，叫道：“都别动，谁动砍了谁。”另一个劫匪还掏出了腰里别着的手枪比画着。”

老杨说，“劫匪大声喊，让我们必须把钱拿出来。这时，我们中有人说。我们是去北京卖货的，没带钱。一个劫匪说，不对！你们出门不吃不住？不带钱行吗？我们中的老张说，我们卖了东西才有钱，我们拿卖东西的钱吃饭住宿。一个留着小胡子的劫匪一听老张的话，十分生气，就势给了老张两耳光，喊了一声：'走！'其他劫匪听他一声令下，都各自提上翻出的东西下车了。我们想追上他们夺回我们的东西，可又清楚地看到他们手中有枪，有刀。还是别吃眼前亏，赶紧找地方报案吧。

"在当地一个公安分局里，民警告诉我们，最近这里发生了几起这样的抢劫案，还有命案在里边。公安机关正全力组织侦破。一旦有了结果会及时通知我们。"

听完山西人老杨讲完他们被劫的事，大家一顿痛骂车匪路霸之后，又把话题转到了他摊上的这些东西上。

小安说："等一个人买走了他的两个木箱子后，我又跟他谈起了这个五彩小罐，老杨说，这次带来这种小罐本来是一对，那只放在外边包里，被劫匪抢走了，这只你要就给800元钱吧，我没再还价，不单是因为他没要高价，也是出于一种同情心，买下了他这只五彩小罐。另则，也是我喜欢这种明末清初的五彩器的缘故。"

附：

五彩狮子穿花罐（天启时期）

高：15.3厘米，口径：6.5厘米，足径：8.5厘米；罐唇口，短颈，丰肩，腹下收至足底。圈足，底面有釉，亮青釉面，颈，肩，足上方都有五彩纹饰，口施酱黄釉，满腹绘三只狮子穿缠枝牡丹纹。整个图案只用红绿黄三种颜色，并从口沿到足上有七层用釉下青花线画成的边饰，所以有人也叫这种器物是青花五彩器。这种五彩狮穿牡丹花卉罐是明末清初多见的，器型有别于嘉万时期，此时的罐从肩下收腹至足上方，收腹角度大，呈锥柱形，嘉万时期多为园柱形，常称其为灯笼罐。红彩似枣皮红，绿彩绿中透黄，红彩图案用深红钩边，绿彩图案用黑彩勾画轮廓线，这种画法一直延用到清康熙时期。

两缺一的遗憾

小安拿起一只小扁罐（彩图82），问我：古人拿这小罐是干什么用的?”我说：“听别人说过这种小罐可能多为围棋罐，也有用来装首饰、盛糖用的。”

小安接过我的话风趣地说：“古人用它装什么是古人的事，现在把它叫什么，是我们的事，我们就叫它围棋罐吧。”

没等小安说完，我又追问他：“这罐一定也是你从旅馆摊上买的吧?”小安点了点头。说：“是的。”并说是他三年前一个周二在旅馆地下室摊上从一个河北人手里买到的。这罐有两道冲，口沿还算完整。河北人以500元钱卖给他了。河北人还许愿说另外还有一只，跟这只是一对，下周给小安拿来。小安说：“我一听这当然高兴啦，这围棋小罐本该是一对。若能配成一对收藏起来，那该多好啊！”

小安说，到了下一个周二，他又去了旅馆，想找到那位卖他扁罐的河北人，但怎么也没找到，因为他根本就没有来。小安当时也自我安慰地想；这事不能当真，仅一面之交，能拿来则好，拿不来也属正常。

到了晚上十点多钟，小安正准备睡下，电话铃声突然响了，原来是那个卖他扁罐的河北人，打来了电话。

小安说：“河北人在电话里说对不起，白天没去旅馆是因为他没拿到那只扁罐，手上又没有别的货可卖，就没去。想在电话上跟我说一声，怕我着急，也怕我说他说话不算数，就打个电话过来解释一下。”

小安说，“接着他解释为什么没拿到第二只扁罐的原因。他说那只罐确实有，不是骗我，是在一个承包鱼塘的农民手里，前几天那农民承包的十亩水面的鱼塘，因河流上游的造纸厂排出的废水污染水面，使他几万尾商品鱼死亡，这个农民正和造纸厂打官司呢。”

小安一听事出有因，便说：“没关系，没关系，以后有机会再去拿。”打官司是双方扯皮的事，何时能有了结果，谁也说不准，于是小安也就把这事放到脑后头去了，就没再找这位河北人，这位河北人也没再找他。事情也就不了了之了。

我看到这只小罐，感到确实不错，有万历时期瓷器的明显特征和时代风格。是万历民窑瓷器中的精品，只可惜不能成双。

附：

青花开光人物围棋罐（万历时期）

高：10 厘米，口径：8.3 厘米，足径：9.7 厘米。罐直口微向内收，端肩，鼓腹下收至足根，整个罐扁平。圈足，足内有釉，肩部及足上部均绘有纹饰。腹部绘锦地开光，四开光中各画有人物，口的上沿及口内侧无釉，腹中有接痕，接痕自然。此扁罐应有盖（缺）。

青花发色是回青料的蓝中泛紫，釉面青亮，圈足有人工刮削的刀削痕。这些特征都是明中晚期青花瓷常见的。这种器型也是深受藏家欢迎的品种之一。

失而复得的将军罐

小安讲完上边几个器型小一点的瓶、罐之后，又从地上把一个青花将军罐（彩图83）搬到了茶几上。指着它说：“咱们来谈谈这位将军的来历吧。故名思义，书上说它的盖像过去战场上将军的头盔而得名。我看它体型之大之魁武也与将军二字很相称。这种东西很有气势，让人一看就喜欢。”

我迫不及待地想听它的来历。小安说，这一盖一罐的得来还真有段故事。说盖是他从三河买来的，罐是从地下室旅馆买来的。

小安说：“这罐因为太大，买完付款之后，就又存放在货主那了，货主一再叮嘱我走时一定来拿。我答应货主之后，又去了古玩城，想回来时再提上这大将军罐。

“大约两个小时以后，我返回来拿这罐时，旅馆的情况有了变化。那个时期正赶上整顿市场秩序，旅馆不准摆摊卖货，上边早就下过通知，可过去也就说说而已。这次工商局和派出所可动真格的了，不仅查，还扣东西。

“就在我离开旅馆的这两个小时中，执法队来查这家旅馆了，没来得及撤的摊上的东西被扣了，我寄存在摊位上的那个将军罐也在其列。

我见到卖给我将军罐的摊主，摊主感到很内疚，我也无奈。这时我突然想到，我又不是摆摊卖货的，我是寄存在摊上的，干嘛要扣我的东西呢。好在这时执法队的车还没走。我抱着试试看的心情，去要一下，也许能把东西要回来。

“我找到执法队中管事的人，指着车上的那个将军罐说，这件东西是我的，我不是摆摊卖货的，我是逛摊买货的，东西是我存到摊上，去办事刚回来，能不能把东西还给我。我这么一说还真灵。那位工商员上下打量我一番，看我不是外地人，确实不是摆摊的，就答应把东西还给我。但他说，不能就凭你这么一说东西是你的，就把东西给你了，起码得有个证明人吧，得写个收条吧。我觉得人家说的也有道理，就马上把摊主找来，把旅馆经理找来，他们都作了证明，我又写了一个收条。工商把东西给我了。在给我的同时，工商员还加了一句话，说照理说你在这里买东西也不合法，收了你的东西，也不超出管理范围，这次就从宽了，下次注意吧！我一个劲地说，是！并一再谢过那位工商管理员。赶快拿上将军罐回家了。”

小安说他后来又到旅馆听说，当天下午工商对旅馆摆摊的作了一些罚款后，就把东西退给了每个摊主。告诫他们今后不要在旅馆摆摊了。

这时小安又把那个盖拿起来对我说，他买到这个将军罐后，就想方设法为它配盖，找了一年多，总算在一个三河的老乡家里看到了与罐体花色大体相同的这个盖，老乡看小安对这个盖这么热衷地要买，推想他一定有能与它相配的罐，因此就开出天价500元。

小安正在为这盖的价格与货主僵持不下的时候，货主家进来一个人，也是他们本村的，恰好这人小安很熟，他们是在潘家园地摊上认识的，在这里见到他，真有他乡遇故知的感觉。最后在这人的协调下，小安以120元买下了这个盖，拿回来一配正合适。

小安说完后，我仔细看了这个将军罐，康熙年间的时代特征很明显，是件值得收藏的器物。

附:

青花凤穿缠枝牡丹将军罐（康熙时期）

高：43.5厘米，口径：12.2厘米，足径：16.5厘米。此罐直口，溜肩，圆腹下收至足上端。盔形盖，扁圆纽。胎质细密，胎体有厚重感。青花色调浓艳明快，釉面白洁细腻。通体绘缠枝牡丹，四只凤凰展翅其间。绘纹繁满，繁而不乱，疏密得当。用笔舒展豪放，与其器型搭配相宜，确有落落大方的将军气度。

将军罐是明末清初瓷器的主要器型之一。崇祯、顺治时期的将军罐多为具有人工刮削的刀削痕的平砂底，无跳刀痕，康熙早期虽仍是平砂底，但有跳刀痕，康熙中晚期多为二层台式圈足底，足内施釉。康雍乾三朝的将军罐圆腹下收幅度较大，到了清中晚期，收腹幅度小，近乎斜角至足上端，与清早期有明显区别，此将军罐从器型，青花发色上可判断其为康熙晚期民窑制品。

带锔子的恰恰提示了一种鉴别信息

有件祭蓝六方瓶，也是小安从旅馆摊上买来的。小安指着这身上有锔子的六方瓶（彩图84）说，一般人看到有锔子的器物就不愿意要，但有的人可是另有一番说法，他们说这种修补破碎瓷器的工艺方法，现在已经不用了，已成为历史了，因此有锔伤的器物也应做为历史被收藏，作为一种古典工艺被收藏。锔子本身也是一种文物。这话是有道理的，而且这种旧锔子恰恰给你一种鉴别瓷器的信息：它肯定是老东西。那些一味追求完整，一味追求品相的人，其实经常被那些完整漂亮的现代高仿品所坑骗。当然锔子也要鉴别新老、真伪。

本着这种理念，小安收藏了这件祭蓝六方瓶。

当年小安从旅馆一个山西人手里买这件六方瓶的时候，摊主说这瓶是他在一个镇上的一个大户人家买的。听他家人说，这瓶是他们祖上传下来的，传到现在已有几代人了，时逢手上缺钱，处理了一批木器，顺便把这件祭蓝瓶也就处理了，他家好的瓷器还有很多。

小安告诉我那山西人从大宅门里是花150元买的这件祭蓝六方瓶，卖给他是200元。小安说，这瓶山西人买价不高，卖价也不贵，很划算。

附：

祭蓝螭耳六方瓶（乾隆时期）

高：40厘米，口径：17厘米，足径：15.5厘米。此瓶整体呈六方形，洗口，口下孤形折肩。颈上有双螭耳，腹部六面方体渐收于足根。足外撇，深圈足，足内无釉。

釉面蓝中泛紫，有玻璃光泽，光洁明亮。胎质坚细，胎体厚重，口沿及器体内施亮青釉。此瓶身上虽带锔子，但古铜色的锔子却给它带上了一种老旧沧桑之美。

清中期五彩卷缸

这次到小安家，听他讲了他的七件藏品故事，他对我能这样认真听感到高兴，因此他越讲越有兴致。他讲完祭蓝方瓶，又从他家柜的深处把一个清中期的五彩小卷缸拿了出来（彩图85）。

我看这个五彩小缸，中等个头，比一般案缸大些，比大案缸小些。画面是三个不同色彩的狮子像顽童一样在戏耍绣带，滚动绣球。

小安说："第一次在旅馆地下室见到它的时候，那个南方货主说这缸是康熙的，要出了康熙五彩缸的价。我说这缸是清中期的，他不同意，他要康熙的价，我不同意。就这样争论了好一阵子没谈下来，于是只好我走我的，他卖他的。由于没人认可他的高价，这缸两周也没卖出去。第三周我去时，这个南方货主打算回家了，急于出货，只好同意降价，但仍与我能接受的价格差距很大。然而货主甩货心切，不想舍弃我这个买主，便主动说让我再加点钱就把缸卖给我，我态度坚定，一点不加。最后货主只好把缸卖给我了。就这样我以1200元买下了这个五彩卷缸，这缸挺完整，没毛病。”

小安买回这个缸后，有几个行家看过，意见也不一样，有说是清早期的，有说是中期的，也有干脆说是晚期的，小安则认为是清中期的。到底如何，看看下面的介绍即能揭晓。

附：

五彩狮子滚绣球案缸

高：22 厘米，口径：26 厘米，足径：14.5 厘米。此缸齐平沿，圆腹下敛，圈足，足内有釉。釉面白润光洁。口沿下、足上方各有一圈边饰。三只狮子三种颜色，活泼顽皮，搬弄绣球，戏耍彩带。

这种五彩器应叫白地五彩。康熙时期的制品胎质坚硬细密，釉面细润纯净，自然旧光泽深沉，彩釉大多利用明代遗留下的旧颜料，因此色彩仍带有明代的色调，彩釉有足够的硬度。而这件缸这些特征不明显，但又不是晚清仿康熙五彩器那种釉面浮光感很强、胎釉结合疏松、彩色过于鲜艳的器物。因此它不是晚清的，也不是清早期的作品。

从画面、彩釉、胎质均可看到乾隆晚期，仍至嘉庆道光时期五彩器的特征，红彩已经是延用康熙晚期的矾红彩、绿彩还是绿里透黄，而不是晚清的深绿色。因此这件缸应该是清中期的民窑制品。

藏友割爱得佳品

家住百万庄的大梁，是玩古瓷多年的行家，听别人说，他家里有多年集藏的明清青花、彩瓷，并以官窑器居多。

他这个人不保守，几次约我到他家里去看看他的藏瓷。对我来说，这当然是件好事。搞收藏的人一般是不会轻易约人来自己家里的。虽然我俩之间也只有过几次交往，却很快互相间有了一种信任，我觉得他这个人很好，自然也总想能有机会去他家看看他的藏品。

有一天周六，我们正好在逛完了潘家园地摊时相遇，他让我搭他的车一块到他家去，我也正好顺路，就应邀而去了。

一进门，他的藏品之多真是让我目不暇接，地下、窗台上、多宝格里、多宝格上、门厅里、门厅外全是瓷器，走路都得小心。明嘉靖五彩五鱼大缸（官窑器）就屈尊在红木八仙桌下。桌上放着排列有序的正德、嘉靖、万历三足筒炉，还有明空白期的祭蓝大罐（彩图86），他的藏瓷以明代为主。

粗大明、破大明在他这是一应体现出来，有的没有脖子，有的没了底，有的腹部一个洞，有的仅剩半截了。这些东西是他多年一点一点收集起来的，放在家里，视若珍宝，每天精心把玩研究。

我到他家，他几乎是一件一件拿起来给我讲，讲它的年代，讲它的特点，讲它的来历。每讲一件都是津津乐道，真是有藏有乐，乐在其中啊！我从中也学到不少藏瓷的知识，更学到了他的这种热爱古瓷研究的精神。

我集藏明末清初这时期的民窑器，但对于他那些明早期，特别是官窑器，也是很有兴趣。于是我忍不住提出要买他多宝格里的一件康熙青花枯枝花鸟洞石小筒瓶（彩图87），想不到大梁非常痛快地答应了，二话没说就同意卖给我。价格吗，他说，就按他的进价，加点汽油费。他说他是300元买来的，让我给380元钱，问我行不？我很满意，论其品相，品位，年份及完整度，都何止这个价钱！

我满意而归。此行收获不小，可以说是精神物质双丰收。

附：

青花枯枝花鸟洞石小筒瓶（康熙时期）

高：22厘米，口径：5厘米，底径：6.5厘米。筒瓶又称象腿瓶，此时的筒瓶与崇祯顺治时期的器型大体一致。此筒瓶唇口外撇，短颈，丰肩，直腹略收至足底，器型整体均称。白砂底，有明显的跳刀痕。亮青釉面，口沿加施一圈粉白釉，形成灯草口，这是康熙筒瓶，花觚，笔筒类器物的一特点，此工艺特点沿袭到雍正时期。也有口沿施酱黄釉的，称酱釉口。

筒瓶青花发色有明珠料的浓艳青翠，色调又有深沉感。主画面是枯枝花鸟图，两只鸟在空中飞舞，另有一只落在枯枝上，有松枝、竹叶和盛开的梅花及竖立的洞石做陪衬，具有明末清初瓷器的时代特征和风格。

“非典”刚过捡小漏

虽然我是集藏明末清初、重点在清三代瓷器上的集藏爱好者，但偶尔碰上喜欢的清晚期或民国的好瓷器，也要买下。

有一件粉彩鹤鹿同春粥罐（彩图88），就是意外买下的。那还是“非典”刚过，我已有两个多月没去古玩市场转悠了。这一天天气晴朗，我就坐上地铁又倒汽车到了亮马收藏品市场。

“非典”也着实使古玩市场生意清淡了一阵子，逛店的人，不敢来了，送货的人，特别是河北、山西这些外地人也都不来了，店家们自己也不能下去找货，买进卖出几乎停顿。“非典”宣布双解除后，人们又都逐渐活跃起来了。可这时店家货架子上的货还是两个月以前的那些，没什么俏货。

我走进店里，也只是想随便看看，根本就没想能买到什么，所以转了一大圈，什么也没买。快要离开的时候，在末了一个店里，一眼看到了一个让我眼前一亮的粉彩粥罐，我对清末民初这个时期的东西虽也有所了解，但不很熟，看到这件粥罐，觉得它很漂亮。粉彩色泽淡雅，又是鹤又是鹿，其吉祥寓意，表明是清代以来的东西，我就上前问价。卖家是个老大爷，一听他说话，能感觉到他是个买卖人出身。

他对我的问价不直接作答，而是说让我看好了给个价。我说300元如何？这是我的真心话，在我眼里，它也就值这个钱，我是可买可不买，贵了我也不想要。

店主老大爷说少500元不卖，这东西不是我收藏范围以内的，价格谈不拢，也就作罢，我抬腿要走，不料这位店主硬是拉住我说，再加点，我就给你。我心想，你不是少500元不卖吗。商人就是如此，特别是这个特殊时期，客流极少，能有人给价，只要是不赔钱店主们就卖，这是我后来听一个开店的朋友说的，不然连交店面房租的钱都吃紧。

我有我的心里价位，对这件东西，只能给他300元，多了我是不会要的，店家也看出了我的决心，最后店家还是咬咬牙。同意我的报价300元卖给我了。我付完钱后，店主说，这件东西他是280元钱进的，卖给我就赚20块钱。

我是玩年份好路份高清三代以前青花和彩瓷的，在这些藏品中间放置这样一件粥罐，也显得它格外漂亮精美。好东西人人爱，看来这是定律，我也不例外。

附：

粉彩鹤鹿同春花卉粥罐（民国时期）

口径：17 厘米，高：17 厘米，足径：12 厘米。此粥罐整体滚圆，有四个系，两个手提半园铜提梁，盖顶饰蜘

蛛形手纽。圈足，足内有釉，从露胎处可见胎质较松散不够坚硬。

粥罐的盖和罐体各绘一组鹤鹿同春图，每组图里都有一只小鹿趴卧在草地上，一只红嘴白鹤落在花枝上。画工细腻，彩釉淡雅，色调柔和，是含粉质较少的浅淡软彩，施彩较薄，釉面白中略闪青，用金彩做边饰。整体生活气息浓重，是民国瓷中的细路精品。

——坚持就是胜利——

炉是瓷器集藏的重要品种之一，特别是明清两代瓷器中的炉存世量比较大，器型种类式样颇多，有钵式炉、筒炉、三足炉、鼎炉、鼓式炉、兽面兽足炉、鱼耳炉、象耳炉等等。明代以三足筒炉和早期的各种耳炉为主，清代以敞口钵式炉为主要器型。炉的花色以青花为主，五彩、粉彩也是其中的主要品种，但比青花炉要少。

在我的藏品中，炉也是以青花为主，仅有少量几只五彩或粉彩炉。其中一只青花五彩龙纹炉（彩图89）是我从潘家园地摊上买来的。

说起来已是五年前的事了。这只青花五彩炉在一个河北农民的地摊上足足放了有两个月没卖出去。是炉不好吗？不是。青花五彩在那时也是俏货，在地摊上不是常能见到的。

这只炉，第一次在摊上露面时，也曾被很多人围上，你看完我看，没让它闲着过，东西都摸热了！但都是怎么拿起来又怎么放下。为什么呢？是价钱高过了头。摊主报价是少3500元不卖，况且这炉本身有冲，口沿还有毛边。但话又说回来，这炉的彩色确实漂亮，纹饰上没有一点伤彩之处。两条龙画得苍劲凶猛，谁看了谁都喜欢，我更是如此。两个月里，我每次逛摊都要摸上它一把。时间长了，摊主也认识我了，几次动员我买这炉，还放话要格外优惠我。但由于双方的价格差距还是太大，始终没能成交。摊主心理价位是不能低于两千，我则是一千上下。

几个星期过去了，这位五彩炉摊主的摊前，几乎到了门可罗雀的地步，显得冷冷清清了。只有我仍是每次逛摊每次去看，每次都要跟摊主聊上两句。功夫不负有心人，我这执着劲打动了这位农民摊主，加上他也感到高价是卖不出去了，于是决定大幅度降价，把炉从我这儿出手。

但他不会把价格一次降到位的，我们之间又经过几个回合的短兵相接，他从2000元降到1200元。我也见好就收，同意了他的1200元，把炉买下了。

跟往常一样，回来后，经过一番认真整理，去除它身上的油泥污垢，这件清初青花五彩龙纹炉，又有了它的原本容颜。

附：

青花五彩龙纹炉（康熙时期）

口径：20.3 厘米，高：12.8 厘米，足径：11.3 厘米。此炉口微外撇，圆腹，圈足。足内砂底无釉，圈足无釉处与釉面衔接处有一线火石红露出。口沿施酱黄釉。器身釉面青亮。炉内底无釉露胎，有火石红泛出。青花发色浓艳深沉，釉面蛤蜊光晕明显。这些都是康熙青花五彩器的明显特征。炉的画面主图是二龙戏珠，龙的姿态凶猛，江芽海水与火焰布满空间。

这种器型的青花五彩炉是明末清初炉的主要品种之一。

初次下乡寻宝

由于自己年岁大了，玩瓷之事，老伴只允许我在北京市内活动。潘家园、琉璃厂、亮马、红桥、北方、荷花市场等几个市内的古玩、旧货市场，成了我经常光顾的地方，几乎不去外地。

有一天，一个朋友开车来找我，约我去河北三河乡下，到几个搞古玩的农户家里跑一趟。我瞒着老伴，跟上我这位李姓朋友上路了。这是我玩瓷器多年中的头一回“犯规”。

沿途农田瓦舍，广阔天地令人心旷神怡，别有一番情趣。到了农民家里，谈古玩、买瓷器，与在市场的地摊上大不一样。农民很客气，但谈起价格来，就不那么客气了，一是一，二是二，一点不少要。比在市场上要的还高。到了市场上，他们着急把东西赶快卖掉，免得还得他自己往回拿，再加上一路的盘缠开销，所以很容易降格以求。现在是买主到了他家里，价格不合适，他们绝对不卖，没任何损失。可我们却不同，跑了百余里路，不买上一件，空手而回，总觉得不是一件划算的事。所以，是两种心情。卖主当然很懂得这种心理。

我们走了几家，什么也没买成，看的东西不少，都不合适。东西档次低，要的价还挺高，我们要找的清三代的瓷器却见不到。

到了最后一家，一个刘姓的货主才拿出两件有价值的器物：一件雍正仿哥釉双象耳撇口尊（彩图90），因要价太高，接受不了，索性没谈；另一件是康熙山水人物大笔筒（彩图91），是我要找的东西。一块去的老李让我先谈。对方要价5000元，仍是难以接受，也谈不下去。因为我给到2000元就不再加了。卖家降到2500元就不再降了。谈不拢，只得告退。我们出了大门，走过乡间窄道，来到停放汽车的空地。

当汽车正要发动的时候，刘姓朋友拿着这件大笔筒追了出来，说再谈谈。

商家常说："上赶着不是买卖"，这时再让我出价，就是原来给的价，高出2000元不要。最后刘姓朋友不再坚持他的2500元，而是说，2000再加100行不行。

在我心里，当时我给的2000元就够高的了，我要不是怕空手而回，2000元我都不想出。刘姓卖主看出了我的态度，无奈中只好依了我的2000。我买下了这件笔筒。

这趟出远门买的东西到底如何，请听下面分解。

附：

青花山水大笔筒（康熙时期）：

高：17.5 厘米，口径：19.8 厘米，足径：19.2 厘米。此笔筒青花发色有珠明料的浓艳青翠，描绘出了山石景物的阴阳向背、远近疏密，表现出画面的立体感，体现出青花的多色阶，突破了传统的平涂画法。

此笔筒玉璧底，底下中心凹陷处有釉，靠近足边处一圈有釉，其余地方无釉，有跳刀痕。露胎处可见胎质细密，器体有厚重感。釉面呈浆白色，略微反青，釉面光润细腻。胎釉结合紧密。内侧与底面见有缩釉棕眼。有康熙早期的时代特征。是一件清早期的民窑精品瓷，也是市场很难见到的俏货，是藏友们追寻的热门藏品。

很难碰到的万历五彩人物罐

潘家园市场里的摊主小高是从河北白洋淀来的，是专卖清三代以前的青花或彩瓷的，我一看到他，总要盯上他。他卖的东西挺对我收藏的路子，我经常能从他这买到些可心的收藏品。

这天，市场大门一开，我就径直去了他的摊前，每次他并不急于把东西拿出来摆上，特别是好一点的东西。为什么呢？他说怕丢。因为在那里有一些混混和小偷，专门吃这些货主。很多货主都丢过东西，你想谁丢东西谁不上火。辛辛苦苦大老远跑来，就是为了赚几个钱，结果东西还没等卖就丢了，所以他们不得不防。这些小偷还专偷值钱的东西，哪个值钱他盯哪个。

在与小高交谈中，我问他今天有何冒尖货带来。他告诉我说，有件明末五彩罐（彩图92），虽然有冲，但它是人物的，很少见，他是好不容易弄到的。

由于谈得投机，小高马上就把这个罐拿出来给我看。在很暗的灯光下，我看到了这个罐。给我的感觉，罐的器型大，尽管有伤，彩不脱，用手一拿，感觉压手，有厚重感，我判断它是明代五彩真品。

从器型、用料、画法上看它的年代，比崇祯、天启要早，能到万历。它不是明末那种从肩往下收腹的器型，而是呈灯笼形的器型。所以，我判断此罐的年份最晚应为万历。

我决定买这个罐，此时天已亮，不用灯光也能看清物品了。我与小高开始了艰难的价格谈判。

卖家拿出一件好东西，是不会轻易低价卖出的。开始卖家心气高，特别是还没有被更多的人看到，第一个人想买下它，那是要出高价的，这是地摊上的规律，这次也不例外。我是这件五彩罐上手的第一人，价格自然高，谈了半天，也没下来多少，我又不愿撒手。因为此时已有几个逛摊人，眼巴巴地看着这件东西了，按惯例，只要你一放手，马上就有人接过去，你就失去了买这件东西的机会。

在讨价还价中，卖主极尽口舌把东西的优点长处说足说够，而买家是极尽语言找东西的毛病，最后还是摊主小高用行里人常说的一句话叫："褒贬是买家吗"，给双方争论解嘲。

价格依然没有谈拢，小高虽然有点急了，但出于以往的交情，最后还是达成协议，以2600元成交。我交了钱，把东西又放到他的纸箱子里，说等走时我再来拿。一般常逛摊的人都是这样，提上一大堆东西逛摊太沉太不方便。但放东西必须选可靠的人。不然东西容易被受托人给弄没了，前边的文中已谈到过这类事。

小高是个本分人，这方面没问题。而且卖给我的这个罐的确不算贵，请看下面的介绍。

附：

五彩人物罐（明万历时期）

高：23 厘米，口径：8.6 厘米，足径：12.6 厘米。此罐颈直，丰肩、小唇口。肩下圆腹向下略收。圈足，足内施釉，底面微微塌陷，罐腹有接胎痕。

由于瓷土淘炼不够精细，胎质显得有些粗糙，有杂质，釉面白中闪青。因年代久远，白色釉面及彩面都有明显的蛤蜊光光晕。彩色以红绿为主，大红大绿，有很少量的黄彩褐彩点缀其间。

主图案是麒麟送子，彩绘色调浓艳。人物绘画比较细腻，是粗大明中的精品之作。罐的整体绘画虽无青花在图案中，但罐从上至下有六条青花线做装饰，因此也有人称其为青花五彩人物罐。

转让使古瓷遭殃

带有人物故事的器物，是我集藏明末清初瓷的首选。有一次在潘家园地摊上，我看到了一个青花人物碗（彩图93），根据它的青花发色，我判断是康雍时期的。在碗的外壁一周画了八个人物，是八个游牧族人，赶着骆驼拉着大车，车上装满贡品，到清朝廷里来进贡的，车队人马是从长城外的塞北来。图中有长城、沙漠、草地，画意好。青花发色鲜亮。碗的口径有二十多公分，一侧有两条纹。

这样一件好东西，摆在那个南方人的地摊里，竟一个上午没有卖掉。有的人拿起来又放下，多数人说太亮，可能是新的。有的人则说肯定是新的。

我从开始一见到它，就认定它是康雍时期的东西，想买下它，就是价格没谈下来，卖家说不能少于600元，在我眼里，不能过400元，多了不值。

快到中午了，卖家有点耐不住了，当我再次在他的摊前出现，又一次拿起这个碗的时候，摊主说：“看好了，给个实在价。”因为前几次我最多也就给到300元，这时我想，我可以再加点，不然很难拿下这件东西。最后双方都做了些让步，以380元成交。

一年以后，一个瓷友杨先生到我家看我的藏品，也是闲聊，他一眼就看上了我的这只八蛮进宝纹青花碗，说他非常喜欢，并提出让我转让给他。朋友开口了，我不好不给，答应原价给他。朋友给了我400元钱，没让我找零。

又是两年以后，时间是2001年了，我的一个朋友赵明，在杨先生那里以580元钱把这个碗买走了。杨先生是开店的，再好的瓷器到他手里，他都是要卖的。

我的这个朋友赵明玩瓷时间不长，别人说对，他就买，别人说不对他就不买。这只青花碗他让好几个人看过，自然也会有人说新，甚至多数人说新。别人说新，他就认为自己买瞎了，买错了，一气之下，赵明把碗给摔了。真是年青气盛，遇事不多想。

还是赵明的老娘，看到儿子发火把碗给摔了，碗渣子散落满地，她赶紧拿来簸箕，把碗渣子扫到一块，一块块都扫进了簸箕，包括很小的渣渣。

说来也巧了，这时正好我有事来找赵明，到他家一看他家簸箕里的青花瓷片，感到好面熟，心想怎么把一个康雍时期的青花碗给打了。我顺口说："怎么这么不小心"。

赵明看我来了，说："咳，哪是不小心，是我一气给摔了，也怪我，花好几百元钱买了个大瞎活儿。"赵明接着说，"这不，我的几个朋友刚走，他们都说这碗是新的。一气之下，让我摔了，省得看了闹心。"

我伏下身，从簸箕里把几大块大的碎片拿出来，往一块一对，这时我认出了这碗正是我两年前卖给杨先生的那只。

我转过头问赵明，你这碗是从一个姓杨的店里买的吧，赵明说对呀，还反问我是怎么知道的。

我手拿着碗的碎片，告诉他说：“这碗是从我手上出去的，这碗是康雍时期的民窑精品瓷，是真品，你怎么……?”

我话说到这，赵明的眼睛直直地看着我。他知道我搞了多年的瓷器收藏，相信我的眼力没有错，听我这么一说，他很后悔，后悔为什么不早点找我看看。

后悔也晚了，碎片可以对到一块，但碗已是伤痕布满全身，永远不会恢愎到以前的模样了。

我真想说我的这位朋友赵明几句，想说他对不起古人留给我们的文化财富，说他这是对文物的犯罪。但我明白，这时候不能再刺激他，他肯定也正在狠狠地自责，不能再给他火上加油了。我开始动手把所有的瓷片都放在桌上，用胶条把它们一块一块地粘在一起。现在这图中的碗就是粘好复原后的碗。

附：

青花人物八蛮进宝青花碗（雍正时期）

高：10 厘米，口径：21.3 厘米，足径：10.5 厘米。碗敞口，弧形壁，圈足，足内有釉，青花花押款。碗心绘正面火焰云龙纹，内外口沿下均绘锦纹边饰，外壁绘八蛮人物，一人牵着骆驼拉着大车，车上装满贡品，其余七人，个个手舞足蹈，面带笑容。

画笔粗犷娴熟，胎体厚重而细腻，釉面青亮而坚致，光润平滑，青花色调鲜艳深沉,略显深蓝色。具有雍正青花瓷的制瓷工艺特征，工艺严谨修胎削足规整洁净，挖足较深，足脊滚圆为“泥鳅背”圈足。

这碗无论从器型，青花发色及画意上说都具有雍正时期的瓷作品的典型风格与特征。

买东西也得靠点缘分

在北京的几个工艺品、古玩、旧货市场，我结识了很多同行。有的从事古瓷收藏时间长，经验多见识广；有的是认识人多，瓷路来源广，我常从他们手里买到市面上见不到的藏品。

有一天潘家园旧货市场刚开门，我就碰上了曾师傅，他说他的一个朋友那有一只崇祯大笔筒（彩图94），是人物的，并说一定给我拿过来。我一听很兴奋，因为崇祯笔筒实在难找。

天亮后，当我再次碰上曾师傅的时候，他告诉我，笔筒已让他的那位朋友给卖掉了。我顿觉若有所失，又错过了一次难得的机会。我去潘家园，尽管周周不落，每周六必到，但又能有几次能碰上像崇祯人物大笔筒这样的东西呢？搞收藏的人常说：“该是你的，跑不了。不该是你的，急也没有用。”也就是可遇不可求吧！我只好这样宽慰自己。

两周后，也是在这个市场的一个地摊前碰上我的另一个藏友老常，他以收藏古玉为主。他告诉我，说他半个月前买了一个崇祯青花人物大笔筒。我一听，怎么又是崇祯大笔筒，不会是曾师傅说的那只吧？后经老常这么一描绘：双圈足，器体为高桶式，口沿无釉，画有六七个人物，1200元买下的等等。我这么一听，觉得就是我想买没买上的那只笔筒无疑。我心想，该是我的终究是我的，这不又主动找上门来了。

我对常师傅很了解，他是玩玉的，瓷器这类东西他不留，他跟我说的目的就是想问我要不要。行里人买东西，一是收藏，二是赚钱，赚了钱再买再收藏。常师傅也是出于这点，只不过没把话挑明而已。

我当即问他，能不能卖给我？他让我到他家去看看。下午，我迫不及待地敲开了他家的门。一进屋就看到摆在桌子上的这只大笔筒，见到它不免有几分亲切感。

我在他买价的基础上又加了1000元钱，总算把这笔筒拿到手了。

附：

青花人物故事大笔筒（崇祯时期）

高：16厘米，口径：18厘米，足径：18厘米。此笔筒口沿露胎。釉面白中闪青，胎质细密，白中泛灰，与清早期的胎釉接近。青花色泽属于崇祯时期亮丽明快画工精细的一种。画面上的柳枝、洞石、朵云的画法都是明末清初的常见画法。括号云及云气纹都有呈现。人物仕女头饰和衣着花纹的画法特点，也都有崇祯时期的时代特征，该笔筒上的双层圈足和二层台阶式的底圈足也是崇祯笔筒的特征之一。

崇祯大口径笔筒有别于康熙大口径笔筒的突出地方是多为筒高大于径宽，而康熙笔筒多为径宽略大于筒高。崇祯笔筒多数是平砂底，有人工刮削痕，康熙笔筒多为玉璧底，底心有釉，底面有旋削跳刀痕。虽然这两朝的青花笔筒的色泽胎釉不易分辨，有相似之处，但从这一点上可有助区分。

明末五彩婴戏罐

湖南的黄老板是我在潘家园地摊上结识的一位专卖古瓷的商家。记得有一次他到潘家园旧货市场卖他从湖南带来的瓷器，由于他是几个月才来一次，没有固定摊位，来时已是上午九点多钟，正在犯愁找不到摊位，这时我帮他找了一个位置，这事使他记忆深刻，所以后来他每次来京，都提前打电话给我，让我先到他的住处看他带来的瓷器，让我先选先挑。

这次从他那买到的几件瓷器有：明末五彩婴戏罐（彩图95）、康熙青花人物将军盖罐（彩图96）、乾隆祭蓝釉犠耳尊（彩图97）、康熙青花缠枝花卉罐（彩图98）、乾隆窑变釉三足炉（彩图99）、康熙青花山水人物粥罐（彩图100）、雍正青花花果粥罐（彩图101）、康熙青花五彩人物梅瓶（彩图102）。

其中的五彩婴戏罐向大家介绍一下。

附：

五彩婴戏罐（明末）

高：17厘米，口径：6.8厘米，底径：10.2厘米。此罐直口，丰肩，下腹渐收。圈足露胎，足内有釉，足内釉面多缩釉点，腹部接痕明显。釉面青灰，口沿施酱黄釉，是典型的明末器型。所用五彩红料是枣皮红色，绿彩的绿中闪黄。人物脸廓用红彩勾画，笔道清晰有力，脸廓内不涂色。人物眼睛只画一笔红色横道，再点上一点黑彩，生动传神，与清中晚期画法明显不同。

由于年代久远，彩面和底釉面都有蛤蜊光呈现，侧视可见五光十色的光晕。玩童后脑凸出偏大，是明晚期和明末清初绘画儿童的特点。五个玩童甩袖而舞。画的是婴戏故事“五子夺魁”，带有浓厚的民俗色彩。也是明末多采用的故事图案，笔意豪放，具有明代传统画法、画意和遗风。

修瓷的乐趣

一个姓聂的朋友是我在潘家园市场认识的。他夫人在一个收藏品市场开了个古玩店叫“半闲堂”，店名很雅。店名如其人，她店里的货都有点档次。

有一天，我走进了她的店，店内赫然陈列着康熙五彩笔筒、万历青花大罐、嘉靖的花觚、清三代的案缸、绣墩、筒瓶、莲子罐等，这些都是跟我的集藏很对路的货。由于自己囊中羞涩，只能选适合自己的买。最后还是把目光锁定在一件价格在900元的康熙锦地博古大笔筒身上(彩图103)。

这笔筒修过，由于时间长了，笔筒上那层修理时弄上去的涂料已变黄。一些小的个体修瓷户修的东西就是这样，时间越长，越黄得厉害。越黄就越没人买。

“半闲堂”的这件笔筒已经放了有半年多的时间了。见我从货架上拿下这笔筒，店老板说：“你如果想要，我就处理给你了，我进价带修理费已过千元，你要900块钱拿走。”

店老板这样一说，我反而不想要了，因为好货不处理。但我的老毛病又犯了，见了笔筒走不动道儿。我心里犯嘀咕，手里却始终舍不得放下东西。

我仔细看过这修理过的笔筒的每一个部位，透过修理涂层，能看到笔筒原来的整体不缺肉，可能就有一两道纹。

我在“半闲堂”里徘徊足有半个时辰，看着心仪的笔筒，想到价格才900元，最后终于决定买下它。打算拿回去后，想法把修理层去掉，让它露出本来面目。

我买回这个大笔筒，到家没喘气便立刻动手，开水煮，刀子刮，一阵忙活。笔筒的上半部分还好，刮完半截，也没见缺肉，只有一道纹。然而当刮到根部的时候，问题就出来了，问题也大了。

笔筒根部，在接近足底两公分处露出了石膏，不是一点，是通体一长条，绕笔筒一周。

事已至此，毛病再大，笔筒也是我的了。索性，全部刮完，让它露出全部真面目。沟槽有半公分宽，很不规则。等到把石膏全部刮净，露出的沟槽面上有铁锈。这我懂了，我从一个资料上曾看见过介绍说，这是古时候的一种修瓷方法。在打碎的瓷器裂缝上，抠成沟槽，然后在里边填充用铁粉做成的填充料，使其固定。这种工艺在明早期宣德时期的器物上就见过。

我把它清洗干净，开始用我的方法进行修复。我想我这次修复或许是这只笔筒历史上进行的第三次手术修复。现在图上见到的就是我修复后这只笔筒的新面貌。

附：

锦地开光博古大笔筒（康熙时期）

高：15.5厘米，口径：18.5厘米，底径：18.6厘米。这笔筒的两半面在各有的锦地纹上画有开光博古纹。青花色调浓艳，有少许的灰暗感，釉面质硬青白，但也不失细润。玉璧底，从底部露胎处能看出其胎质细密、白洁。整个笔筒有厚重感。口沿宽厚，整体略有小束腰。厚重、墩实、美观。图中开光博古图案是用平涂技法绘制，康熙青花瓷上常用的卍纹、回纹、枣花纹，在这个青花大笔筒上都有呈现，绘画精心细致。具有鲜明的康熙中早期青花瓷的时代特征和时代风格。

明清瓷器拍卖市场行情表

（1996 年—2012 年）

说明:表中“人”代表人民币;“港”代表港币;“嘉”代表嘉德拍卖公司;“苏”代表香港苏富比拍卖公司;“佳”代表香港佳士得拍卖公司;“太”代表北京太平洋拍卖公司;“翰”代表北京翰海拍卖公司;“保”代表北京保利拍卖公司;“春”代表春季拍卖会;“秋”代表秋季拍卖会。

序号	器物名称(年代)	尺寸(cm)	价格(万元)	拍卖时间
1	明洪武·青花缠枝花纹菱口盏盘	D19.6	人 38.5	嘉 1997 春
2	明洪武·青花松竹梅纹玉壶春瓶	H34.5	人 49.5	嘉 2000 秋
3	明洪武·青花缠枝花卉菱口盘	D34.2	港 62.5	苏 1996 春
4	明洪武·青花串枝花卉纹瓜棱罐	H.53	港 400	佳 2000 秋
5	明洪武·釉里红缠枝菊纹盘	D19.4	人 38.5	嘉 2002 春
6	明永乐·青花缠枝花卉纹八角烛台	H.29.8	人 335.5	嘉 1996 秋
7	明永乐·青花菊瓣纹鸡心碗	D10.1	人 99	嘉 1999 春
8	明永乐·青花缠枝莲纹盘	D.28	人 27.5	嘉 2001 春

序号	器物名称(年代)	尺寸 (cm)	价格 (万元)	拍卖时间
9	明永乐·甜白釉暗花龙纹盘	D.16	港 70.5	佳 2000 秋
10	明永乐·青花束莲盘	D34.3	港 84.5	嘉 1996 春
11	明永乐·白釉暗花赶珠龙纹高足碗	H.14	港 12	苏 2001 秋
12	明永乐·青花缠枝莲纹梅瓶	H24.8	港 136.5	佳 2001 秋
13	明永乐·青花缠枝莲纹双系小盖罐	H8	港 224.4	苏 2001 秋
14	明宣德·青花一把莲纹盘	D31.2	人 55	嘉 1996 秋
15	明宣德·青花一把莲纹盘	D40.5	人 66	嘉 1996 秋
16	明宣德·青花卷草纹笔杆	L14.8	人 52.8	嘉 1997 春
17	明宣德·青花灵芝纹鸟食罐	L9.1	人 17.6	嘉 1997 春
18	明宣德·青花缠枝莲纹盘	D.28	人 16.5	嘉 2001 秋
19	明宣德·青花松竹梅纹碗	D22	人 231	嘉 2000 春
20	明永～宣·青花缠枝瓜纹蛐蛐罐	D12	人 55	太 2001 秋
21	明宣德·青花缠枝花卉纹水果碗	D26.7	港 117.5	苏 1996 春

序号	器物名称(年代)	尺寸(cm)	价格(万元)	拍卖时间
22	明宣德·青花及暗花双凤穿莲纹撇口碗	D. 20	港 376	苏 1996 春
23	明宣德·青花折枝花果纹笠式碗	D17. 9	港 222	苏 1996 春
24	明宣德·青花凤穿花双凤纹盘	D20	港 150	佳 2000 秋
25	明宣德·青花折枝花纹豆	H10. 2	港 76	佳 2000 秋
26	明正统·青花湖石花卉纹盘	D33. 5	人 3. 3	嘉 2001 春
27	明成化·青花葡萄纹高足碗	H15. 9	人 6. 6	嘉 2001 秋
28	明成化·青花葡萄纹小盖罐	H10. 5	人 3. 52	嘉 1997 春
29	明成化·斗彩杂花矾字纹杯	H7. 5	港 156	佳 1996 春
30	明成化·青花庭院高仕下棋图罐	H24. 6	港 69. 5	苏 2001 秋
31	明成化·斗彩鸡缸杯	D9	港 2913	苏 1999 春
32	明成化·青花缠枝花卉三足炉	H13. 5	人 0. 99	太 2002 秋
33	明弘治·青花云龙盖盒	L29. 5	人 2. 64	太 2002 春
34	明弘治·白地绿龙纹碗	D18. 8	人 24. 2	嘉 1997 秋

序号	器物名称(年代)	尺寸(cm)	价格(万元)	拍卖时间
35	明弘治・黄釉盘	D21.6	港 17.2	苏 1996 春
36	明弘治・黄地青花折枝花果盘	D26.4	港 114.5	佳 2001 春
37	明正德・黄地青花折枝瑞果纹盘	D19.5	人 66	嘉 1999 春
38	明正德・青花回纹香炉	H24	人 6.05	嘉 2001 秋
39	明正德・刻龙加绿彩纹盘	D20.9	港 41.4	苏 1996 春
40	明正德・斗彩缠枝牵牛花纹三足洗	D26	港 444.5	佳 2000 秋
41	明正德・黄釉碗	D18	港 4.1	佳 2001 秋
42	明嘉靖・青花花卉纹大缸	D37	人 5.28	嘉 1997 春
43	明嘉靖・青花鱼藻纹花口盘	D20	人 3.3	嘉 1997 秋
44	明嘉靖・青花龙凤纹葫芦瓶	H18.5	人 10.45	嘉 2001 秋
45	明嘉靖・青花人物图三足炉	D28.5	人 2.42	嘉 2002 春
46	明嘉靖・青花婴戏图大罐	H38	人 9.68	嘉 2001 春
47	明嘉靖・嵌青花婴戏图瓷板大漆盒	L37	人 4.4	嘉 2001 春

序号	器物名称(年代)	尺寸(cm)	价格(万元)	拍卖时间
48	明嘉靖·青花龙凤纹瓶	H47.6	人 7.48	嘉 2003 春
49	明嘉靖·青花花鸟图瓜楞罐	H25.2	人 27.5	嘉 2003 春
50	明嘉靖·青花莲池鸳鸯罐	H36	人 4.95	太 2001 秋
51	明嘉靖·青花贯套花盘	D23.6	人 3.08	嘉 2002 秋
52	明嘉靖·青花鱼藻纹盘	D15.3	港 25.8	苏 2001 秋
53	明嘉靖·青花缠枝莲托寿字纹大罐	H44.5	港 32.2	苏 1996 春
54	明嘉靖·青花缠枝莲纹小梅瓶	H14	港 41.4	苏 1996 春
55	明嘉靖·青花狮子滚球纹大缸	H67.5	港 9.2	苏 1996 春
56	明嘉靖·黄釉碟	D15.2	港 5.2	佳 2001 春
57	明嘉靖·青花婴戏图碗	D18.5	港 21.1	佳 2000 秋
58	明隆庆·青花云鹤纹方碟四件	L12.8	人 3.3	嘉 2000 秋
59	明隆庆·青花云龙纹四足顶式炉	L30	人 25.3	太 2002 春
60	明隆庆·青花爵禄封候菱口碟	D12.5	港 22.35	佳 2000 秋

序号	器物名称(年代)	尺寸(cm)	价格(万元)	拍卖时间
61	明万历·青花花鸟纹罐	H39.5	人 8.8	嘉 1996 春
62	明万历·青花开光人物图盖罐	H40	人 30.8	嘉 1996 秋
63	明万历·青花人物图盘	D19.5	人 1.65	嘉 1996 秋
64	明万历·青花岁寒三友图碗	D9.3	人 6.38	嘉 1996 秋
65	明万历·青花缠枝莲纹盘	D14.5	人 6.6	嘉 1997 春
66	明万历·淡描青花人物图格盒	H9.7	人 3.08	嘉 1997 春
67	明万历·青花云龙纹碗	D12	人 9.68	嘉 1997 春
68	明万历·青花怪兽纹罐	H9.2	人 1.65	太 2001 春
69	明万历·青花龙戏珠纹格式盘	D20.4	人 2.75	太 2000 春
70	明万历·青花五彩开光花鸟锦地果盒	D19	人 2.2	太 2002 春
71	明万历·青花花鸟罐	H27	人 4.4	嘉 2000 春
72	明万历·青花内灵芝云外龙纹盘	D18.5	港 3.6	苏 2001 秋
73	明万历·绿地开光式黄龙八吉祥纹罐	H17.5	港 46	苏 1996 春

序号	器物名称(年代)	尺寸(cm)	价格(万元)	拍卖时间
74	明万历·五彩八仙庆寿图盘	D29.8	港 40	佳 2000 秋
75	明万历·五彩雉鸡翔凤葫芦形壁瓶	H30.5	港 16.1	佳 1996 春
76	明万历·白釉划花花石纹蒜头瓶	H27.3	港 7.05	佳 2000 春
77	明万历·青花八宝纹卧足碗	D11.5	人 1.1	嘉 2001 秋
78	明万历·青花缠枝纹碗四只	D12.2	人 6.82	嘉 2002 春
79	明万历·白釉暗刻缠枝莲纹大碗	D18.2	人 4.29	嘉 2002 春
80	明万历·五彩松下高仕图碟	D13.9	港 6.9	苏 1996 春
81	明万历·五彩人物纹碟一对	D14.2	港 29.9	苏 1996 春
82	明万历·青花龙凤纹瓜棱罐	H12.6	港 25.85	佳 2000 秋
83	明万历·五彩海水五龙纹笔山	L16.5	港 40.5	苏 2001 秋
84	明万历·青花莲池鸳鸯将军盖罐	H42	人 23.1	嘉 2000 秋
85	明万历·青花三龙波涛纹笔架	L15.2	港 9.4	佳 2000 秋
86	明万历·五彩高士人物水盖罐	H10.8	港 53.47	苏 2001 秋

序号	器物名称(年代)	尺寸(cm)	价格(万元)	拍卖时间
87	明万历·青花开光人物盒	L15	人 3.08	太 2001 春
88	明万历·青花云龙纹大碗	D36.5	港 32.2	佳 1996 春
89	明万历·青花云龙纹高足杯	D10	港 4.14	苏 1996 春
90	明万历·青花云龙纹盘	D18.6	港 3.45	苏 1996 春
91	明崇祯·青花人物笔筒	H20.6	人 5.72	嘉 1996 春
92	明崇祯·青花人物象腿瓶	H47.5	人 9.9	嘉 1996 秋
93	明崇祯·青花人物莲子罐	H14.8	人 1.65	嘉 1996 秋
94	明崇祯·青花人物象腿瓶	H43	人 10.45	嘉 1997 春
95	明崇祯·青花仕女花觚	H36.9	人 9.9	嘉 1997 春
96	明崇祯·青花携琴访友笔筒	H16.1	人 1.76	嘉 1997 春
97	明崇祯·青花花鸟莲子罐	H24.2	人 4.95	嘉 1997 秋
98	明崇祯·青花博古花卉筒瓶	H44.5	人 4.4	嘉 1997 秋
99	明崇祯·青花花卉莲子罐	H18	人 1.98	嘉 1997 秋

序号	器物名称(年代)	尺寸(cm)	价格(万元)	拍卖时间
100	明崇祯·青花人物莲子罐	H16	人1.65	嘉1997秋
101	明崇祯·青花海兽纹橄榄罐	H16.3	人1.65	嘉1997秋
102	明崇祯·青花人物笔筒	H21	人5.28	嘉1997秋
103	明崇祯·青花花鸟花觚	H18.2	人4.4	太2002秋
104	明崇祯·青花山水人物筒瓶	H42	人15.4	太2002秋
105	明崇祯·青花五彩人物筒瓶	H39	人7.92	太2002春
106	明崇祯·青花进爵图象腿瓶	H43.5	人11	太2001春
107	明崇祯·青花戏曲人物笔筒	H20.7	人8.47	嘉2000秋
108	明崇祯·青花花鸟莲子罐	H17.2	人1.65	嘉2001春
109	明崇祯·青花水浒人物莲子罐	H25.3	人3.3	嘉2000春
110	明崇祯·青花高土图莲子罐	H14.8	人4.85	嘉2000春
111	明崇祯·青花人物象腿瓶	H36	人7.92	嘉2000春
112	明崇祯·青花人物笔筒	H16	人3.3	嘉1999春

序号	器物名称(年代)	尺寸(cm)	价格(万元)	拍卖时间
113	明崇祯·青花舞剑人物笔筒	D20.7	人38.5	嘉2002秋
114	明崇祯·青花人物笔筒	H16	人1.98	嘉2002秋
115	明崇祯·青花戏曲人物图笔筒	H20.8	人57.2	嘉2003秋
116	明崇祯·青花人物笔筒	D21.5	人9.02	嘉2003春
117	清顺治·青花八仙人物大盘	D36	人2.42	嘉1996春
118	清顺治·青花花鸟铃铛杯	H13	人3.85	嘉1997春
119	清顺治·青花芭蕉人物筒瓶	H42.7	人2.75	嘉2002春
120	清顺治·青花云龙戏珠缸	D24.4	港4.1	佳2000春
121	清顺治·青花麒麟芭蕉盘	D35	人0.71	嘉2001春
122	清顺治·青花缠枝花卉罐	H26	人0.6	嘉2001春
123	清顺治·五彩海浪杂宝将军罐	H36	人2.2	嘉2001春
124	清康熙·青花圣主得贤臣颂笔筒	H16	人18.7	嘉1996春
125	清康熙·青花西厢人物盘一对	D18	人38.5	嘉1996春

序号	器物名称(年代)	尺寸(cm)	价格(万元)	拍卖时间
126	清康熙·青花缠枝莲纹碗	D16	人 1.32	嘉 1996 春
127	清康熙·青花人物图笔筒	H20.6	人 2.75	嘉 1996 春
128	清康熙·青花云鹤博古小缸	H16.3	人 1.65	嘉 1996 春
129	清康熙·青花山水凤尾尊	H44	人 2.75	嘉 1996 春
130	清康熙·青花龙纹杯	D9.3	人 7.92	嘉 1996 秋
131	清康熙·青花缠枝连纹盘一对	D15.5	人 3.08	嘉 1996 秋
132	清康熙·青花人物纹花觚	H47	人 4.62	嘉 1996 秋
133	清康熙·青花凤纹盘一对	D16.2	人 6.38	嘉 1996 秋
134	清康熙·青花人物笔筒	H13.8	人 1.65	嘉 1996 秋
135	清康熙·青花山水人物炉	D19	人 2.2	嘉 1996 秋
136	清康熙·青花圣主得贤臣颂笔筒	H16.1	人 17.6	嘉 1997 春
137	清康熙·青花花鸟纹瓶	H20.5	人 1.65	嘉 1997 春
138	清康熙·青花人物瓶	H19.2	人 1.32	嘉 1997 春

序号	器物名称(年代)	尺寸(cm)	价格(万元)	拍卖时间
139	清康熙·青花攀枝娃娃直口盘	D16	人 3.85	嘉 1997 春
140	清康熙·青花人物笔筒	H13.5	人 2.09	嘉 1997 春
141	清康熙·青花人物笔筒	H14.5	人 1.87	嘉 1997 春
142	清康熙·青花西厢人物笔筒	H18.4	人 3.52	嘉 1997 春
143	清康熙·青花牡丹纹碗	D11.9	人 1.54	嘉 1997 春
144	清康熙·青花缠枝莲纹盘	D15.4	人 1.1	嘉 1997 春
145	清康熙·青花花鸟纹碗	D18.5	人 1.98	嘉 1997 春
146	清康熙·青花釉里红题诗笔筒	D19.1	港 39.1	苏 1996 春
147	清康熙·青花折枝花果龙纹棱口笠式碗	D29.2	港 11.5	苏 1996 春
148	清康熙·五彩仕女婴戏棒槌瓶	H25.4	港 9.2	苏 1996 春
149	清康熙·五彩釉里红玫瑰纹马蹄水盂	D12.9	港 25.3	苏 1996 春
150	清康熙·五彩花神杯	D6.6	港 24.15	苏 1996 春
151	清康熙·斗彩高仕洒杯一对	D5.6	港 6.9	苏 1996 春

序号	器物名称(年代)	尺寸（cm）	价格（万元）	拍卖时间
152	清康熙·斗彩庭院仕女鼓式缸	H20	港 1.84	苏 1996 春
153	清康熙·斗彩婴戏图碟	D15	港 5.75	苏 1996 春
154	清康熙·豇豆红划团变龙纹太白尊	D12.7	港 4.14	苏 1996 春
155	清康熙·豇豆红菊瓣尊	H21.2	港 23.0	苏 1996 春
156	清康熙·黄釉刻皮球花碗	D11.8	港 5.52	苏 1996 春
157	清康熙·红釉菊瓣碗	D20.6	港 5.75	苏 1996 春
158	清康熙·仿永乐红釉龙纹高足碗	D14	港 15.0	苏 1996 春
159	清康熙·黄地斗彩龙凤盘	D21	港 23.0	苏 1996 春
160	清康熙·青花"醉翁亭记"笔筒	D20.5	人 6.6	嘉 1997 秋
161	清康熙·釉里三彩海水龙纹观音瓶	H41.7	人 74.8	嘉 1997 秋
162	清康熙·釉里三彩山水笔筒	H18	人 8.8	嘉 1997 秋
163	清康熙·青花山水笔筒	H19.8	人 3.85	嘉 1997 秋
164	清康熙·青花人物笔筒	H21	人 4.62	嘉 1997 秋

序号	器物名称(年代)	尺寸(cm)	价格(万元)	拍卖时间
165	清康熙·青花缠枝莲盘一对	D15.2	人 2.42	嘉 1997 秋
166	清康熙·青花双凤盘一对	D16.2	人 6.6	嘉 1997 秋
167	清康熙·青花山水盘两只	D16.3	人 2.2	嘉 1997 秋
168	清康熙·青花婴戏图笔筒	H15.5	人 1.32	嘉 1997 秋
169	清康熙·黄地绿龙纹碗	D14.8	港 5.75	苏 1996 春
170	清康熙·黄地紫绿龙碟	D13.6	港 2.53	苏 1996 春
171	清康熙·孔雀绿葫芦瓶	H14.5	港 3.68	苏 1996 春
172	清康熙·绿彩云龙盘	D17.6	港 4.37	苏 1996 春
173	清康熙·白釉划莲纹大盘	D47	港 5.75	苏 1996 春
174	清康熙·白釉刻云纹水盂	D12.7	港 19.55	苏 1996 春
175	清康熙·青花六子闹弥勒笔筒	D19.5	人 9.68	嘉 2000 秋
176	清康熙·青花八卦铃铛杯一对	D8	人 27.5	嘉 2000 秋
177	清康熙·青花山水人物笔筒	H18.5	人 7.15	嘉 2000 秋

序号	器物名称(年代)	尺寸（cm）	价格（万元）	拍卖时间
178	清康熙·青花山水笔筒	D8.5	人3.3	嘉2000秋
179	清康熙·青花张迁图诗文杯	D6.2	人12.1	嘉2000秋
180	清康熙·青花后赤壁赋瓷瓶一对	H42.3	人1.98	嘉2000秋
181	清康熙·青花诗文笔筒	D8.5	人6.6	嘉2000秋
182	清康熙·青花云鹤寿字盘	D16.9	人2.9	嘉2000秋
183	清康熙·青花西厢记人物故事盘	D20.6	人6.6	嘉2000秋
184	清康熙·五彩人物诗句笔筒	H14.3	港3.52	佳2000春
185	清康熙·五彩三国演义棒槌瓶	H42.5	港41.12	佳2000春
186	清康熙·茄皮紫釉划云龙纹盂	H8.9	港32.9	佳2000秋
187	清康熙·豇豆红釉印色盒	D7.3	港28.2	佳2000秋
188	清康熙·豇豆红釉柳叶尊	H15	港92.5	佳2000秋
189	清康熙·青花釉里红团花摇铃尊	H22.8	港334.5	佳2000秋
190	清康熙·五彩花神杯	H6.4	港17.82	苏2001秋

序号	器物名称(年代)	尺寸(cm)	价格(万元)	拍卖时间
191	清康熙·五彩高仕人物盖罐	H22	港 46.57	苏 2000 秋
192	清康熙·青花花鸟花觚	H17.5	人 1.32	嘉 2001 秋
193	清康熙·青花海水鱼龙折沿洗	D43.7	人 3.52	嘉 2001 秋
194	清康熙·青花《黄鹤楼》笔筒	D5.8	人 1.65	嘉 2001 秋
195	清康熙·青花人物笔筒	D16.5	人 4.62	嘉 2001 秋
196	清康熙·青花诗文笔筒	D18	人 7.92	嘉 2001 秋
197	清康熙·青花“磁器发行”纹瓷砖	L29.8	人 2.75	嘉 2001 秋
198	清康熙·青花人物花觚	H45.7	人 3.52	嘉 2001 秋
199	清康熙·青花庭院人物花觚	H47	人 5.72	嘉 2001 秋
200	清康熙·冬青轴小花觚	H12	人 4.4	嘉 2001 秋
201	清康熙·五彩花神杯四只	D6.5	人 71.5	嘉 2001 春
202	清康熙·五彩花鸟盘	D19.5	人 49.5	嘉 2001 春
203	清康熙·五彩人物棒槌瓶	H43	人 1.65	嘉 2001 春

序号	器物名称(年代)	尺寸（cm）	价格（万元）	拍卖时间
204	清康熙·五彩魁星点斗笔筒	H11.8	人1.98	嘉2001春
205	清康熙·青花山水人物笔筒	D19.3	人7.92	嘉2001春
206	清康熙·青花山水人物观音尊	H42.7	人13.2	嘉2001春
207	清康熙·青花山水人物笔筒	D18	人3.08	嘉2001春
208	清康熙·青花人物笔筒	D16.3	人5.72	嘉2001春
209	清康熙·青花山水人物笔筒	H15.8	人2.2	嘉2001春
210	清康熙·斗彩高士小杯	D10.3	人2.2	嘉2001春
211	清康熙·绿釉褐彩云龙碗	D13.5	人13.2	嘉2001春
212	清康熙·黄地紫绿彩龙盘两只	D13.2	人2.75	嘉2001春
213	清康熙·青花花鸟筒瓶	H18.2	人0.88	嘉2000春
214	清康熙·青花瑞果寿宴大碗	D24	人1.65	嘉2000春
215	清康熙·青花开光人物笔筒	H19.8	人5.06	嘉2000春
216	清康熙·青花麒麟花觚	H53.3	人5.39	嘉2000春

序号	器物名称(年代)	尺寸(cm)	价格(万元)	拍卖时间
217	清康熙·青花雪景图笔筒	D20	人 29.7	嘉 2000 春
218	清康熙·白釉刻缠枝牡丹笔筒	H14	港 25.8	佳 2001 秋
219	清康熙·粉彩花蝶大盘	D40	港 22.3	佳 2001 秋
220	清康熙·五彩双凤穿花暗龙纹盘	D21.5	港 9.98	佳 2001 秋
221	清康熙·豇豆红釉镗锣洗	D12	港 37.6	佳 2001 秋
222	清康熙·茄皮紫釉碗一对	D12.6	港 41.1	佳 2001 秋
223	清康熙·斗彩花卉八吉祥盘一对	D26	港 35.2	佳 2001 秋
224	清康熙·青花缠枝莲盘一对	D15.5	人 2.2	太 2002 秋
225	清康熙·青釉刻洞石花卉印泥盒	D12	人 10.78	太 2002 春
226	清康熙·青花山水纹笔筒	H15	人 1.87	太 2002 春
227	清康熙·五彩花鸟折沿盘	D24	人 1.98	太 2002 春
228	清康熙·青花冰梅将军罐	H47	人 1.1	太 2002 春
229	清康熙·青花冰梅开光博古缸	H18	人 0.33	太 2002 春

序号	器物名称(年代)	尺寸(cm)	价格(万元)	拍卖时间
230	清康熙·青花冰梅开光博古缸	D20.5	人1.1	太2002春
231	清康熙·青花西厢人物盖缸(缺盖)	H21.5	人9.02	太2002春
232	清康熙·豆青地青花"喜上眉梢"瓶	H45.5	人7.7	太2002春
233	清康熙·青花山水人物诗文方瓶	H50	人2.31	太2002春
234	清康熙·青花锦地蕉叶纹花觚	H24.5	人1.1	太2001春
235	清康熙·青花山水人物凤尾尊	H47	人3.08	太2001春
236	清康熙·斗彩花卉盘	D16	人2.09	太2001春
237	清康熙·斗彩太极八卦盘	D20.7	人3.74	太2001春
238	清康熙·青花西蕃莲碗	D19.3	人4.95	太2001春
239	清康熙·青花花鸟盘	D39	人1.39	太2001秋
240	清康熙·青花"仕女秉烛夜游"碗	D19	人2.75	太2001秋
241	清康熙·青花八仙人物故事碗	D17	人2.64	太2001秋
242	清康熙·青花莲瓣纹碗一对	D13	人4.08	太2001秋

序号	器物名称(年代)	尺寸(cm)	价格(万元)	拍卖时间
243	清康熙·青花飞凤云鹤纹碗	D12	人 3.3	太 2001 秋
244	清康熙·五彩人物纹杯	H4.8	人 3.3	太 2001 秋
245	清康熙·五彩缠枝花卉盘	D35.6	人 0.55	太 2001 秋
246	清康熙·青花花卉诗纹罐	H16	人 0.55	太 2001 秋
247	清康熙·五彩花蝶笔筒	H15	人 1.1	太 2001 秋
248	清康熙·郎窑红观音尊	H41	人 2.42	太 2001 秋
249	清康熙·青花百鸟朝凤棒槌瓶	H76.5	人 22	太 2001 秋
250	清康熙·釉里红怪兽胆式瓶	H43	人 3.09	太 2001 秋
251	清康熙·青花鹿鹤同春凤尾尊	H44.5	人 5.72	太 1999 春
252	清康熙·青花五彩文王访贤花觚(修)	H53	人 1.98	太 1999 春
253	清康熙·青花谈描人物鼓式缸	H18.3	人 4.4	嘉 2001 秋
254	清康熙·青花人物粥罐	D16.5	人 1.32	嘉 2001 秋
255	清康熙·青花博古山水人物凤尾尊	H47.3	人 11	嘉 2001 秋

序号	器物名称(年代)	尺寸（cm）	价格（万元）	拍卖时间
256	清康熙·五彩罗汉戏狼图棒槌瓶	H45	港 41.1	佳 2001 秋
257	清康熙·斗彩竹石花蝶纹盘	D15.1	港 7.8	苏 2001 秋
258	清康熙·斗彩桃花彩蝶卧足杯	H6.8	港 9.6	苏 2001 秋
259	清康熙·豇豆红变龙太白尊	D12.5	港 58.07	苏 2001 秋
260	清康熙·矾红缠枝花卉葫芦瓶	H23.5	港 164	佳 2001 秋
261	清康熙·珊瑚红地五彩牡丹纹御制碗	D10.8	港 58.07	苏 2001 秋
262	清康熙·青花后赤壁赋图文笔筒	D17.7	人 4.4	嘉 2000 春
263	清康熙·青花山水笔筒	D18.2	人 6.6	嘉 2000 春
264	清康熙·青花谈描仕女鼓式缸	H17.2	人 3.52	嘉 2000 春
265	清康熙·豆青釉竹节形笔筒	H14	人 1.98	嘉 2000 春
266	清康熙·釉里红变凤纹瓶	H17.8	人 79.2	嘉 2000 春
267	清康熙·洒兰地开光青花釉里红花鸟盘	D26.2	人 3.85	嘉 2000 春
268	清康熙·洒兰釉描金瑞兽碗	D20.2	人 4.95	嘉 2002 春

序号	器物名称(年代)	尺寸(cm)	价格(万元)	拍卖时间
269	清康熙·德化白釉双耳炉	D10.7	人1.98	嘉1999春
270	清康熙·青花松鹤延年笔筒	D23	人11.5	嘉2002秋
271	清康熙·青花双龙碗	D16	人8.8	嘉2002秋
272	清康熙·青花竹林七贤棒槌瓶	H46.1	人3.3	嘉2002秋
273	清康熙·青花山水凤尾尊	H45.3	人3.08	嘉2002秋
274	清康熙·青花云龙小盖罐	H11.4	人38.5	嘉2002秋
275	清康熙·青花人物筒瓶	H27.5	人2.75	嘉2002秋
276	清康熙·德化刻竹石纹水盂	H9.3	人0.88	嘉2002秋
277	清康熙·五彩人物笔筒	H13.2	人4.95	嘉2002秋
278	清康熙·五彩人物诗文笔筒	H12.5	人6.05	嘉2002秋
279	清康熙·五彩花卉小瓶	H12.7	人1.65	嘉2002秋
280	清康熙·五彩花卉小棒槌瓶	H19.8	人2.75	嘉2002秋
282	清康熙·五彩人物花口盘	D21	人1.65	嘉2002秋

序号	器物名称(年代)	尺寸(cm)	价格(万元)	拍卖时间
283	清康熙·豇豆红太白尊	D12.7	人 27.5	嘉 2002 秋
284	清康熙·豇豆红太白尊	D12.8	人 8.8	嘉 2002 秋
285	清康熙·青花圣主得贤臣颂笔筒	D18	人 7.48	嘉 2002 秋
286	清康熙·青花龙纹罐	H21.5	人 2.2	嘉 2002 秋
287	清康熙·青花十二花神杯	D6.6	人 5.5	嘉 2002 秋
288	清康熙·青花凤穿花凤尾尊	H45	人 6.6	嘉 2002 秋
289	清康熙·五彩东坡赏砚笔筒	D17.2	人 16.5	嘉 2003 春
290	清康熙·五彩琴棋书画人物笔筒	D18.8	人 20.9	嘉 2003 春
291	清康熙·五彩花神杯(桂花)	D6.5	人 8.8	嘉 2003 春
292	清康熙·五彩庭院仕女罐	H32.5	人 18.7	嘉 2003 春
293	清康熙·五彩穿花龙凤盘	D32	人 15.4	嘉 2003 春
294	清康熙·釉里红团龙碗	D14.4	人 28.6	嘉 2003 春
295	清康熙·釉里红析枝花纹水呈	H9.5	人 88	嘉 2003 春

序号	器物名称(年代)	尺寸(cm)	价格(万元)	拍卖时间
296	清康熙·青花海水八卦碗	D12	人 19.8	嘉 2003 春
297	清康熙·青花人物棒槌瓶	D44.8	人 15.4	嘉 2003 春
298	清康熙·青花凤纹三足叠盒	H19.5	人 88	嘉 2003 春
299	清康熙·青花人物诗文笔筒	D20.2	人 31.9	嘉 2003 春
300	清康熙·青花人物笔筒	D17.5	人 6.6	嘉 2003 春
301	清康熙·青花二龙戏珠碗	D11	人 4.4	嘉 2003 春
302	清康熙·青釉青花鹤鹿同春凤尾尊	H41.6	人 8.25	嘉 2003 春
303	清康熙·青花人物印盒	D7.5	人 2.2	嘉 2003 春
304	清康熙·黄釉双耳小杯	D5.3	人 8.8	嘉 2003 春
305	清康熙·黄地绿彩云纹小碗一对	D10.1	人 7.48	嘉 2003 春
306	清康熙·白釉笔筒	H13.2	人 6.6	嘉 2003 春
307	清康熙·德化白釉观音像	H31	人 13.2	嘉 2003 春
308	清雍正·青花八宝大盘	D45	人 24.2	嘉 1996 春

序号	器物名称(年代)	尺寸(cm)	价格(万元)	拍卖时间
309	清雍正·青花花卉斗笠碗	D18.3	人15.4	嘉1996春
310	清雍正·青花矾红云龙茶船一对	D11.4	人6.6	嘉1996春
311	清雍正·斗彩西番莲盘一对	D11.2	人7.92	嘉1996春
312	清雍正·斗彩莲池鸳鸯纹盘	D14.9	人2.75	嘉1996春
313	清雍正·斗彩缠枝西番莲碗	D10	人8.8	嘉1996春
314	清雍正·祭红高足碗一对	D18	人5.5	嘉1996春
315	清雍正·哥釉弦纹瓶	H18.6	人30.8	嘉1996春
316	清雍正·斗彩缠枝莲碗一对	D10	港34.5	佳1996春
317	清雍正·斗彩花卉盖罐	H12	港34.5	佳1996春
318	清雍正·斗彩团菊碟	D11.3	港8.05	苏1996春
319	清雍正·斗彩团龙卷草莲纹罐	H18.3	港79	苏1996春
320	清雍正·青花灵芝纹八楞小罐	H9	人7.92	嘉1996秋
321	清雍正·青花缠枝莲纹小缸	D7	人16.5	嘉1996秋

序号	器物名称(年代)	尺寸(cm)	价格(万元)	拍卖时间
322	清雍正·青花婴戏图蟋蟀罐	D12	人5.5	嘉1996秋
323	清雍正·青花花卉纹杯一对	D8.3	人2.2	嘉1996秋
324	清雍正·斗彩缠枝宝相花纹碗	D13.4	人49.5	嘉1996秋
325	清雍正·斗彩小瓶	H12	人11	嘉1996秋
326	清雍正·斗彩福寿碗一对	D13	人8.8	嘉1996秋
327	清雍正·斗彩三色碗	D7.1	人15.4	嘉1996秋
328	清雍正·粉彩花卉盘一对	D19.8	人8.8	嘉1996秋
329	清雍正·粉彩菊花纹杯	D9.2	人57.2	嘉1996秋
330	清雍正·粉彩渔藻纹花盆	D33.8	人17.6	嘉1996秋
331	清雍正·墨彩山水纹碗	D11.9	人10.45	嘉1996秋
332	清雍正·粉彩荷花盘一对	D15.4	人6.6	嘉1996秋
333	清雍正·斗彩云蝠小碗一对	D10	港34.5	佳1996春
334	清雍正·仿哥窑六方瓶	H68.5	港24.15	佳1996春

序号	器物名称(年代)	尺寸(cm)	价格(万元)	拍卖时间
335	清雍正·茄皮紫釉划八吉祥纹碟	D11.4	港 6.9	苏 1996 春
336	清雍正·黄釉撇口杯一对	D6.7	港 21.85	苏 1996 春
337	清雍正·柠檬黄釉杯一对	D8.7	港 10.35	苏 1996 春
338	清雍正·粉彩九桃天球瓶	H51.3	港 211.0	苏 1996 春
339	清雍正·豆青釉浮云螭龙折沿大盘	D50.5	港 14.95	苏 1996 春
340	清雍正·青花矾红莲花纹碗	D8.2	港 4.1	佳 2000 春
341	清雍正·仿汝釉弦纹方壶	H39	港 23.5	佳 2000 春
342	清雍正·斗彩芝仙祝寿盘	D20.6	港 103.5	佳 2000 春
343	清雍正·粉彩过枝花卉大盘	D50.6	港 356.5	佳 2000 秋
344	清雍正·斗彩鸡缸杯	D8.2	港 180.5	佳 2000 秋
345	清雍正·粉彩团花碗	D15.3	港 246.5	佳 2000 秋
346	清雍正·胭脂红地粉彩花卉小碗	D9.2	港 17.6	佳 2000 秋
347	清雍正·粉青釉凸变龙莲瓣口尊	H26.7	港 554.5	佳 2000 秋

序号	器物名称(年代)	尺寸(cm)	价格(万元)	拍卖时间
348	清雍正·粉青凸鼓纹尊	H20	港114.5	佳2000秋
349	清雍正·茶叶末釉鸠耳衔环尊	H34.2	港30.55	佳2000秋
350	清雍正·青花缠枝花卉纹瓶	H16	港114.5	佳2000秋
351	清雍正·黄地青花束莲纹盘一对	D21.5	港136.5	佳2000秋
352	清雍正·青花花卉小杯一对	D8.1	人2.2	嘉1997春
353	清雍正·青花缠枝花卉盘	D21	人3.3	嘉1997春
354	清雍正·青花花卉斗笠碗	D18.1	人13.2	嘉1997春
355	清雍正·青花皮球花小杯一对	D10	人10.1	嘉1997春
356	清雍正·青花云龙碗	D14.5	人6.82	嘉1997春
357	清雍正·青花矾红云龙碟一对	D7.6	人5.28	嘉1997春
358	清雍正·矾红龙纹蒜头瓶	H19	人16.5	嘉1997春
359	清雍正·斗粉团菊纹碗	D14	人3.08	嘉1997春
360	清雍正·黄釉小杯一对	D6.1	人8.8	嘉1997春

序号	器物名称(年代)	尺寸(cm)	价格(万元)	拍卖时间
361	清雍正·粉彩花卉碟一对	D9	人 4.95	嘉 1997 春
362	清雍正·粉彩三多纹杯	D8.8	人 13.2	嘉 1997 春
363	清雍正·豆青釉云龙大盘	D49.7	人 66.0	嘉 1997 春
364	清雍正·祭红釉玉壶春瓶	H23.5	人 18.7	嘉 1997 春
365	清雍正·祭红盘	D20.6	人 4.4	嘉 1997 春
366	清雍正·仿汝釉贯耳瓶	H50	人 16.0	太 2001 春
367	清雍正·矾红彩莲纹甘露瓶	H22	人 13.1	太 2001 春
368	清雍正·天蓝釉盘一对	D13.2	人 2.42	太 2001 春
369	清雍正·白釉暗刻山水人物杯	D8.4	人 0.85	太 2001 春
370	清雍正·斗彩如意图纹碗	D13	人 4.07	太 2001 春
371	清雍正·青花缠枝莲托八宝纹大瓶	H67	人 27.5	太 2001 春
372	清雍正·粉彩云龙罐	H19.5	人 8.8	太 2001 春
373	清雍正·青花花鸟小方盘一对	D7	人 0.66	太 2001 春

序号	器物名称(年代)	尺寸(cm)	价格(万元)	拍卖时间
374	清雍正·仿汝釉撇口瓶		人 0.825	太 2002 春
375	清雍正·青花缠枝花卉瓶	H20	人 30.8	太 2002 春
376	清雍正·胭脂红地粉彩牡丹花卉碗	D12.8	港 69.57	苏 2001 秋
377	清雍正·粉彩“三多”纹杯一对	D8.7	港 411.47	苏 2001 秋
378	清雍正·粉彩过墙枝“福寿”盘	D21	港 290.47	苏 2001 秋
379	清雍正·粉彩过墙枝“群芳祝寿”大盘	D50.6	港 207.975	苏 2001 秋
380	清雍正·粉彩捕渔图盘口瓶	H25.1	港 8.4	苏 2001 秋
381	清雍正·祭红釉玉壶春瓶	H23.5	港 64.62	佳 2001 秋
382	清雍正·粉青釉双连瓶	H10.2	港 35.25	佳 2001 秋
383	清雍正·柠檬黄釉莲花形盘	D29	港 108.5	佳 2001 秋
384	清雍正·青花人物笔筒	H14.2	人 0.88	嘉 1997 秋
385	清雍正·青花双凤盘	D16	人 4.0	嘉 1997 秋
386	清雍正·青花云龙盘一对	D17.5	人 22.0	嘉 1997 秋

序号	器物名称(年代)	尺寸(cm)	价格(万元)	拍卖时间
387	清雍正·青花花卉圆砚	D19.8	人11.0	嘉1997秋
388	清雍正·青花缠枝花卉碗一对	D11.8	人15.4	嘉1997秋
389	清雍正·青花花卉杯一对	D7.1	人8.8	嘉1997秋
390	清雍正·青花梵文小盘一对	D11.2	人8.8	嘉1997秋
391	清雍正·青花团凤纹大碗	D22.5	人1.98	嘉1997秋
392	清雍正·青花花卉瓶	H19.5	人2.2	嘉1997秋
393	清雍正·黄地青花花卉杯一对	D7.1	人27.5	嘉1997秋
394	清雍正·黄地绿云紫蝠碗一对	D15	人55	嘉1997秋
395	清雍正·白釉暗刻葡萄纹盘	D20	人3.85	嘉1997秋
396	清雍正·粉彩花卉盘	D16	人2.2	嘉1997秋
397	清雍正·粉彩花卉盘	D15	人4.4	嘉1997秋
398	清雍正·粉彩变龙小花插	H10	人12.1	嘉1997秋
399	清雍正·青花缠枝牡丹盘一对	D13	人4.4	嘉2000秋

序号	器物名称(年代)	尺寸(cm)	价格(万元)	拍卖时间
400	清雍正·青花万寿桃盘一对	D15.8	人 9.35	嘉 2000 秋
401	清雍正·青花缠枝花卉盘一对	D15.7	人 10.78	嘉 2000 秋
402	清雍正·粉彩花蝶盘	D15	人 2.2	嘉 2000 秋
403	清雍正·粉彩八仙人物小杯	D7.9	人 1.1	嘉 2000 秋
404	清雍正·青釉花盒	H23	人 15.4	嘉 2000 秋
405	清雍正·天兰釉小水盂	H7.3	人 0.88	嘉 2000 秋
406	清雍正·黄地绿彩龙碗	D14.5	人 8.8	嘉 2000 秋
407	清雍正·黄地绿彩云龙碗	D14.1	人 27.5	嘉 2000 秋
408	清雍正·绿釉印花海水盘一对	D16.2	人 20.9	嘉 2000 秋
409	清雍正·斗彩缠枝花卉碗一对	D14.5	人 33	嘉 2000 秋
410	清雍正·斗彩花卉大盘一对	D36	人 3.52	嘉 2000 秋
411	清雍正·斗彩缠枝莲碗	D9.6	人 5.28	嘉 2000 秋
412	清雍正·斗彩缠枝花卉莲碗	D10	人 26.95	嘉 2001 秋

序号	器物名称(年代)	尺寸(cm)	价格(万元)	拍卖时间
413	清雍正·斗彩八番进宝小碗	D10.7	人 2.2	嘉 2001 秋
414	清雍正·青花折枝花果鱼缸	D37	人 30.8	嘉 2001 秋
415	清雍正·青花松竹梅洗口瓶	H38.5	人 4.62	嘉 2001 秋
416	清雍正·粉彩牡丹图碗	D14	人 177.1	嘉 2001 秋
417	清雍正·粉彩花卉盘一对	D15	人 7.15	嘉 2001 秋
418	清雍正·粉彩荷花盘	D14.7	人 1.75	嘉 2001 秋
419	清雍正·粉彩八仙祝寿胆瓶	H41.5	人 9.68	嘉 2001 秋
420	清雍正·粉彩开光双鸭戏水大盘	D37.7	人 12.1	嘉 2001 秋
421	清雍正·青花团寿纹碗	D9.6	人 5.28	嘉 2001 春
422	清雍正·青花忍冬纹小碗一对	D7	人 11.0	嘉 2001 春
423	清雍正·青花八宝花口盘	D15	人 3.52	嘉 2001 春
424	清雍正·青花之星图观青瓶	H38	人 3.3	嘉 2001 春
425	清雍正·青花山水图蟋蟀罐	D12.3	人 2.42	嘉 2001 春

序号	器物名称(年代)	尺寸(cm)	价格(万元)	拍卖时间
426	清雍正·粉彩高士图梅瓶	H22.5	人 96.8	嘉 2001 春
427	清雍正·祭红釉盘	D16.5	人 1.65	嘉 2001 春
428	清雍正·斗彩并蒂莲纹盘	D16.2	人 5.5	嘉 2001 春
429	清雍正·斗彩并蒂莲纹盘	D15.5	人 3.85	嘉 2001 春
430	清雍正·斗彩团龙碗一对	D13	人 30.8	嘉 2001 春
431	清雍正·青花缠枝莲托八宝高足碗	D18.3	人 3.85	嘉 2001 春
432	清雍正·仿官釉抱月瓶	H52.5	人 41.8	嘉 2000 春
433	清雍正·仿官釉钵	D16.5	人 2.2	嘉 2000 春
434	清雍正·五彩龙纹花口盘	D15.5	人 2.2	嘉 2000 春
435	清雍正·粉彩仕女对弈图盘口瓶	H39.2	人 3.85	嘉 2000 春
436	清雍正·粉彩高士杯	D6.3	人 5.7	嘉 2000 春
437	清雍正·粉彩教子图盘口瓶	H50.7	人 17.6	嘉 2000 春
438	清雍正·祭兰高足杯	D17.8	人 5.178	嘉 2000 春

序号	器物名称(年代)	尺寸(cm)	价格(万元)	拍卖时间
439	清雍正·黄地绿彩婴戏图碗	D15	人 24.12	嘉 2000 春
440	清雍正·黄地绿彩婴戏图碗	D15	人 5.72	嘉 2000 春
441	清雍正·黄釉杯	D6.7	港 9.98	佳 2001 秋
442	清雍正·胭脂红地黄菊碟	D10.7	港 55.7	苏 2001 秋
443	清雍正·胭脂红釉直口碗	H8.8	港 27.02	苏 2001 秋
444	清雍正·仿官窑铺首耳瓶	H21.5	港 30.47	苏 2001 秋
445	清雍正·红釉梅瓶	H22.5	港 14.37	苏 2001 秋
446	清雍正·白釉划花玉壶春瓶	H26.3	港 78.7	苏 2001 秋
447	清雍正·仿哥窑环耳尊	H25.5	港 16.45	苏 2001 秋
448	清雍正·炉钧釉汉壶尊	H31.7	人 72.6	嘉 2002 春
449	清雍正·斗彩三果小杯	D7	人 37.4	嘉 2002 春
450	清雍正·斗彩团菊碗	D7.8	人 3.52	嘉 2002 春
451	清雍正·斗彩团花纹小碗	D7.8	人 3.52	嘉 2002 春

序号	器物名称(年代)	尺寸（cm）	价格（万元）	拍卖时间
452	清雍正·仿哥釉琮式瓶	H24	人 26.4	嘉 2002 春
453	清雍正·仿汝釉双耳尊	H50	人 33.0	嘉 2002 春
454	清雍正·鸡油黄釉盘一对	D14.6	人 25.3	嘉 2002 秋
455	清雍正·金釉盘	D15.2	人 27.5	嘉 2002 秋
456	清雍正·青花菊花纹笔筒	D15	人 49.5	嘉 2003 春
457	清雍正·茶叶末釉双耳瓶	H34.5	人 17.05	嘉 2003 春
458	清乾隆·青花鱼龙纹高足杯	H22.7	人 6.6	嘉 1996 春
459	清乾隆·青花缠枝莲纹盘口尊	H38	人 68.2	嘉 1996 春
460	清乾隆·青花穿花龙凤纹大天球瓶	H56.5	人 33.0	嘉 1996 春
461	清乾隆·青花缠枝莲鹿头尊	H44	人 49.5	嘉 1996 春
462	清乾隆·青花云龙双耳扁瓶	H30.5	人 33.0	嘉 1996 春
463	清乾隆·黄地绿彩龙纹花口碟一对	D13.2	人 14.3	嘉 1996 春
464	清乾隆·青花缠枝莲赏瓶	H37	人 12.1	嘉 1996 秋

序号	器物名称(年代)	尺寸(cm)	价格(万元)	拍卖时间
465	清乾隆·青花缠枝莲蒜头瓶	H29.5	人 68.2	嘉 1996 秋
466	清乾隆·青花缠枝花纹天球瓶	H45	人 4.4	嘉 1996 秋
467	清乾隆·青花岁寒三友图盘一对	D18.2	人 79.2	嘉 1996 秋
468	清乾隆·青花海水龙纹高足盘	D23.8	港 10.35	苏 1996 春
469	清乾隆·青花釉里红水波云龙双耳扁瓶	H30.5	港 68.0	苏 1996 秋
470	清乾隆·青花云鹤爵杯座	H16.5	港 3.45	苏 1996 秋
471	清乾隆·粉彩缠枝花卉八吉祥觚	H36.5	港 13.8	苏 1996 秋
472	清乾隆·粉彩缠枝八吉祥贲巴壶	H19.3	港 8.62	佳 1996 春
473	清乾隆·粉彩淡绿双耳撇口瓶	H23.2	港 43.7	苏 1996 春
474	清乾隆·粉彩梅花青竹碗	D11.7	港 23.0	苏 1996 春
475	清乾隆·仿汝窑赏瓶	H38.1	港 17.25	苏 1996 春
476	清乾隆·炉钧釉灯笼瓶	H23.5	港 7.47	苏 1996 春
477	清乾隆·斗彩团花卷草纹缸	H32.7	港 288	苏 1996 春

序号	器物名称(年代)	尺寸(cm)	价格(万元)	拍卖时间
478	清乾隆·柠檬黄彩碟一对	D11.5	港8.62	苏1996春
479	清乾隆·仿官窑八方尊	H33.3	港6.9	苏1996春
480	清乾隆·粉彩福如东海碗一对	D13	人16.5	嘉1997春
481	清乾隆·豆青釉葫芦瓶	H32.8	人28.6	嘉1997春
482	清乾隆·仿哥臂搁	L22.5	人3.52	嘉1997春
483	清乾隆·祭红釉鸡心碗一对	D15.3	人4.4	嘉1997春
484	清乾隆·祭红盘一对	D16.5	人2.2	嘉1997秋
485	清乾隆·祭红高足碗	D19.2	人3.3	嘉1997秋
486	清乾隆·豆青釉蒜头双耳瓶	H19.8	人1.65	嘉1997秋
487	清乾隆·仿哥贯耳六方瓶	H47	人19.8	嘉1997秋
488	清乾隆·青花缠枝莲托八宝洗一对	D22.4	人66	嘉2000秋
489	清乾隆·青花花卉锦纹壮罐	H28.5	人4.18	嘉2000秋
490	清乾隆·青花缠枝花卉贯耳瓶	H19.9	人28.6	嘉2000秋

序号	器物名称(年代)	尺寸(cm)	价格(万元)	拍卖时间
491	清乾隆·青花缠枝花卉天球瓶	H57.8	人44	嘉2000秋
492	清乾隆·青花缠枝花卉铺首尊	H35.3	人19.8	嘉2000秋
493	清乾隆·青花竹石芭蕉玉壶春瓶	H28.8	人6.38	嘉2000秋
494	清乾隆·仿汝釉花觚	H17	人23.1	嘉2000秋
495	清乾隆·青花锦纹壮罐	H29	人7.48	嘉2001秋
496	清乾隆·青花缠枝莲贯耳尊	H52.8	人16.5	嘉2001秋
497	清乾隆·冬青釉鼓钉罐	H16.5	人5.5	嘉2001秋
498	清乾隆·粉彩仙人聚会图大碗	D19	港9.98	佳2000秋
499	清乾隆·唐英制青花缠枝莲花觚	H63.8	港70.5	佳2000春
500	清乾隆·豆青釉带盖葫芦瓶	H34.3	港17.6	佳2000春
501	清乾隆·青花折枝花卉蒜头瓶	H28	港47	佳2000秋
502	清乾隆·青釉堆白诗文鹿头尊	H37	人5.72	太2002春
503	清乾隆·豆青釉月耳罐	H19	人3.3	太2001秋

序号	器物名称(年代)	尺寸(cm)	价格(万元)	拍卖时间
504	清乾隆·青花竹石芭蕉玉壶春瓶	H29.5	人 45.1	嘉 2001 春
505	清乾隆·青花缠枝花卉贯耳瓶	H19.8	人 26.4	嘉 2001 春
506	清乾隆·青花龙纹盘	D17	人 2.2	嘉 2001 春
507	清乾隆·矾红缠枝西番莲小杯一对	D7	人 8.8	嘉 2001 春
508	清乾隆·青花缠枝莲贯耳尊	H52.2	人 45.1	嘉 2000 春
509	清乾隆·青花缠枝莲蓬口瓶	H20.7	人 116.6	嘉 2002 秋
510	清乾隆·青花缠枝花纹水呈	D5	人 29.7	嘉 2002 秋
511	清乾隆·粉青釉缠枝莲寿字纹小花插	H7.8	人 46.2	嘉 2003 春
512	清乾隆·仿龙泉釉刻缠枝莲纹尊	H21.8	人 115.5	嘉 2003 春
513	清乾隆·青花折枝花果纹六楞瓶	H66	人 177.1	嘉 2003 春
514	明永乐·青花缠枝纹如意开光式“莲纹”执壶	H28	人 1635	苏 2010 春
515	明永乐·青花缠枝花卉纹花口盘	D38	人 528	佳 2010 春
516	明永乐·青花披肩花缠枝莲纹盖罐	H27.5	人 1400	保 2010 秋

序号	器物名称(年代)	尺寸(cm)	价格(万元)	拍卖时间
517	明永乐·青花海水葡萄纹大盘	D38	人 649	翰 2010 秋
518	明宣德·青花云龙纹十棱洗	D20.7	人 2688	保 2010 秋
519	明宣德·青花折枝花果纹葵口碗	D22.6	人 791	佳 2010 春
520	明宣德·青花轮花绶带葫芦扁瓶	H26	人 2306	苏 2010 秋
521	明成化·青花荷塘罐	H10.3	人 1904	翰 2010 秋
522	明正德·黄地青花石榴花纹盘	D29.5	人 497	佳 2010 秋
523	明正德·青花灵芝纹阿拉伯文五峰笔山	长 21.9	人 393	佳 2010 秋
524	明嘉靖·青花"鱼藻"纹大碗	D37.5	人 80	苏 2010 春
525	明嘉靖·青花"鱼藻"纹缸	D42	人 168	保 2010 秋
526	明万历·青花云龙纹方盒	长 17.3	人 36	嘉 2010 春
527	明万历·青花龙纹笔杆	长 20	人 33	保 2010 春
528	明万历·青花高士人物提梁壶	H23.5	人 87	保 2010 秋
529	明万历·青花莲花形盘	D19.2	人 50	嘉 2010 春

序号	器物名称(年代)	尺寸(cm)	价格(万元)	拍卖时间
530	明万历·青花“游龙图”笔山	长 15.2	人 49	苏 2010 春
531	明崇祯·青花人物故事笔筒	H21.3	人 128	翰 2010 春
532	明天启·青花米万钟制洞石花卉出戟觚	H32	人 1232	保 2010 秋
533	明·青花折枝花果梅瓶	H36	人 336	保 2010 春
534	清康熙·青花留白云龙纹小碗(一对)	D10.3	人 24	保 2010 春
535	清康熙·青花圣主得贤臣颂笔筒	H6.3	人 128	翰 2010 春
536	清康熙·青花福寿康宁碗	D13	人 173	翰 2010 秋
537	清雍正·青花龙纹碗(一对)	D9.5	人 44	保 2010 春
538	青雍正·青花龙纹捧寿大盘	D45	人 123	保 2010 春
539	清雍正·青花灵芝纹八方小瓶	H11	人 33	保 2010 春
540	清雍正·黄地青花花卉小玉壶春瓶	H9	人 207	保 2010 秋
541	清雍正·黄地青花缠枝花仿汉壶尊	H34.5	人 3360	保 2010 秋
542	清乾隆·青花山茶花纹太平有象瓶	H27	人 1624	嘉 2010 秋

序号	器物名称(年代)	尺寸(cm)	价格(万元)	拍卖时间
543	清乾隆·青花岁寒三友盘(一对)	D17.8	人47	保2010春
544	清乾隆·青花山水人物双龙耳扁瓶	H52	人515	保2010秋
545	清乾隆·青花三果梅瓶	H32.4	人772	翰2010春
546	清乾隆·青花折枝花果六方瓶	H68.7	人795	翰2010春
547	清乾隆·青花折枝花果带盖执壶	H29	人190	保2010春
548	清乾隆·青花海水蝠纹马蹄碗	D14.7	人16	保2010春
549	清乾隆·青花花卉开光花果纹执壶	H29.9	人257	翰2010春
550	清乾隆·青花开光式“八吉祥”灵芝耳大扁壶	H49	人740	苏2010春
551	清乾隆·青花缠枝双如意耳葫芦瓶	H18.1	人740	苏2010春
552	清乾隆·青花缠枝贯耳尊	H50.8	人893	佳2010春
553	清乾隆·青花福庆有余团龙小鹿头尊	H31	人403	保2010春
554	清乾隆·青花海水云龙纹镗锣(一对)	D15.4	人187	佳2010秋
555	清乾隆·青花鹤鹿同春胆式瓶	H26.3	人1512	保2010秋

序号	器物名称(年代)	尺寸(cm)	价格(万元)	拍卖时间
556	清乾隆・青花缠枝莲纹天球瓶	H38.8	人 1108	翰 2010 秋
557	清乾隆・青花穿花龙纹梅瓶	H33	人 3584	保 2010 春
558	清乾隆・青花缠枝莲绶带耳如意尊	H233	人 2079	佳 2010 秋
559	清乾隆・青花缠枝花卉缸	D22.7	人 280	翰 2010 春
560	清乾隆・青花缠枝花卉赏瓶	H36.5	人 179	翰 2010 春
561	清乾隆・青花八仙碗	D15	人 26	保 2010 春
562	清乾隆・青花缠枝花卉纹叶形洗	长 13	人 295	苏 2010 秋
563	清乾隆・柠檬黄地青花九桃盘	D26.8	人 246	保 2010 秋
564	清嘉庆・青花八吉祥纹三足炉	D22	人 49	保 2010 春
565	清嘉庆・青花水波祥云“九龙”图撇口瓶	H30.5	人 191	苏 2010 春
566	明永乐・青花如意垂肩折枝花果梅瓶	H36.5	人 13830	苏 2011 秋
567	明永乐・青花岁寒三友纹大盘	D34	人 1470	苏 2011 春
568	明永乐・青花缠枝花卉寿桃纹执壶	H26.5	人 375	苏 2011 秋

序号	器物名称(年代)	尺寸（cm）	价格（万元）	拍卖时间
569	明永乐·青花折枝寿桃花果大碗	D34	人 2530	保 2011 春
570	明永乐·青花折枝月季纹折沿大盘	D37.5	人 592	苏 2011 秋
571	明宣德·青花高足杯	H7.5	人 589	佳 2011 秋
572	明宣德·青花折枝花果纹碗	D29.5	人 880	苏 2011 秋
573	明宣德·青花折枝花卉八方烛台	H28	人 1955	嘉 2011 春
574	明宣德·青花花卉纹碗	D20.6	人 852	佳 2011 春
575	明宣德·青花缠枝花卉纹豆	H10.5	人 473	苏 2011 秋
576	明宣德·青花缠枝花卉纹花浇	D13.1	人 607	苏 2011 春
577	明宣德·青花鱼藻纹棱口洗	D18	人 4299	苏 2011 春
578	明成化·青花缠枝莲瓜棱甘露瓶	H28	人 1725	保 2011 秋
579	明成化·青花内梵文海石榴纹卧足碗	D13	人 5117	保 2011 秋
580	明弘治·青花龙纹盘	D21.8	人 598	保 2011 春
581	明正德·青花灵芝纹开光阿拉伯文罐	H36.5	人 880	佳 2011 春

序号	器物名称(年代)	尺寸(cm)	价格(万元)	拍卖时间
582	明嘉靖·青花“福寿齐天”婴戏大葫芦瓶	H62	人 138	保 2011 春
583	明万历·青花“四爱图”连盖大梅瓶	H72	人 444	苏 2011 秋
584	明万历·青花龙凤穿花纹蒜头瓶	H55.2	人 1002	佳 2011 春
585	明万历·青花人物图折沿八棱盒	D38	人 607	苏 2011 春
586	明万历·青花婴戏图纹圆盖盒	D22.6	人 304	苏 2011 春
587	明万历·青花鱼藻纹大缸	D56.5	人 222	佳 2011 春
588	明万历·青花牡丹纹高足碗	D15.3	人 503	佳 2011 春
589	明万历·青花海水飞兽纹高足杯	D10	人 426	苏 2011 春
590	明天启·青花折枝花卉碗	D14	人 172	保 2011 春
591	明崇祯·青花人物提梁壶	H28	人 18	保 2011 秋
592	清康熙·青花郭子仪祝寿大棒槌瓶	H78	人 143	保 2011 秋
593	清康熙·青花缠枝牡丹纹执壶	H29.2	人 57	嘉 2011 春
594	清康熙·青花人物大花觚	H43.4	人 71	佳 2011 春

序号	器物名称(年代)	尺寸 (cm)	价格 (万元)	拍卖 时间
595	清康熙·青花海水云龙纹观音瓶	H45.5	人 82	苏 2011 春
596	清康熙·青花团凤瑞兔叠盒	H18	人 460	保 2011 春
597	清康熙·青花云龙戏珠纹直口盘	D13.8	人 38	苏 2011 秋
598	清康熙·青花万寿尊赋文字大笔筒	D18.5	人 69	保 2011 春
599	清雍正·青花蒜头瓶	H10.5	人 246	佳 2011 秋
600	清雍正·青花仙人纳福尊	H22	人 1552	保 2011 春
601	清雍正·青花缠枝花卉铺首尊	H24.5	人 1035	保 2011 春
602	清雍正·青花仿明牵牛花折方瓶	H17.3	人 1018	苏 2011 秋
603	清雍正·青花如意万寿盘(一对)	D21	人 103	保 2011 春
604	清乾隆·青花折枝花果纹梅瓶	H32	人 2300	翰 2011 春
605	清乾隆·青花八吉祥纹抱月瓶	H34.5	人 1725	翰 2011 春
606	清乾隆·青花折枝花果纹六方瓶	H66.5	人 1380	嘉 2011 秋
607	清乾隆·青花并蒂莲纹蒜头瓶	H29	人 1322	保 2011 春

序号	器物名称(年代)	尺寸（cm）	价格（万元）	拍卖时间
608	清乾隆·青花蝠桃纹抱月瓶	H24.5	人 437	保 2011 春
609	清乾隆·青花缠枝莲纹盘口瓶	H38.1	人 2645	翰 2011 春
610	清乾隆·青花缠枝莲纹天球瓶	H54.6	人 2533	苏 2011 秋
611	清乾隆·青花缠枝莲纹贯耳瓶	H52.5	人 943	嘉 2011 秋
612	清乾隆·青花黄地折枝花卉梅瓶	H33	人 5980	保 2011 春
613	清乾隆·青花云龙纹小缸	D21	人 230	嘉 2011 秋
614	清道光·青花福寿花卉如意耳抱月瓶	H24.5	人 448	翰 2011 春
615	清道光·青花缠枝花卉铺首耳尊	H25.2	人 230	嘉 2011 春
616	清道光·青花云龙纹碗	D14.7	人 89	嘉 2011 春
617	清道光·青花岁寒三友图小天球瓶	H16.7	人 218	嘉 2011 春
618	明永乐·青花缠枝牡丹纹执壶	H27.8	人 684	苏 2012 春
619	明永乐·青花缠枝花卉纹碗	D17	人 276	保 2012 春
620	明永乐·青花四季花卉纹菱口大盘	D38	人 517	保 2012 春

序号	器物名称(年代)	尺寸(cm)	价格(万元)	拍卖时间
621	明宣德·青花卷草纹笔管	长 14.3	人 411	苏 2012 春
622	明宣德·青花暗海水游龙高足碗	D15.4	人 9159	苏 2012 春
623	明弘治·青花栀子花纹盘	D26	人 235	苏 2012 春
624	明弘治·黄地青花栀子花纹盘	D20	人 99	苏 2012 春
625	明正德·黄地青花栀子花纹盘	D25	人 287	保 2012 春
626	明嘉靖·青花龙凤纹卧足洗	D13.5	人 75	保 2012 春
627	明嘉靖·青花九龙大盘	D53.5	人 287	保 2012 春
628	明万历·青花出戟花觚	H22	人 313	苏 2012 春
629	明万历·青花老子出关图折沿盆	D35.7	人 175	佳 2012 秋
630	明崇祯·青花香山九老图笔筒	D23.7	人 89	嘉 2012 春
631	明崇祯·青花高仕图葫芦瓶	H31.9	人 84	佳 2012 春
632	明崇祯·青花状元荣归筒瓶	H46.5	人 97	保 2012 秋
633	清康熙·青花四季花卉纹方瓶	H54.7	人 55	嘉 2012 春

序号	器物名称(年代)	尺寸(cm)	价格(万元)	拍卖时间
634	清康熙·青花鹤鹿同春大棒槌瓶	H72	人 149	保 2012 春
635	清康熙·青花龙戏珠纹花觚	H44.5	人 108	佳 2012 春
636	清康熙·青花万寿字笔筒	D19.4	人 322	嘉 2012 秋
637	清康熙·青花人物故事笔筒	D18	人 87	保 2012 春
638	清康熙·青花山水人物图笔筒	D18.6	人 32	嘉 2012 春
639	清雍正·青花穿花龙纹大盘	D50.5	人 217	苏 2012 秋
640	清雍正·青花忍冬纹杯(一对)	D6.8	人 24	保 2012 秋
641	清乾隆·青花折枝花果纹梅瓶	H32.3	人 737	苏 2012 秋
642	清乾隆·青花缠枝莲高足杯	H8.5	人 20	保 2012 秋
643	清嘉庆·青花海水九龙天球瓶	H30	人 690	翰 2012 春
644	明洪武·釉里红缠枝花卉执壶	H33.7	人 184	翰 2010 春
645	清康熙·釉里红缠枝花卉葫芦瓶	H18	人 525	苏 2010 秋
646	清乾隆·釉里红穿枝螭龙葫芦瓶	H34	人 3803	苏 2010 秋

序号	器物名称(年代)	尺寸（cm）	价格（万元）	拍卖时间
647	清雍正·釉里红五蝠碗(二件)	D15	人 91	翰 2010 秋
648	清乾隆·釉里红双凤象耳扁方尊	H22.5	人 336	翰 2010 秋
649	清乾隆·釉里红缠枝莲梅瓶	H24.5	人 459	保 2010 春
650	清乾隆·釉里红灵仙祝寿撇口瓶	H25	人 246	保 2010 春
651	明洪武·釉里红“寿鞠图”花口盘	D45.5	人 3450	苏 2011 春
652	清乾隆·釉里红海水云龙梅瓶	H38	人 207	保 2011 春
653	清乾隆·釉里红螭龙穿花双系尊	H10	人 1725	保 2011 春
654	清康熙·釉里红摇铃尊	H22.8	人 967	佳 2011 秋
655	清康熙·釉里红团龙碗	D14.6	人 149	苏 2011 秋
656	清雍正·釉里红九龙杯	D6	人 805	保 2011 春
657	清康熙·釉里红团花摇铃尊(一对)	H22	人 2415	嘉 2011 春
658	明洪武·釉里红缠枝花卉玉壶春瓶	H32	人 506	保 2012 春
659	明洪武·釉里红缠枝花卉大碗	D41	人 287	嘉 2012 秋

序号	器物名称(年代)	尺寸(cm)	价格(万元)	拍卖时间
660	清康熙·釉里红三果碗	D15.5	人57	保2012春
661	清雍正·釉里红撇口碗	D15.4	人138	苏2012春
662	清康熙·釉里红寿字莲花盘	D21.2	人21	嘉2012春
663	清康熙·斗彩团寿纹盘	D21.1	人80	嘉2010秋
664	清康熙·斗彩荷塘鸳鸯花盆(一对)	长34.7	人31	嘉2010秋
665	清康熙·斗彩八吉祥折腰盘	D26.3	人201	佳2010春
666	清雍正·斗彩云龙纹水盂	D9	人128	保2010秋
667	清雍正·斗彩寿山福海纹盘	D15.4	人73	保2010春
668	清雍正·斗彩三多杯	D7.1	人246	嘉2010春
669	清雍正·斗彩缠枝番莲纹长颈瓶	H25	人942	佳2010春
670	清雍正·斗彩鸡缸碗	D15	人470	保2010春
671	清雍正·斗彩八仙撇口碗(一对)	D10.6	人1041	佳2010春
672	清雍正·斗彩“五色祥云”撇口胆瓶	H25.5	人1930	苏2010春

序号	器物名称(年代)	尺寸(cm)	价格(万元)	拍卖时间
673	清乾隆·斗彩团菊纹罐	H11.2	人56	保2010秋
674	清乾隆·斗彩团菊纹尊	H22	人168	嘉2010秋
675	清乾隆·斗彩宝相花葵式三足盘	D21.3	人839	苏2010秋
676	清康熙·斗彩荷花杯(一对)	D6	人322	保2011秋
677	清康熙·斗彩团鹤花草碗	D15	人162	佳2011春
678	清康熙·斗彩指日高升笔筒	D17.8	人92	保2011秋
679	清雍正·斗彩碗	D20.6	人314	佳2011秋
680	清雍正·斗彩如日方中高足杯	D8.6	人1248	苏2011秋
681	清雍正·斗彩“皮球花”碗(一对)	D10.2	人951	苏2011春
682	清雍正·斗彩绿龙盘(一对)	D21	人230	保2011春
683	清乾隆·斗彩八吉祥赶珠云龙罐	H20	人188	苏2011秋
684	清乾隆·斗彩团花卷草纹缸	D32.5	人920	嘉2011秋
685	清道光·斗彩团花纹马蹄碗(一对)	D15.2	人82	佳2011春

序号	器物名称(年代)	尺寸(cm)	价格(万元)	拍卖时间
686	清道光・斗彩团菊罐(一对)	H12	人 203	苏 2011 春
687	清康熙・斗彩摇铃尊	H10.4	人 177	佳 2012 春
688	清康熙・斗彩八吉祥云龙绿彩罐	H19.7	人 172	翰 2012 秋
689	清雍正・斗彩松鼠葡萄纹葫芦瓶	H12.2	人 1237	苏 2012 春
690	清雍正・斗彩鸡缸碗	D15.4	人 805	苏 2012 春
691	清雍正・斗彩鸡缸杯	D9.2	人 368	保 2012 秋
692	清乾隆・斗彩缠枝团花大缸	D33	人 402	保 2012 秋
693	清嘉庆・斗彩团花马蹄碗	D15.5	人 40	翰 2012 春
694	清道光・斗彩八宝龙纹盖罐	H21	人 241	保 2012 春
695	明万历・五彩龙凤纹笔船	长 31.2	人 620	佳 2010 秋
696	明万历・五彩龙纹长方盖盒	长 29.5	人 302	保 2010 秋
697	明万历・五彩四爱图水盂	D12	人 117	保 2010 秋
698	清康熙・五彩山水人物凤尾尊	H79	人 56	嘉 2010 秋

序号	器物名称(年代)	尺寸(cm)	价格(万元)	拍卖时间
699	清康熙·五彩龙凤赶珠纹碗(一对)	D13	人 233	佳 2010 春
700	清康熙·五彩钟馗图棒槌瓶	H46	人 25	嘉 2010 秋
701	清康熙·五彩“寿”字桃纹小盘	D7	人 383	佳 2010 秋
702	清雍正·珊瑚红地五彩“九秋同庆”盘	D11.3	人 276	苏 2010 春
703	清雍正·珊瑚红地五彩“九秋同庆”碗	D13	人 358	保 2010 秋
704	清康熙·五彩赤鲤朝日纹洗	D14.4	人 94	嘉 2010 秋
705	清同治·五彩忍冬纹盘(一对)	D21.9	人 12	翰 2010 秋
706	明嘉靖·五彩葡萄纹小杯	D8.3	人 89	嘉 2011 春
707	明嘉靖·五彩鱼藻纹大罐	H34.5	人 1725	翰 2011 春
708	明万历·五彩花鸟莲池蒜头瓶	H53.9	人 506	苏 2011 春
709	明万历·五彩水波云龙图笔管	H18.5	人 444	苏 2011 春
710	清康熙·五彩人物故事棒槌瓶	H43	人 126	保 2011 春
711	清康熙·五彩人物故事凤尾尊	H78.3	人 103	保 2011 春

序号	器物名称(年代)	尺寸（cm）	价格（万元）	拍卖时间
712	清康熙·五彩果鸟图卧足碗	D12.8	人1281	苏2011春
713	清康熙·珊瑚红地五彩“九秋同庆”碗(一对)	D10.9	人1187	苏2011春
714	清雍正·珊瑚红地五彩牡丹碗(一对)	D13	人992	佳2011春
715	清嘉庆·珊瑚红地五彩婴戏图碗	D21	人122	佳2011春
716	明嘉靖·五彩鱼藻纹大罐	H33.5	人1495	嘉2012春
717	明嘉靖·五彩鱼藻纹大罐	H34.1	人635	佳2012春
718	明万历·五彩双龙赶珠罐	H11.2	人255	苏2012春
719	明万历·五彩开光游龙戏珠笔筒	H15.4	人302	苏2012秋
720	清康熙·五彩仕女雅集图棒槌瓶	H44.8	人184	嘉2012秋
721	清康熙·五彩锦上添花凤尾尊	H45.7	人197	苏2012秋
722	清雍正·五彩山水人物笔筒	H15.3	人3450	翰2012春
723	清道光·五彩龙凤纹碗	D16.1	人69	翰2012春
724	清雍正·粉彩玉堂富贵碗(一对)	D10.1	人1926	佳2010春

序号	器物名称(年代)	尺寸(cm)	价格(万元)	拍卖时间
725	清雍正·粉彩过枝福寿盘(一对)	D13.4	人 1434	佳 2010 春
726	清雍正·粉彩仕女图茶壶	宽 27	人 4	嘉 2010 春
727	清雍正·粉彩福寿双全八桃五蝠碗	D15.5	人 336	保 2010 春
728	清乾隆·黄地粉彩八吉祥喷巴壶	H26.5	人 1232	翰 2010 秋
729	清乾隆·粉彩题诗鸡缸杯	D8.2	人 338	佳 2010 春
730	清乾隆·粉彩鸡缸杯	D8	人 224	嘉 2010 秋
731	清乾隆·粉彩福禄鹿头尊	H44.3	人 1108	翰 2010 秋
732	清乾隆·粉彩百花不露地葫芦瓶	H32	人 2240	保 2010 秋
733	清雍正·粉彩过枝月季梅花图大盘	D50.2	人 4095	苏 2011 秋
734	清雍正·粉彩福寿纹碗	D14.4	人 1495	翰 2011 秋
735	清雍正·粉彩木釉开光花卉笔筒	H14.5	人 78	保 2011 春
736	清乾隆·粉彩九桃天球瓶	H51	人 7401	苏 2011 秋
737	清乾隆·粉彩"百子图"贯耳方瓶	H32.5	人 880	苏 2011 秋

序号	器物名称(年代)	尺寸（cm）	价格（万元）	拍卖时间
738	清乾隆·粉彩御题诗鸡缸杯	D8	人 345	保 2011 春
739	清雍正·粉彩福寿双全团花纹碗	D9.2	人 541	苏 2012 秋
740	清乾隆·粉彩描金无量佛坐像	H29	人 1081	嘉 2012 秋
741	清嘉庆·粉彩海屋添寿双耳瓶	H31.7	人 1725	翰 2012 春
742	清嘉庆·粉彩十八罗汉图大笔筒	D18.8	人 17	嘉 2012 春
743	清道光·粉彩十二金钗灯笔瓶	H25	人 345	翰 2012 春
744	清康熙·粉青釉暗刻夔凤纹笔筒	H15.3	人 42	翰 2010 秋
745	清康熙·豇豆红釉镗锣洗	D11.2	人 358	嘉 2010 秋
746	清康熙·豇豆红釉柳叶瓶	H16	人 280	保 2010 秋
747	清雍正·祭红橄榄瓶	H30.5	人 280	翰 2010 秋
748	清乾隆·祭红梅瓶	H21	人 96	嘉 2010 秋
749	清康熙·御制黄釉大碗	D31.4	人 159	佳 2010 春
750	清道光·黄釉雕瓷山水人物笔筒	H13.5	人 48	翰 2010 秋

序号	器物名称(年代)	尺寸(cm)	价格(万元)	拍卖时间
751	清雍正·窑变釉盖碗双耳尊	H21.5	人537	翰2010秋
752	清雍正·窑变釉菱口洗	D20.6	人98	保2010秋
753	清康熙·豇豆红团螭纹太白尊	H8.5	人184	保2011春
754	明弘治·黄釉碗	D20.2	人253	嘉2011秋
755	明嘉靖·黄釉铃铛杯(一对)	D12	人486	苏2011春
756	清雍正·窑变釉双兽耳瓶	H34.5	人589	佳2011秋
757	清乾隆·仿哥贯耳方瓶	H49.5	人621	保2011秋
758	清光绪·窑变釉贯耳方瓶	H30	人25	嘉2011秋
759	清雍正·茶叶末釉大画缸	H33.8	人552	翰2011秋
760	清康熙·豇豆红太白尊	D12.7	人157	苏2012春
761	清康熙·豇豆红镗锣洗	D8.2	人276	苏2012春
762	明正德·黄釉盘	D21	人74	保2012秋
763	明宣德·黄釉撇口仰钟式碗	D15.2	人2193	苏2012春

序号	器物名称(年代)	尺寸(cm)	价格(万元)	拍卖时间
764	清雍正·柠檬黄釉盘	D14.6	人 139	苏 2012 春
765	清乾隆·黄釉碗(一对)	D12.6	人 109	苏 2012 春
766	清雍正·仿哥釉五孔瓶	H27.5	人 1127	嘉 2012 春
767	清乾隆·炉钧釉如意耳尊	H25.7	人 345	翰 2012 秋
768	清乾隆·窑变釉双耳炉	H16.7	人 492	苏 2012 秋